Mamilou et Grand-père en short autour du monde - 3

Le pied dans l'Océan Indien

Domi Montésinos

DU MEME AUTEUR

Mamilou et grand-père en short autour du monde - 1

Mamilou et grand-père en short autour du monde - 2

La Belle et le bouchon gras

Les Admos

Site d'auteur : https//domi.voyagedenzo.com

FSC
www.fsc.org
MIXTE
Papier issu
de sources
responsables
Paper from
responsible sources
FSC® C105338

Copyright © Nov 2016 Domi MONTESINOS

Edition : Books on demand

12/14 rond-Point des Champs-Elysées, 75008 Paris

Impression : Bod-Books on Demand, Nordestedt, Allemagne

ISBN : 978-2322220885
Dépôt légal : Avril 2020

A ENZO ET KILIAN

Table des matières

INDONESIE *7*

SINGAPOUR ET MALAISIE *60*

THAILANDE *86*

LES MALDIVES *119*

LES ILES CHAGOS *131*

MAURICE *146*

LA REUNION *155*

MADAGASCAR *173*

MOZAMBIQUE *210*

AFRIQUE DU SUD *214*

NAMIBIE *249*

ENCORE UNE TRANSAT *256*

SAINTE HELENE *259*

SUITE DE LA TRAVERSEE *263*

BRESIL *267*

DERNIERE ETAPE *272*

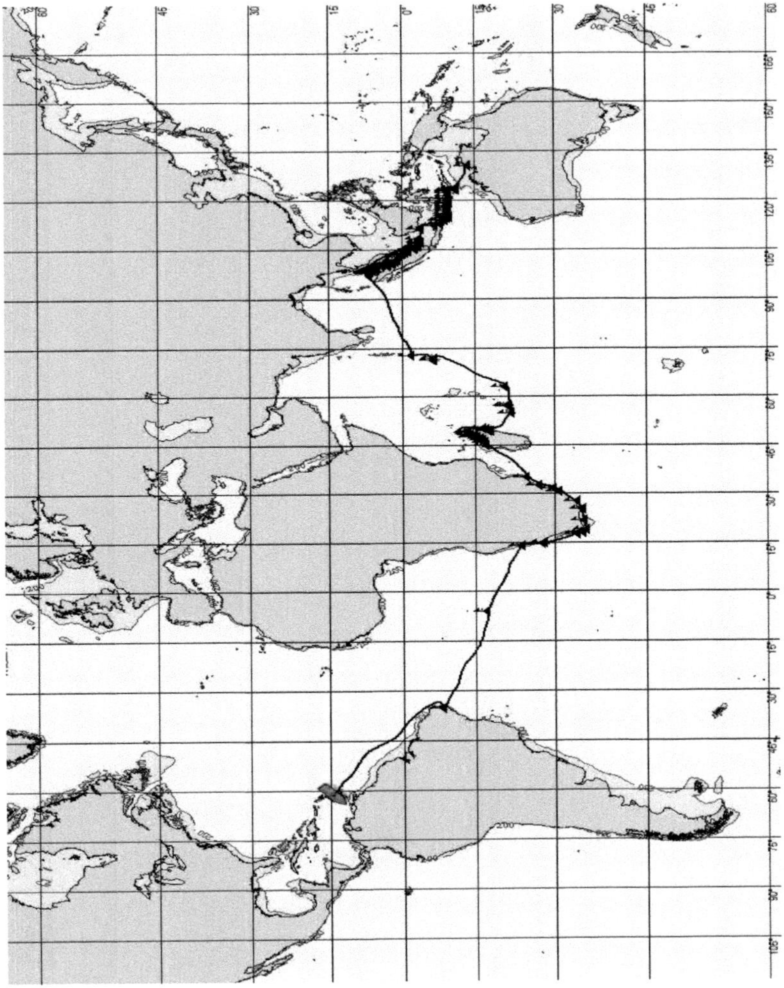

INDONESIE

Départ de Darwin

Ça y est! L'horizon fait tout le tour du canote. En fin de compte, c'est à ça qu'il sert l'horizon; à faire le tour. C'est un peu le bord du bocal. Nous venons juste de finir de déjeuner, la mer est plate; le soleil saupoudre des milliards d'éclats sur les vaguelettes, cependant que nous cinglons vers le Timor Ouest. Pour le moment, question vent, c'est assez timide, mais nous avons dans la coque bâbord quatre pistons de chez Yanmar qui dansent dans leurs chemises pour y pallier et pas seulement de vilebrequin... (Comme aurait pu dire le pote à Jacques Martin).

Le décor a peu changé globalement, à l'exception peut-être de la mer, qui n'est plus du tout un lac... Vers minuit, le vent s'est levé, et a grimpé direct vers les trente nœuds, levant presque instantanément une mer escarpée. Nous avons rapidement croché un ris, puis tangonné le génois, au petit matin. C'est moins confortable qu'hier, mais la moyenne est toute autre également, et nous voguons sous un soleil radieux. Malou, plongée dans le guide sur l'Indonésie s'évertue à apprendre quelques mots de Bahasa Indonésia...

Troisième jour de mer, encore différent des deux autres. L'alizé s'est stabilisé autour des vingt nœuds, la mer s'est assagie en conséquence et le ciel s'est paré de cumulus sans malice. La grand-voile a conservé son ris, par prudence, par paresse, parce que nous ne sommes pas pressés... Malou a mijoté un bon frichti. Le canote glisse en douceur à un petit huit nœuds, la vie s'écoule doucement.

Chaque jour apporte son lot de petites anecdotes, tantôt cocasses, tantôt dénuées d'intérêt. Et voici que je sens poindre en ma plume une pression écritoire pour vous en narrer une de pas plus tard que ce matin. Fouillant l'horizon de mon œil inquisiteur à la recherche de quelque objet flottant, je distingue nettement ce qui m'apparait immédiatement être une voile. Préhension rapide du matériel binoculaire à dessein d'une confirmation; bingo! C'est bien un voilier. Un monocoque gréé en ketch pour tout vous dire. En tant que tel, il se dandine d'un bord sur l'autre comme le balancier de mon métronome. Je dois l'avouer, ma réflexion immédiate se porte sur ce ris dans notre grand-voile... Avec seulement vingt nœuds de vent... La honte sur celui qui ne l'a pas encore largué, même avec les très bonnes raisons invoquées plus haut. Bon, allons-nous plus vite que l'autre voilier, ou non? Après tout, on s'en fout. On verra bien. Et puis ça n'a pas la moindre espèce d'importance. Il n'empêche, il ne s'agirait pas que nous nous fissions distancer pas n'importe quelle barcasse, surtout montée sur seulement une coque. On ne va tout de même pas larguer ce ris rien que pour lui alors que tout va si bien. Je vais gérer la situation par la méthode corse: une petite sieste d'abord. Bien m'en prend; ouf!!! Malgré ce funeste ris, à l'issue de ma sieste, la *strapanelle* inconnue est loin derrière, ce qui n'est que justice, me semble-t-il. Bien que je m'en tamponnasse comme de ma première *blenno*, il m'a flétri ma sieste l'autre là, avec son sketch. Je n'arrêtais pas d'y penser; c'est dingue ça! Faut faire gaffe quand même; des fois, dans la vie, c'est vite fait de se pourrir le bonheur avec des broutilles.

Minuit. Timor est là, par le travers tribord, sous le projecteur lunaire. Nous ne sommes pas timorés pour autant, et mettons le clignotant à droite pour nous engager dans le détroit qui mène à Kupang (ce qui signifie "coupe-ongle" en javanais... Drôle de nom pour une ville. Enfin, c'est toujours mieux que "coupe-jarret" par exemple...). Le vent est resté soutenu, et s'est même un peu renforcé. Autosatisfaction d'avoir conservé le fameux ris (depuis une trentaine d'heures qu'il aurait pu être largué... mais, bon, on ne va pas y revenir). Encore quelques milles et c'est le calme habituel d'une côte sous le vent. Les voiles s'esquivent; puis nous approchons au moteur, pour mouiller devant le village de Toblolong, en prenant soin de ne pas s'empêtrer dans les parcs à huitres. Merci au clair de lune. Une heure du matin: la pelle descend racler l'Indonésie, immobilisant Catafjord pour quelques heures de bon sommeil. Vu comme nous apprécions le calme et la tranquillité, Malou s'interroge: "Qu'est-ce qu'on fout à bord d'un voilier ?"... "Je ne sais pas", dis-je.

Kupang

Pittoresque! Voilà le mot qui me vient pour évoquer notre premier contact avec cette ville. D'abord, les formalités d'entrée sont l'occasion d'un brave dépaysement pour le voyageur en provenance de l'Australie. Passés les délicats instants du "beachage"[1] en annexe, sur la petite plage jonchée de détritus divers, se mettre tout de suite en quête de notre agent, le sieur "Napa, sans qui l'affaire serait nettement plus délicate. Peu de gens parlent anglais ici. Un quidam se propose spontanément pour nous le chercher. Parti sur sa mob, il revient bredouille, puis il téléphone, et, soudain… Napa est là, comme on dit au pays des castagnettes (jeu de mot culinaire). Il nous guide vers son bureau, qui se trouve être également sa demeure. On y pénètre nu-pieds. Arrive ensuite le préposé à la quarantaine: Monsieur Abdullah… une caricature! Napa lui propose courtoisement un siège. Abdu s'assied, pendant environ une minute. puis repousse la chaise et se pose à même le sol, un talon sous les burnes, et l'autre jambe allongée devant lui, dispersant autour de lui les nombreux papelards, tampons variés et surtout, l'indispensable encreur, lequel constitue l'outil universel du préposé uniformisé. Il officie ainsi, directement sur le carrelage, signant, tamponnant, tout en nous exhibant sur son téléphone portable dernier cri les vidéos de ses vacances, et, la photo de sa femme. Bon, ce n'est pas Sophie Marceau… Elle est comme elle est… Mais, du moment qu'elle lui convient, à lui, je ne vois pas en quoi ça nous concerne. Enfin, il nous annonce le montant de ses services: 300000 roupies!!! Ça calme ce nombre: non? Trois cent milles ! Bon, faut relativiser: il est tout de même nécessaire de réunir 12000 roupettes pour faire un seul euro. Donc, ce n'est pas un œil non

---

[1] Action de faire passer l'annexe du milieu marin au milieu terrien, en essayant de ne pas chavirer, ni la remplir d'eau. Parfois, quand les vagues sont polissonnes, y a du sport…

plus! Un peu plus tard dans la soirée, la visite du douanier à bord constitue encore un modèle du genre, dans un registre différent. L'homme a rendez-vous à 17heures sur la plage et doit visiter les trois canotes arrivés ce jour (dont le sketch dépassé hier qui est un Amel avec des américains à bord; sympas). Le fonctionnaire, lui, croit n'avoir qu'un seul client... Alors, le temps lui manque. La nuit est presque là lorsque vient notre tour, et Monsieur gabelou n'a pas dans l'idée de moisir trop longtemps dans le quartier. Déjà, il nous annonce « direct » que nous n'aurons pas son papelard ce soir car il n'en a apporté qu'un seul pour les trois clients, et, donc, Napa nous apportera tout ça demain dûment tamponné et signé, pas de problème. Voilà, ça s'est fait; voyons à présent le deuxième point "Avez-vous de l'alcool à bord?"... Moi, sans sourciller: "Non, je n'aime pas ça"!... Un peu incrédule, le gars *souricane* (sourire en ricanant)... et insiste: "Du vin?"... Moi: "Deux bouteilles en tout et pour tout"... (Je sais, ça peut faire rigoler, mais on se connait pas le douanier et moi; alors...). Et là, la récompense: "Bon, tant pis, j'y vais" décide-t-il soudain. Et de prendre illico la direction de la sortie! Durée totale du sketch: même pas dix minutes! C'est un beau pays l'Indonésie; j'aime déjà. Sinon, Kupang est cradingue et bruyante, mais cependant plaisante malgré tout, car les gens y sont aimables et souriants.

Jeudi est un jour qui démarre moyen... Le vent est fort et le clapot qui en résulte rend le *beachage* délicat. Ce qui explique sans doute qu'en arrivant je me vautre lamentablement dans la flotte avec mon sac à dos contenant l'ordinateur pour internet. Pas de casse, par bonheur. Revenant à bord pour me rincer et me changer, panne d'essence (je soupçonne que des jeunes gredins en mob m'ont vidé le réservoir hier). Bref, deux cents mètres à l'aviron contre vingt-cinq nœuds de vent, ça prend "un certain temps....". Revenu à terre, l'annexe remontée en haut de la plage avec l'aide des populations locales, je me retourne et j'avise un jeune comique qui est tombé à l'eau en chavirant avec sa pirogue en bois d'arbre et dérive inexorablement vers le large... Remise à l'eau immédiate du dinghy pour aller tirer le gars de ce mauvais pas. Quand c'est réglé, il est onze heures, et toujours pas un chapeau de vendu! Y a des jours…

L'après-midi est mieux.

Bémo

Le moyen de locomotion populaire s'appelle "bémo". Imaginez quelque modeste monospace, disons genre "Scénic" de chez Renault par exemple, transformé en minibus. La porte latérale définitivement vérouillée ouverte encadre un gamin de seize ans, sorte de "poinçonneur des lilas" exotique, serrant d'une main sa liasse de billets et s'agrippant avec l'autre pour maintenir son équilibre, une jambe pendant à l'extérieur du véhicule avec une nonchalance crâneuse. Cette position avantageuse lui permet d'apostropher les passants dans le but de débusquer son prochain passager. Sur un simple signe de tête de notre part, le chauffeur d'un de ces engins donne simultanément deux furieux coups: de volant et de frein pour se poster à notre proximité. S'agit maintenant de monter à bord. Un monospace, ça ne permet pas de conserver la tête haute à l'embarquement (même Malou...). Aussi, c'est "cassé en deux", la tête au niveau du nombril, que le regard embrasse à l'intérieur, cet alignement de genoux juxtaposés qui doivent certainement être surmontés de bustes, mais là, on ne peut pas voir. A l'intérieur, point d'espace entre les paires de genoux. L'affaire s'annonce délicate. L'exercice consiste à présent à choisir un interstice prometteur (entre les paires de genoux) et à y immiscer la partie charnue de notre individu, de manière à provoquer un léger mouvement de translation de la part des abdomens adjacents. Et, hop! Ce faisant, voilà une place supplémentaire, promptement crée! De prime abord, on peine à y croire, mais en définitive, ça marche super bien. Et d'ailleurs, les résultats sont là: une vingtaine de passagers parviennent à voyager ainsi sur des kilomètres pour la modique somme de 18 centimes d'euro! Dans ce véhicule prévu à son origine pour six personnes... Bon, faut aimer son prochain. Le dernier arrivant est encore en phase d'introduction dans ce qui sera peut-être sa place, que déjà, la charrette redémarre. Ce qui est fort judicieux de la part du chauffeur, car les mouvements chaotiques facilitent grandement le placement des différents éléments du groupe de popotins concernés, lesquels trouvent rapidement leurs marques grâce à la conduite nerveuse du gars. Le susnommé "chauffeur", est un type un poil plus âgé que l'ouvreur, qui est clairement un gamin. Disons qu'il doit bien avoir dix sept ans et demi au moins, celui-là. Notre as du volant utilise avec brio tous les accessoires de pilotage à sa disposition: le klaxon d'abord, puis l'accélérateur, et enfin le frein. Il est un peu joueur le garçon, coursant volontiers les mobylettes à grand renfort d'avertisseur. Principalement celles équipées d'une jolie passagère. Détail technique majeur: les deux bancs latéraux qui servent de réceptacle aux fessiers clients ne se limitent pas à cette seule fonction. Ils abritent également les deux baffles de deux cent watts chacun qui assurent, et avec quel brio, la sonorisation de la boite à passagers. Et pas que ça. Car au delà de la diffusion musicale, la deuxième fonction de ces monstrueuses boites à sons est à n'en pas douter l'administration par voie intra fessière de massages stomacaux issus des insondables basses délivrées par leurs puissants haut-parleurs, et transmises directement dans le fondement des consommateurs. Un genre de massage indonésien itinérant, je dirais. Personnellement, je n'en connaissais pas l'existence. Je découvre. Arrivés à destination, un imperceptible mouvement de hanches suffit à provoquer une éjection immédiate, tant la pression interne est élevée. S'en suit un bref échange de billets de mille avec le portier, sans oublier de lui réclamer la monnaie... (Quelques centimes...mais c'est pour le principe. Faut pas donner de mauvaises manies aux jeunes, surtout aux jeunes pauvres), et nous voilà sur le trottoir, à même d'admirer la déco extérieure de notre carrosse. Il y a de la couleur! Et pas que ça. Y a aussi des trucs écrits. Pas toujours les mêmes, suivant l'équipe de pilotage. Disons que c'est personnalisé: ça couvre une assez large palette de préoccupations humaines, allant de la religion au cul en passant par la politique. Un beau pays, je vous disais.

Un truc bien agréable, ici, en Indonésie, c'est qu'on a quelques raisons de se sentir immensément riche. Un exemple: vous décidez d'acquérir trois cent litres de gas-oil pour remplir les réservoirs du canote. Toutes les transactions commerciales se font en "cash". Vous vous rendez donc au distributeur de billets du coin, et en repartez avec... deux millions de roupies! Eh oui! Personnellement, j'ai rarement retiré deux millions pour les fourrer dans les poches de mon short. Un million dans chaque poche! En plus, le gas-oil s'achète la moitié du prix Australien, ici!... Richissime. C'est exactement ça!

Le mouillage devant Kupang est affublé d'une particularité auditive qui me sied moyennement, je l'avoue. Le pays étant abondamment pourvu en citoyens de confession musulmane, quelques mosquées dressent ça et là leurs silhouettes des mille et une nuits. Jusque là, rien à signaler. Par contre, quand arrive l'heure de la prière, que dis-je "l'heure", les heures des prières, lesquelles sont diablement nombreuses, et démarrent avant l'aube, un, ou sans doute même plusieurs, monstrueux haut-parleurs diffusent avec une insolente puissance les trémolos grumeleux des lanceurs de prières patentés. Et je peux vous dire que ça s'entend de très loin. Alors que ce n'est certes pas Johnny au stade de France. Loin s'en faut. Ainsi, chaque soir qu'Allah fait, à l'heure où j'aime à me poser dans le cockpit de Catafjord pour y admirer le soleil couchant tout en peaufinant quelque chant de marin ou valse irlandaise sur mon diato[2], un verre de blanc à portée de main, ces promoteurs religieux dénués de tout sens de la mélodie et du rythme me tarabustent les tympans avec leurs complaintes aigrelettes et sans aucun « groove ». Voilà; ce n'est pas pour pleurnicher, mais je me devais de le donner à connaître.

Ceci étant dit, je tiens à préciser deux points importants : je n'ai absolument pas la moindre animosité ni aversion pour la religion islamique, considérant que chacun a le droit de penser ce qu'il veut ; ça ne me regarde pas. Mes remarques n'affectent que le coté « musical-publique» de leurs dévotions. Et deuxièmement, les Indonésiens que nous avons rencontrés lors de notre longue traversée de leur immense pays ont fait montre d'une grande amabilité et surtout d'un sens de l'accueil de l'hospitalité hors du commun et fort éloigné de ce qu'on trouve fréquemment en nos contrées. Voilà, ça c'est dit.

Travaux d'aiguille toute la journée (et même demain matin). Un incident navrant est survenu sur la chute du génois lors de notre dernière navigation. Environ huit mètres de coutures arrachées sur le fourreau de nerf de chute. Un travail de rénovation avait, pourtant, été fait à Nouméa, par un professionnel local, il y a tout juste un an. Six épaisseurs de tissu, ça ne se recoud pas comme qui rigole, même avec notre super "stitch-it awl". D'ailleurs, ma réparation n'est que provisoire, et il va falloir repasser chez le voilier à Bali. Grandeur et

---

[2] Accordéon diatonique

misère de la propulsion éolienne. « Le vent, c'est gratuit », professent quelques écolo-nostalgiques, en rêvant à ce « bon vieux temps » de la marine à voile. Sans doute, par contre, les équipements nécessaires pour transformer le vent en force propulsive, sont tout le contraire de gratuits. Terriblement onéreux, même !

Magalyanne est là! Nos amis sont arrivés peu avant la nuit, et nous passons la soirée ensemble. Jean-Luc est amateur de diato lui aussi. Avec les bateaux et les voyages, ça nous fait quelques sujets de conversation à explorer. Marie-Christine et lui effectuent leur deuxième tour du monde. Ils sont passés par le Cap Horn cette fois-ci! Ce n'est pas rien. Leur timing un peu rapide ne nous permet pas de les côtoyer longtemps, aussi, une opération petit-déjeuner commun s'impose pour demain matin. Avant de nous quitter pour partir chacun de son côté.

Une semaine que nous sommes à Kupang

Il est grand temps de se déhaler. Pas de vent (ou si peu). C'est le diesel qui donne du service. Les voiles apportant un petit appoint toujours bon à prendre pour arriver juste avant la nuit et mouiller nulle part, en plein milieu de la côte Nord du Timor.

Levés avant le soleil, l'étape du jour est longue, et le vent toujours absent. Et donc route au moteur. Vers 8 heures, quelque chose sur la mer, un mille devant nos étraves attire mon attention. Oh, la jolie rencontre! Une baleine à bosse (c'est normal, ce n'est pas dimanche, la baleine, à bosse...). Je déroute le canote pour la voir croiser dix mètres devant nous, vaporisant par intermittence son délicat plumet de fines gouttelettes au "pchouttt" singulier. Elle fait penser à un arrosage de jardin qui envoie son petit geyser toutes les trente secondes, sauf que là, la pompe est un modèle particulièrement puissant. Vachement mignon comme bestiau. Puis elle sonde, exhibant nonchalamment son majestueux appendice caudal comme pour tirer cérémonieusement sa révérence.

Lembata

L'île vers laquelle nous voguons, possède sur sa côte sud, un village de pêcheurs de cétacés, nommé "Lamalera". Ces gars-là travaillent toujours "à l'ancienne". Propulsion: voiles et avirons. Le harponneur, perché sur une plateforme précaire à l'étrave, se jette de tout son poids sur la proie afin d'y planter son mortel cure-dent en bambou. Ce n'est pas un job de morveux. Un minimum de motivation est indispensable. Il est même carrément recommandé d'être raisonnablement « couillu »…

Un peu de vent nous pousse en fin de journée comme pour un signe de bienvenue dans cette belle et calme baie où l'ancre descend de son davier. Hélas, c'est pour y rencontrer un fond bien chiant, avec peu de sable et beaucoup de corail dans lequel la chaine s'accroche avec un fracas désagréable, surtout la nuit. Bon, on fait mine que rien, et on dort quand même. Le paysage est somptueux tout autour, car l'archipel d'Alor est composé d'îles hautes et verdoyantes. Au loin, le volcan Ili Api laisse échapper son petit panache de fumerolles, apanage de celui qui ne dort que d'un œil.

Travaux d'entretien: remplacement de l'alternateur du moteur bâbord, dont le roulement est parti en limaille hier. Il n'y a pas que la limaille *qui m'aille* pas. Son remplaçant, acquis à vil prix dans une casse à Tahiti, semble avoir des roulements corrects, mais il ne charge pas. Encore un boulot pour Bali. En attendant, on pourra quand même naviguer sur ce moteur[3].

Et maintenant, plongée pour gratter les hélices, lignes d'arbre, et tout le reste. Malou participe activement et nettoie à elle seule une grande partie des coques, armée de ses palmes, masque, tuba. Vu la taille de Catafjord, cette opération est toujours très fatigante. Mais elle est aussi très "payante" en termes de vitesse et de consommation au moteur. Nous savourons notre tasse de thé après l'effort. Deux

---

[3] C'est la même courroie qui entraîne l'alternateur et la pompe de refroidissement. Si on ôte l'alternateur, le moteur ne peut plus fonctionner. Alors qu'avec un alternateur qui tourne, mais ne charge pas, on peut avancer quand même.

pêcheurs opèrent dans notre voisinage à partir de leur pirogue taillée dans un tronc et équipée d'un bras transversal unique qui supporte deux minuscules flotteurs si peu effilés qu'on dirait des sabots. Elle a un look particulier, assez surprenant, mais ravissant cependant, genre hydroptère préhistorique.

Lewoleba, blottie presque au fond de sa grande baie, est la capitale de Lembata. Une myriade d'embarcations de pêche est mouillée devant le bourg pas très cossu. Longues et effilées, petites ou grandes, elles sont généralement propulsées par un moteur monocylindre à échappement libre dont les pétarades caractéristiques me rappellent les doris des pêcheurs, à St Pierre. J'avais six ans. Cette « musique » rugueuse est toujours présente au fond de ma mémoire. C'est grand-père qui revient de la pêche. Il déposera dans l'évier de la cuisine une belle morue, ou un flétan, que grand-mère servira ce midi avec des frites.

Cette ville est toute de plein pied, et parsemée de nombreux cocotiers. Les maisons littorales, sur pilotis, paraissent graciles, posées sur leurs enchevêtrements de branches pas tellement droites, du même type que celles qui faisaient office d'étais de maçon dans les chantiers de Kupang. En face, de l'autre côté de la baie, Ili Api distille inlassablement ses volutes blanches.

Découverte de la ville à pieds. Nous sommes mouillés devant le marché. Celui-ci s'avère plus agréable que celui de Kupang. Moins sale, plein de choses appétissantes, et les gens y sont si souriants. Par contre presque personne ne parle anglais, à l'exception des mômes dans la rue, qui nous hèlent d'un "hello, mister, how are you", et nous sollicitent pour qu'on les photographie. Très peu d'automobiles, mais beaucoup de deux roues et des transports collectifs. Les "ojek", triporteurs à deux passagers face à la route, avec le conducteur derrière, constituent le mode de déplacement des nantis. L'atmosphère est détendue, bon enfant et rigolarde. On se sent bien ici. D'autant que l'endroit est peu fréquenté par les touristes. Catafjord est le seul bateau de voyage au mouillage.

L'essentiel de la pêche se pratique au filet. Certains opèrent à partir d'une simple pirogue munie de pagaies d'autres, avec des navires plus conséquents atteignant une vingtaine de mètres, bas de franc-bord et mus par l'incontournable monocylindre tonitruant. Un guetteur posté dans un mât courtaud fait le sonar. Le canote décrit un grand cercle pour déployer son filet, et que puisse commencer le fastidieux remontage d'icelui. Main à main, une dizaine de personnes s'affairent durant plusieurs heures pour arracher leur maigre butin à une ressource locale largement surexploitée. Les plus malins ont fabriqué un cabestan à deux poupées à partir d'un pont arrière de bagnole actionné par un petit moteur thermique. Toujours aussi pétaradant les rois de la démerde!

Excursion à Lamalera

La route pour commencer. Déjà, "route", ce n'est pas le mot qui convient. Vingt kilomètres environ séparent Lamalera de Lewoleba "à vol d'oiseau". Bon, évidemment, vu qu'on traverse des montagnes, les lacets augmentent la distance. Ça d'accord! Mais tout de même, six heures pour couvrir le trajet, ça ne fait pas gaillard. Or donc, ce truc sur lequel on chemine, cette "via Luciferaë", on ne m'ôtera pas de l'idée que ce n'est pas une route. Peut-être deux chemins de randonnées plus ou moins voisins qui se seraient mis en couple. Ou alors une association d'ornières et de cratères volcaniques qui se seraient montés la tête. Difficile à dire. Au début, on ne se méfie pas. Ça démarre comme une route merdique normale. Mais voilà qu'après pas beaucoup de kilomètres, le maigre bitume déjà pas reluisant au départ, se raréfie encore, jusqu'à disparaitre complètement au profit d'un genre de piste de moto-cross. Vu qu'on est en montagne, ça monte, ça descend, ça se convulse et ça n'en finit plus. Je ne voudrais inquiéter personne avec le danger lié au fait de cheminer ainsi à flanc de coteau à bord de ce monocoque qui roule bord sur bord dans une frénésie de shaker. La plupart du temps, notre "via dramaticaë" est si étroite, que le camion rabote les arbres des deux côtés. Ainsi donc, il est forcément plus improbable de cabaner. Tant mieux. Par moment, on pourrait cueillir des bananes directement sur leur régime simplement en passant le bras par la fenêtre. Pour résumer, je dirais que n'importe quel chemin vicinal du fin fond de la Bretagne bretonnante parait une autoroute en comparaison de ce sentier, pourtant emprunté quotidiennement par les minibus et autres "trucks" de transport en commun. Il pourrait d'ailleurs en tirer fierté, ce chemin rocailleux, bitumineux aux deux bouts, de se voir ainsi chevauché par un vrai bus. Car c'est bien d'un vrai bus que nous parlons. Mini, certes, mais prévu pour transporter 25 passagers tout de même. Et c'est ce qu'il fait! Envers et contre tous les tours que lui joue la "via diabolicaë", avec ses virages si serrés, que, parfois, le milieu du véhicule est au dessus de rien... Concernant le véhicule lui-même, rien à signaler, ou presque. Il n'y a juste pas la place pour les genoux entre les sièges, mais, bon. Ça c'est une simple affaire de gabarit. Le truc un peu "exotique" disons, ce serait la manière de le charger ce bus. Pas commun. Il se trouve que pour optimiser un peu la rentabilité du déplacement, la compagnie ne s'interdit pas un peu de fret, au milieu des passagers humains. On commence par des sacs de ciment soigneusement alignés sur le plancher arrière, rapidement suivis de sac de riz, puis de sacs de toutes sortes de trucs variés, et, enfin, un coq de combat, dûment entravé aux pattes par sa ficelle bleue, qui est parqué sous le siège voisin du mien. Las, après un nombre trop réduit de kilomètres, la bestiole esquisse un mouvement en direction de la porte de sortie (invariablement ouverte, faut bien aérer...), ce qui lui vaut de se retrouver sous mon siège, et d'y rester jusqu'à l'arrivée! Nous traversons une forêt particulièrement touffue et dense, où les bananiers et papayers le disputent aux bosquets de bambous somptueux recelant quantités de tangons potentiels.

Partis de Lewoleba à 11 heures, il est plus de 17 heures lorsque nous arrivons chez les chasseurs de baleines. Il ne saurait être question d'en repartir immédiatement. Nous prenons donc pension dans un établissement ad hoc, signalé par le guide touristique, comme «ce qu'on peut trouver de mieux, par ici». Pour autant, ce n'est pas le Georges V. Oh, que non ! Même pas le Jojo one. Dépouillé, je dirais. Sommaire, même. Une chambre nous est allouée au premier étage. On y accède par un escalier fort sombre, en haut duquel se trouve, derrière une porte en bois, le lieu d'ablutions, commun à tout l'étage. Je ne peux me résoudre à appeler cet endroit « salle de bains », car le lecteur en aurait une vision trop erronée. Imaginez un placard de deux mètres-carrés, occupé par un genre de lavoir en béton comme on n'en rencontre plus guère dans l'hôtellerie française, alors que dans certaines fermes bretonnes, ils ont été conservés pour nettoyer les légumes du jardin. Ceci fait office de baignoire/lavabo. Elle est surmontée d'un modeste robinet capable de laisser sourdre un mince filet d'eau, dès lors que l'on aura pris soin de l'ouvrir en grand. Au sol, juste à côté de cette rébarbative bassine, un emplacement composé de deux empreintes de pieds, en ciment, avec un trou entre les deux, laisse clairement comprendre que c'est par là qu'on peut faire son offrande quotidienne à Dame nature. Pas besoin d'un mode d'emploi… Pas besoin de PQ non plus, puisque le robinet précédemment évoqué se trouve situé à l'extrémité d'un tuyau qui autorise un positionnement relativement précis du jet d'eau. Vous l'aurez compris, on est en mode « manuel intégral ». L'établissement n'ayant pas prévu d'accessoire superflu, chacun aura à cœur d'imaginer tout seul des solutions pour poser son slip, sa brosse à dents, et toute cette sorte de choses. Ceci étant, cette disposition est assez rusée tout de même, car les gens ne s'y attardent pas, laissant la place aux autres très rapidement et sans rechigner. La chambre est bien aussi. D'ailleurs tout le monde peut s'en rendre compte d'un simple coup d'œil en passant dans le couloir, car elle est largement vitrée, et aucun rideau ne vient gâcher le paysage. Et inutile d'essayer de planquer son intimité dans la pénombre, l'endroit est éclairé par le néon du couloir depuis le coucher du soleil jusqu'à son apparition du lendemain. Aucun souci du côté des draps. Ils sont absents. Et ça tombe bien, car la température ambiante ne permettrait pas de les supporter. Le matelas est un modèle spécial « grand voyageur ». Avec des cartes de géographie imprimées çà et là. Pour éviter de se perdre lors du voyage onirique, sans doute. Et ce ne sont pas les quelques cancrelats épars et timorés, misérables poltrons qui rôdent à proximité du plumard qui vont nous dissuader de dormir ici. Bon, bref. Un peu déroutant, au début. Mais dès que le voisin stoppe son poste de radio, on arrive à dormir. Tout de même, le type qui aurait dans l'idée de monter une boutique d'un style comparable, en Gaule, serait assuré de se faire interner avant même d'avoir subi son premier contrôle fiscal…

En contrebas, sur la plage de sable noir, une vingtaine de hangars sommaires, poteaux de bois-feuilles de bananiers, abritent les bateaux de pêche aux cétacés. Les gens d'ici ont encore le droit de pratiquer ainsi, car, employant des moyens rudimentaires, ils prélèvent peu (une dizaine d'animaux par an). C'est vraiment impressionnant de voir et toucher ces barques en bois, de belle construction, mais pas très grandes (moins de dix mètres), avec lesquelles d'intrépides chasseurs vont en mer capturer des proies bien plus imposantes qu'eux au moyen de quelques harpons en bambou. Ils vivent relativement retirés du monde dans ce village sans téléphone, et où l'électricité, fournie par un groupe électrogène, n'est disponible que quelques heures, pendant la nuit. Le mode de société est demeuré très tribal. Un «ancien» est le chef du village, et son autorité est acceptée par tous. Les gens ne sont pas malheureux et vivent en harmonie avec leurs semblables et avec la nature.

Mardi. La nuit a été peu moelleuse, mais là n'est pas l'essentiel. Le retour en minibus par la fameuse "via infernaë" est en tout point comparable à l'aller, hier. Avec juste une petite variante: il y a cette fois-ci deux coqs sous notre siège. Et puis, le voyage est moins long car le chauffeur n'a pas à faire le taxi comme la veille, allant cueillir les clients à leur porte chacun son tour, au prix de plusieurs kilomètres de détour (trois heures et demie tout de même...).

Soyons clairs, Lamalera, on n'y va pas pour l'odeur... Ouah !!! Le fumet! Pas du tout envoûtant comme parfum, la baleine pourrie...

Les jours se sont un peu ressemblés depuis Lewoleba. Départ à l'aube, au moteur, sans vent. Puis d'irrégulières brises thermiques donnent droit à quelques milles de navigation à voiles, avant que d'atteindre le mouillage précaire qui laissera la voie libre à la petite houle du large pour nous secouer un peu, la nuit durant. Mais aujourd'hui, c'est différent. L'étape est relativement courte, avec arrivée prévue en début d'après-midi afin de pouvoir naviguer à vue entre les dangers, car nous n'avons pas de carte marine correcte. De fait, le soleil est encore haut lorsque nous arrivons sur zone, et les zigzags au milieu des hauts-fonds, aidés par quelques "way-points" relevés sur un guide nous font finalement vivre un moment agréable, malgré les difficultés. Quand à l'aboutissement, je veux dire l'instant précis où Malou déclenche la descente de l'ancre en vue d'instaurer les bases d'une nuit sereine, eh bien là, c'est un régal! On ne peut rêver mouillage plus enthousiasmant! Toutes les conditions sont réunies: sécurité maximum, paysage magnifique sur 380° (c'est vous dire!). Avec ça, papaye sur le clafoutis: un délicieux village se niche au fond de l'anse, habité par des gens simples et gentils. Un paradis! Nous serions bien enclins à traîner ici un moment si notre "Cruising permit" n'était si éphémère et le paquet de milles restant à parcourir si copieux. La nuit enveloppe bientôt notre havre de paix, apportant avec elle une intense activité halieutique. Une dizaine de pirogues équipées de lampes à pétrole forment un mur de lumière le long de la mangrove. Par moments, le silence est déchiré par les cris perçants des singes hurleurs qui se balancent des insanités à distance, relayés dans leurs élans par les clébards du village. Un vrai concert!

Anniversaire de Malou

Samedi 21 Juillet... C'est en kayak que nous accostons la grève où les pêcheurs ont juste terminé de dépecer leurs poissons. Après nous avoir aidés à tirer notre embarcation au sec, ils nous guident vers leur village. Les enfants se pressent autour de nous dans un brouhaha de "hello, mister". L'accueil des villageois est très enjoué. Quand au village, il est très propre malgré l'absence de sophistication. La large rue principale est en terre, avec, de part et d'autres, des maisons de bambous à toits de palme (il y a aussi de la tôle ondulée... hélas). Chaque famille a délimité son aire à l'aide d'une modeste clôture en bambou, et seuls les chiens ont accès aux lieux de vie des humains. Les immondices ne traînent pas comme c'est le cas dans les agglomérations plus grandes. Souriants facilement de tous leurs chicots, les gens ne semblent pas malheureux. A notre retour d'une petite marche sur le chemin de terre bordé de bananiers et de champs de maïs, notre pote le pêcheur tient à nous faire son petit cadeau de bienvenue en nous offrant des noix de coco... Il s'approche d'un arbre, machette à la ceinture, se signe, et grimpe à mains nues sans aucun accessoire, calant simplement ses pieds dans des petites encoches taillées dans le tronc. En une minute, il est au sommet, choisit les noix et les fait choir dans un bosquet pour qu'elles n'éclatent pas en atterrissant. Bientôt, toute la famille se presse autour de nous pour tenter de faire connaissance malgré la barrière de la langue. Ils sont aux petits soins avec nous, apportant des sièges, puis des verres pour boire l'eau de coco et des cuillères pour manger la pulpe. Par chance, nous avions, de notre côté, emporté quelques présents à leur offrir: stylos billes, hameçons, savons et du chocolat. Ils semblent apprécier. Malou a déjà mémorisé quelques mots de Bahasa Indonésia qui permettent d'échanger nos prénoms, nos âges, et d'où qu'on vient. C'est peu, mais c'est déjà beaucoup mieux que rien. Joli cadeau d'anniversaire que ces moments simples partagés avec des gens authentiques et paisibles. De retour à bord, une bonne bouteille de Lalande de Pomerol (offerte par François, qui cumule les qualités de beau-frère et de roi du boogie-woogie avant ses prières du soir...) est débouchée... On n'a pas tous les jours vingt ans... Excursion en kayak dans la mangrove au coucher du soleil, suivie d'un petit massage... Bon anniversaire Malou.

Navigation "à la tablette"

L'aide d'une photo satellite de Google Earth pour pallier à l'absence de carte, nous permet de surmonter les embûches qui sont partout dans cette baie, par ailleurs tout-à-fait accueillante. L'ancre touche à peine le sable qu'une nuée de gamins arrivent de toutes parts à bord de leurs pirogues à balanciers bambous et s'agglutinent à nos poupes comme la vérole sur le bas-clergé... Ça piaille fort... Et ça quémande trop!...Mais les mômes sont patients, opiniâtres, et charmants. Aussi, bien peu repartent sans un stylo, ou un cahier, voire un gâteau. Nous en profitons pour "écouler" les revues australiennes amoncelées dans le carré. Les gamins sont ravis. Un peu crampons tout de même, et il faudra éconduire assez fermement les retardataires pour parvenir à apprécier tranquillement notre coucher de soleil.

Labuan Bajo

L'étape est longue, donc, départ à l'aube, en raclant un peu le corail car j'ai omis de sauvegarder la trace d'arrivée et on ne voit pas bien le fond… Ouf! Ça passe. Peu de vent. Route moteur à l'exception d'une petite heure en milieu de journée et une demi-heure en arrivant. Devant Labuan Bajo, une bonne surprise: Badinguet, le fougueux baudet de nos amis, est mouillé là... Et donc les discussions vont bon train avec Pascale et Nicolas, avant d'aller ensemble casser une petite graine à terre. Ils nous refilent des tas d'infos pratiques pour la suite.

Labuan Bajo est une petite ville pas spécialement typique, pas trop sale, et sensiblement orientée "tourisme". Quantité de boutiques proposent excursions et artisanat local. On y entend parler français à chaque coin de rue. La baie, raisonnablement abritée, héberge une myriade de canotes variés: des "galions" de charter aux larges trimarans de pêche à la structure gracile, en passant par le petit cargo vraquier et les pirogues de pêche au lamparo. Les Indonésiens ont un grand sens de la construction navale. On voit ici un nombre impressionnant d'embarcations différentes souvent pourvues d'astuces techniques judicieuses. Les barques propulsées par un moteur thermique à refroidissement à air en font partie. Leur longue ligne d'arbre extérieure, répondant au poétique vocable de « long tail », peut se relever pour *beacher* ou franchir un haut-fond. Ici encore, comme nous le constatons presque partout depuis notre entrée en Indonésie, les gens ne font pas la gueule. Et ça, c'est bien agréable.

Nous devons nous acquitter d'une petite corvée avant de lever l'ancre: descendre à terre pour y acquérir une bouteille de gaz de 16 kilos et le détendeur qui va avec, car il n'est pas possible de faire recharger nos bouteilles ici, (malgré que nous en ayons trois types différents...). Grâce au cabas à roulettes qui me confère ce look "gogole écossais" qu'on me jalouse dans le monde entier, à onze heures, c'est bâché et nous sommes de nouveau pleinement gazés. Il n'est pas trop tard pour cingler sur Rinca, à une douzaine de milles d'ici. Navigation lacustre. Ça et là, le bleu de l'onde est zébré de taches turquoises, que c'est vachement beau! Ça fait genre lagon polynésien. A Loh Kima, base d'accueil pour les visiteurs de dragons sur l'île Rinca, deux bateaux français, "Ultreïa" et "Yovo", sont déjà en place... L'occasion de faire connaissance autour de quelques gorgées de rhum avec un peu de sucre dans le fond du verre... Nous nous sommes déjà croisés plusieurs fois par le passé, mais l'opportunité ne s'était pas encore présentée de prendre le temps de converser.

Les gros lézards

On le dit peu, mais, les dragons de Komodo sont des bestioles qui ne manquent pas de côtés attachants... Déjà, ils vouent un amour immodéré à leur progéniture, malgré que ces petits ingrats ne leur en soient nullement reconnaissants. La preuve, sitôt sortis de leur coquille, après pourtant neuf mois de solitude, tout ce qu'ils trouvent de malin à faire, c'est de grimper vite fait en haut d'un arbre pour se soustraire à l'affection maternelle. Bon, c'est vrai que la femelle dragonne, elle aime son petit comme elle aime le beefsteak, si vous voyez le genre. C'est plus gustatif que sentimental comme attirance... Ceci explique peut-être cela... D'ailleurs, réflexion faite, j'ai bien cru remarquer dans le fond de ces petits yeux, souvent fermés, une expression d'affection culinaire un peu inquiétante... Peut-être le dragon de Komodo est-il un peu amer en son for intérieur d'être si rarement choisi comme animal de compagnie. C'est vrai qu'une langue fourchue de trente centimètres de long, c'est moins commode pour faire des léchouilles que le bout de bacon qui pend de la gueule haletante du bon toutou à sa mémère... Faut reconnaître.

Par contre, nous n'avons point vu de buffles... Le syndicat d'initiatives les avait-il rapatriés pour entretien ce jour-là? Je ne sais pas... Nous avons pourtant eu la preuve qu'ils fréquentent le quartier... Des preuves merdiques, mais, bon! Si vous aviez pu voir ces impressionnantes mottes marron sous les ombrages! Ah ça, *c'est pas* des crottes de biques! Voilà des bestioles qui n'hésitent pas à vous parachuter des tourtes de dix kilos pièce (je dis au pif... *j'ai pas* mesuré)... Mais, bon. Bref, sans avoir entrevu le moindre specimen de ces bovins, nous avons pourtant dû faire super gaffe pour ne pas nous maculer les pataugas...

Donc, voilà, ça, maintenant, c'est fait! Disons tout de même en passant, qu'ici à Loh Kima, les curieuses bestioles que l'on peut admirer en plus grand nombre, sont ces bipèdes rougeoyants portant un appareil photo en sautoir et qui cachent leurs regards vides derrières une paire de carreaux tintés... Allez, on va bouger, je crois.

Direction l'ouest de l'île où nous devrions trouver un mouillage plus sauvage. Les courants sont très violents dans les parages, causant fréquemment d'énormes marmites à la "peau du diable". Avec les cartes fausses et sans aucun détail, la vigilance est de rigueur. Rinca et Komodo font partie d'un parc national inscrit au patrimoine mondial. Les paysages somptueux y sont tantôt luxuriants, tantôt désolés et la présence humaine discrète et rare. Arrivant dans la baie Loh Gingho, les macaques installés sur la plage s'éloignent nonchalamment à notre approche. Malgré l'interdiction de se promener sans guide, nous débarquons en kayak pour tenter de voir les primates de plus près. En vain. Par contre, il se passe à peine un quart d'heure avant que les autorités ne rappliquent à bord de leur canote en bois pour nous rappeler à l'ordre sous couvert de sécurité: les dragons, qui sont 1300 environ sur toute l'île, sont des animaux très dangereux. Peut-être qu'ils protègent aussi leur job[4]. Il semble rare de rencontrer un dragon en pleine nature. De retour à bord, le coucher de soleil ramène à la plage la colonie de macaques. Nous les observons aux jumelles. L'endroit est absolument magnifique, et nous y sommes seuls. La brise thermique s'est assoupie. La nuit s'annonce douce.

Nous ferons encore deux belles escales, sur Komodo. Ici, peu ou pas de balade à terre, mais de belles plongées au milieu de massifs coralliens exceptionnels et un peu de calme avant de poursuivre notre route ouest vers Sumbawa

Drôles de tri

J'ai enfin réussi à comprendre comment pêchent les indigènes avec leurs drôles de trimarans. Nous naviguons sur la côte nord, sous le vent de Sumbawa. Comme souvent en pareilles circonstances, le vent est des plus irréguliers. Un ris dans la grand-voile ce matin pour étaler des surventes à 25 nœuds, puis calme plat, et enfin, dix-huit nœuds dans le pif en approchant du mouillage, ce qui arrive fréquemment. La jolie baie Sanggar, parsemée de haut-fond, nous offre un très bon abri pour la nuit. Nous y arrivons suffisamment tôt pour aller à la rencontre des gens que nous voyons sur la grève. Certains pêchent à pied à la faveur de la basse mer, d'autres conduisent un petit troupeau de bovins (ils m'eussent davantage intéressé encore s'ils transportaient du bon vin, mais ça n'est pas la spécialité des musulmans en général et encore moins de ceux-ci en particulier, aussi n'en parlons plus...), d'autres encore titillent ma curiosité en s'affairant autour de leurs étranges canotes échoués sur le rivage pour "arrêt technique". Notre atterrissage avec le kayak Hobie "mirage drive" attire une nuée de curieux admiratifs. Nous les sentons peu malicieux et n'hésitons pas à nous

---

[4] Les surveillants, pas les lézards...

éloigner sans crainte, les laissant à leurs investigations, pour aller, de notre côté, examiner de près comment sont conçues leurs invraisemblables *strapanelles* carré.

Une coque centrale de monocoque, longue et fine, mais à la stabilité suffisante pour tenir debout toute seule, est surmontée de deux mâtereaux. Une ribambelle de sustentes y sont capelées, servant à maintenir à l'horizontale une sorte de grand cadre en bois dont la fonction est double: supporter les nombreuses lampes qui attirent les poiscailles la nuit, et supporter ensuite le péchou qui les récupère une fois capturés... Mais je sens bouillonner chez les moins endormis d'entre vous la sève interrogatrice qui glougloute ses très justifiés: "mais comment qu'y font, alors?"... Deux minutes *please*, j'y arrive. Figurez-vous que ce trimaran carré, d'une bonne douzaine de mètres de côté tout de même, supporte un carrelet de mêmes dimensions accroché sous la structure du bazar par un simplissime système de bouts' reliés à un tambour central en bois qui permet d'en commander la descente et la montée. Evidemment, le filet est amovible: ramassé lors des déplacements du bourrier, et déployé par en-dessous pour la pêche. Tous les systèmes et équipements sont réduits à leur plus simple expression. Point de poulie: un simple bout de bois percé de deux trous en remplit la fonction. Des bouteilles de verre calées par de gros clous remplissent un rôle d'antifriction aux endroits de fortes contraintes....On ne patauge pas dans le carbone ni dans le titane, ici!... Pourtant, ces drôles de canotes sont tout de même équipés de deux moteurs thermiques! Attention; *c'est pas* des "common rail" ou turbo-machin ou quoi ou *caisse*... Je vous parle de braves monocylindres à volant, sans démarreur, et à l'échappement tout ce qu'il y a de plus libre, alimentés par un jerrycan posé en hauteur sur un genre de tabouret... L'un fait tourner une génératrice "made in China" pour alimenter les lampes *attireuses* de poissons la nuit, cependant que l'autre, dans la cale, se charge de la propulsion du derrick. Aucun embrayage ni réducteur ne vient compliquer cette salle des machines minimaliste. Le refroidissement du moteur "de déplacement" est assuré par un bout de tuyau métallique taillé en biseau et judicieusement placé derrière le flux de l'hélice (si un pêcheur Indonésien vous dit un jour qu'il a un problème d'"impeller", c'est un gros frimeur). A la tombée de la nuit, un équipage de cinq à six personnes monte à bord, quitte le mouillage et se rend sur son lieu de pêche quelques milles plus loin. Là, ils mouillent l'ancre (faudra que je pense à vous faire un topo sur leurs ancres...), et équipent le carrelet avec son filet, que l'on fait descendre au fond, lesté qu'il est par des pierres attachées avec des bouts et pendant dessous comme de grosses *bobolles* monocellulaires... La coque centrale est surmontée d'un abri tout simple au design souvent très réussi... A l'intérieur, trône un réchaud et... rien d'autre! Je suppose que l'on peut y prendre un peu de repos ou s'y mettre à l'abri quand la mer fait sa méchante, à la mauvaise saison. Puis, au matin, les grandes libellules rejoignent leur mouillage pour livrer leurs captures et débarquer l'équipage. Les longs flotteurs latéraux sont faits de bambous fraichement coupés, qu'il convient de remplacer dès qu'ils sèchent, car, alors, ils se fendent la gueule, ce qui est très préjudiciable à la stabilité de la plateforme à cause que l'eau s'introduit à l'intérieur de leurs alvéoles.

Je m'approche d'un de ces canote pour en étudier les finesses technologiques. Deux gars sont à bord, affairés à ajuster une pièce mécanique, armés d'une scie à métaux préhistorique et d'un marteau contemporain (mais ça n'a pas d'âge les marteaux...). Immédiatement, ils me pressent de monter à bord, trop heureux de me montrer leur modeste canote dont ils sont cependant très fiers. Je suis un peu honteux en mon for intérieur. Dans notre milieu de nantis, le mot d'ordre, c'est: "Ne faites jamais monter un Indonésien à bord, même s'il est gentil"... Quel contraste!

Beaucoup moins sympa la rencontre de ce matin!

Je viens de me lever pour préparer le petit déjeuner. Mon rituel coup d'œil semi-circulaire du matin s'accroche sur un bateau de pêche, équipé de six bipèdes, qui se dirigent, sans doute aucun, vers Catafjord. Ils stoppent leur moteur, et nous accostent sur leur erre, se prétendant policiers... *Ouafff, ouafff, ouafff*! (Ils ont autant l'air de policiers que moi du fils caché de Ben Hur et mère Theresa, c'est vous dire!). Je leur exprime poliment mes doutes et les informe de mon refus de les recevoir à bord. Nullement gêné pour autant, un gros type fringué en kaki, monte quand même! Il baragouine trois mots d'anglais. Je me fâche, tout rouge, et m'interpose avec fermeté, bien qu'il fasse trois fois mon volume. En gros je lui explique que, pour avancer, il va d'abord falloir qu'on en vienne aux mains... Je suis très convaincant, chanceux aussi, et ça marche! Ses potes le prient gentiment de regagner son bord. Ils décident d'abandonner leur petite arnaque et de se contenter..., de poser avec moi devant l'objectif de leurs téléphones à photos dernier cri! Trois minutes se passent ainsi. "Bon, ben *c'est pas* tout ça les gars, mais moi j'ai des trucs à faire maintenant; alors va falloir penser à rentrer chez vous, ok?". Et ils remballent leur pénates un peu penauds (petite allitération en "p", du matin...). Evidemment, je ne leur ai rien donné du tout. Ici, comme ailleurs, les usurpateurs se mêlent aux braves gens pour tenter d'obtenir des avantages qu'ils ne sauraient acquérir ni par leur talent ni par leur travail... Et *j'aime pas*.

Nous voici mouillés à l'ouest de Sumbawa, avant de la quitter dès demain pour fouler le sol de Lombok si tout va bien. Nous avons pu bénéficier de plusieurs heures venteuses aujourd'hui, donnant aux voiles l'occasion de bosser un peu pendant que les diesels s'assoupissaient un coup... Pas grand-chose à faire à l'endroit où nous avons décidé de faire halte. Partout de la mangrove et un *reef* découvrant. Nous faisons tout de même une petite ballade en kayak le long du littoral, histoire de faire coucou de la main aux gens qui y pratiquent la pêche à la ligne, dans l'eau jusqu'à la taille.

Adieu Sumbawa, bonjour Lombok

Voiles en ciseaux, poussés à vitesse lente par une brise de curé, nous nous engageons dans le chenal étroit défini par les îles Sulat et Lawang, basses sur l'eau et ceintes de mangrove. Sur notre gauche, l'imposant Rijani, deuxième plus haut volcan d'Indonésie, s'évase en une plaine fertile. Une interminable cocoteraie littorale confère à la côte ce caractère exotique qui ne cesse de nous ravir.

Pas évident cependant d'y trouver une halte pour la nuit, tant elle est rectiligne, et ses eaux profondes. Enfin, au crépuscule, nous jetons notre dévolu sur un semblant de baie, devant le village Amoramor (drôle de nom; on dirait une annonce nécrologique pour dire que le mec de la moutarde a cassé sa pipe...). Deux mosquées dans ce village. Et nous sommes en plein rame-dedans! Toute la nuit qu'y vont nous seriner leurs concerts monotones les gars, avec leur sono de fête de l'huma... Allah est grand, certes, mais concernant ses goûts musicaux...Y'aurait à redire...

Gili

Nous nous faisions une fête de cette escale aux îles Gili, présentées par le guide touristique comme un genre de St Tropez Indonésien... Faut penser à relativiser à mon avis. Ça fait un peu comme dans le sketch de Laspalès... On arrive devant... Et on repart aussitôt, sans s'arrêter... Pour éviter des problèmes. En fait, c'est très profond, plein de pavés, et encombré de petits corps-morts à deux balles que je n'y confierais peut-être même pas le dinghy. Alors, bon, continuons. Une heure plus tard, nous parvenons à mouiller l'ancre devant une plage charmante où Catafjord fait le solitaire. Sur la plage, par contre, y a du monde! Des dizaines de petits trimarans de pêche sont posés là, serrés les uns aux autres comme ces insectes qui ont l'air de marcher sur l'eau... Ce sont leurs bras de liaison à forte cambrure qui leur donnent cet air aérien. C'est presque de la *monotypie* tant ils sont semblables entre eux. Coques centrales courtes et étroites, longs flotteurs rectilignes en bambou (étanchés à la résine la résine époxy!), gouvernail amovible sur le côté, et tous fifties: une voile et un moteur (leur traditionnel système *long tail* qui leur confère cet inimitable style "mixer"). Nous débarquons en kayak pour admirer de plus près ces sympathiques embarcations. Puis nos pas nous mènent tout naturellement au village voisin. L'accueil y est toujours aussi sympathique, bien qu'on sente un peu plus de réserve qu'à Sumbawa. Plus de rigueur et de sophistication aussi. Les maisons, en général sur pilotis, sont faites de bois, de bambou et de palmes, avec un peu de tôle ondulée et de béton. De profonds caniveaux bétonnés canalisent les eaux de ruissellement. Des puits individuels alimentent chaque foyer en eau douce. Par la manœuvre manuelle d'un simple seau ou par une pompe électrique, quand il y a du courant (qui se trouve être, ici, plus rare que le coran...). C'est très propre et beaucoup de choses semblent bien organisées.

Au petit matin, quelle féerie que de voir la mer couverte de ces jolies embarcations colorées, qui rentrent de la pêche en faisant route sous voile dans une brise plutôt soutenue. On dirait un genre de "spi-ouest" où la longueur limite serait six mètres et la surface de toile six mètres carrés. Les plus hardis s'aventurent jusqu'à une dizaine de milles de leur plage.

Lembongan

Les coques effilées de Catafjord tracent un discret sillage vers cette île qui sera doute notre dernière escale avant Bali.

Première impression: pas idyllique comme mouillage. Pour autant, c'est tout de même à voir! La géographie du lieu fait que la houle provenant du large y gonfle considérablement au moment des pleines mers et que donc, les amateurs de surfs bénéficient de vagues impressionnantes à quelques dizaines de mètres seulement de l'endroit où stationnent les bateaux. C'est très touristique bien sûr. Avec nombre d'engins vrombissants de tailles variées, de parachutes ascensionnels et autres bateaux à fond de verre. Mais, par bonheur, vers les quinze heures, tout ce petit monde remballe le matos et déguerpit vers des lieux plus citadins. La houle diminuant avec le jusant, nous voici à présent dans un mouillage tout à fait satisfaisant, juste à l'heure de la belle lumière, et du rafraîchissement qui va avec.

Une rangée de rouleaux barre l'horizon à l'endroit même où j'avais idée de passer pour quitter l'île Lembongan. Et pourtant, il ne fait aucun doute qu'il n'y a aucun *reef* à cet endroit! En réalité, ces turbulences sont le fait d'un puissant courant, énervé sans doute par la rencontre du plateau continental, et qui en profite pour empoisonner son monde avec ses vagues même pas nettes. Une fois passée cette zone de collines liquides, ledit courant nous propulse à vive allure vers Serangan, au sud de Bali. L'approche réclame quelque vigilance, comme en témoigne muettement l'épave de ce cargo qui rouille, placidement perché sur la barrière de corail. La passe franchie, le mouillage est bondé. Par chance, les gars chargés de l'accueil et du placement sont aimables et efficaces, et nous sommes bientôt arrimés à un solide corps-mort.

Bali

Fête de la St Dominique. Nos amis de «Magalyanne» ont eu la géniale et généreuse idée de nous inviter, pour la journée, à une excursion à bord de leur automobile de location. Un petit accrochage tente d'assombrir nos humeurs joyeuses... avec de maigres résultats. Un peu de tôle éraflée, d'amour-propre égratigné, de plastique fendu... simples broutilles. A nous Bali "inside", hors des sentiers touristiques, à la rencontre d'authentiques Balinais. Mon ami Jean-Luc est aussi attiré que moi par les engins divers ayant vocation à se maintenir à la surface de l'eau, et pourquoi pas, soyons fous, à s'y mouvoir... Aussi, nos pas nous mènent-ils vite-fait le long de la côte sud-est de Bali pour y découvrir quelques curiosités locales. Mais, revenons à Denpasar, la grande cité qui occupe tout le sud de l'île. Tout au long de la quatre-voies, un peu merdique et très encombrée, une suite ininterrompue de boutiques offre à la vente de véritables trésors artistiques. En particulier, les sculptures en bois, et surtout celles en pierre volcanique noire sont là par milliers, avec leurs admirables finesses et sophistications. On croirait circuler dans l'allée principale d'un salon de l'artisanat étendu à toute l'île! L'origine probable de ce foisonnement créatif est peut-être à rechercher dans l'hindouisme, car, ici, on trouve des temples à tous les coins de rues, et même les plus modestes sont abondamment fignolés. Au hasard d'un chemin à peine carrossable, perché sur une colline face à la mer, nous en visitons un, de taille respectable. Une vieille dame s'affaire au "ménage" à l'aide de son balai en bambou et palme. Les dernières offrandes, déposées au sol dans de petits paniers tressés, sont encore comestibles: une banane, un peu de riz, quelques fleurs de couleurs différentes. Ces modestes présents, qui se retrouvent absolument partout, donnent à la ville un style particulier genre "merdier de la teuf d'hier soir pas fini de ranger"... Sauf que là, c'est religieux.

Sable noir, gravier noir ; n'était le bleu de la mer, on croirait le littoral en deuil. Deux jeunes gars costauds "pêchent" du gravier dans les rouleaux d'écume à l'aide de sacs, qu'ils transportent à l'épaule, un peu plus haut, jusqu'au plancher des buffles. Là, des dizaines de "trieuses" s'affairent à "cueillir" les petites pierres une à une, par couleur et par calibre. Les sacs se remplissent et seront vendus à fin de servir à la décoration de sols, ou de murs, voire de vases ou de statues. Je ne sais pas combien ce travail leur rapporte quotidiennement, mais j'ai dans l'idée que ces gens là ne sont pas embarrassés de problèmes avec leurs comptes en banques... Pour tout dire, ils n'ont, dans l'ensemble, pas de quoi envoyer leurs enfants à l'école, comme c'est le cas de nombreux indonésiens. Et pourtant, quelle fraîcheur! Toujours prompts à sourire, ils ne semblent pas malheureux. Nous en verrons ainsi des centaines, répartis sur une grande partie du littoral, triant leurs petits cailloux à longueur de journées.

Notre attention est attirée par ce qui semble bien être un mini chantier naval. De fait, nous nous retrouvons bientôt à prendre le frais sous son toit de palme en devisant avec les hommes de l'art devant trois courtes pirogues en cours de fabrication. Simple tronc creusé à l'aide d'un outil manuel, les assemblages sont toutefois renforcés à la colle époxy. Les bois courbes utilisés pour fabriquer les bras de liaison de leurs trimarans, sont obtenus en plantant des arbres dont ils contraignent le tronc, dès le début de la croissance, à l'aide de ficelles pour l'obliger à pousser à la forme désirée! Belle leçon de patience et de savoir-faire.

Un peu plus loin, c'est le retour de pêche pour ce canote en bois d'une bonne vingtaine de mètres. Mouillé devant la plage, la poupe dans les rouleaux d'écume, ses marins débarquent à bras les dizaines de paniers de poissons qu'ils portent sur la plage. Là, un deuxième défilé ininterrompu se met en place: celui des femmes, les "mareyeuses", qui les portent sur leurs têtes jusqu'aux camions, au bout du chemin. Peu de mots sont échangés, cependant que des centaines de kilos de poisson passent ainsi du producteur au consommateur dans une belle harmonie.

Funérailles *barbeuc*

Nous avons loué un scooter pour nous rendre à Klungkung, distante d'une cinquantaine de kilomètres. Pas cool la conduite d'un scoot ici. C'est le moyen de transport de loin le plus répandu et il y en a des myriades, évoluant avec une extravagance toute orientale. Bien sûr, il y a des règles précises, et connues. Mais disons qu'elles donnent lieu à d'innombrables interprétations personnelles, et, donc, presque tout est possible. Comme par exemple rouler à contresens... les klaxons ne chôment pas. Ouvrir l'œil est nettement insuffisant. Il s'agit absolument de rester concentré au maximum, à temps plein. Épuisant! Bref, nous voici enfin parvenus à Klungkung, sur les lieux de la cérémonie à laquelle nous avons été invités: une crémation. Une grande majorité de la population balinaise est de confession hindouiste. Leurs défunts sont incinérés selon une tradition et un cérémonial très anciens. Les opérations de crémation sont fastueuses et coûtent très cher. Aussi, lors d'un décès, l'heureux élu est « stocké dans la terre » provisoirement, pendant un délai qui va de quelques mois à cinq ans maximum. Puis ses os sont exhumés et réunis en un paquet gros comme disons un bébé de six mois. Lorsque l'argent nécessaire à été réuni, on fait fabriquer par les spécialistes, un gros animal en bois et chiffons, genre une vache, ou un lion, un peu stylisés mais à taille réelle, que l'on arrime sur une sorte d'immense palette en bambou afin de transporter le tout jusqu'au lieu de la fête en une joyeuse procession. Une fois installée sur son bûcher, la bestiole subit une intervention chirurgicale bénigne mais indispensable: un habile dévôt lui taille une trappe dans le dos, à l'égoïne, afin d'y introduire les paquets d'os de tous les morts concernés. Aujourd'hui, notre vache noire accueille en son sein pas moins de onze squelettes. Raz les tétines qu'elle en a la vache... D'ailleurs, je ne vois pas pourquoi je vous parle de vache alors que le bazar démesuré qui fait le balancier entre ses pattes de derrière laisse à penser que... Bref, *c'est pas* le sujet... Une procession s'organise autour des deux bestioles du jour, la vache noire sévèrement burnée, et le lion rouge qui ne l'est pas moins. Les porteurs de fagots osseux doivent faire trois fois le tour avec leur colis sur l'épaule, avant que le préposé ne procède à l'introduction. Pendant ce temps, deux groupes de trente deux musiciens, assis sur le sol, distillent les sons délicats de leurs instruments: gongs de différents diamètres, bambous fendus, et ces délicieux xylophones à quatre ou cinq lames vrillées comme des hélices qu'ils frappent à l'aide d'un genre de pic à glace en bois. Tout est maintenant en place. Les bûchers sont au nombre de trois. Une espèce de tabernacle a pris place entre les deux bestiaux, et recèle, lui aussi, son lot d'ossements.

Enfin, la scène s'enflamme. Les feux sont entretenus longuement, jusqu'à complète incinération des paquets d'os. Les cendres seront ensuite recueillies et transportées avec dévotion et en procession, jusqu'à la rivière la plus proche, qui les conduira naturellement à la mer afin de libérer les âmes des défunts de leurs enveloppes terrestres, leur restituant ainsi la faculté de se réincarner. S'ils se sont élevés spirituellement durant leur passage ici bas, ils reviendront en être humain d'une condition meilleure, alors que s'ils ont merdé, il leur faudra revenir sous forme d'une pauvre bestiole, plus ou moins ragoutante, genre un chat ou un chien, mais aussi peut-être une fourmi rouge, une méduse, ou un gonocoque... tout est possible. Personnellement, je n'aimerais pas trop être réincarné en mante religieuse. Déjà, *on baise* qu'une seule fois dans sa vie, et tout ça pour se faire bouffer par la dame à peine versée la dernière goutte de sirop magique... Merci bien! (elle pourrait au moins attendre le petit assoupissement post-coïtal...). En tous cas, honnêtement, des obsèques comme ça, avec le petit côté carnaval, c'est vachement pas triste, au contraire même.

Toujours un peu de boulot

N'allez pas imaginer que notre escale balinaise ne soit que farniente. Ouh là là... que nenni! Quelques braves corvées viennent nous ramener à la réalité: déposer le génois pour le faire recoudre, puis le remettre sur son enrouleur malgré le vent qui souffle tous les jours avec une régularité de métronome. Approvisionner cinq cent litres de gas-oil en transportant à bout de bras les bidons de vingt litres sur quelques centaines de mètres entre le dinghy et la station. Ceci dit, à quarante centimes d'euro le litre, on est assez motivé.

Pour l'alternateur bâbord, en panne depuis des mois, la chance est avec nous. Un artisan efficace et honnête nous résout le problème pour deux cent dollars, incluant la fourniture d'un nouvel alternateur et la réparation de l'ancien!

Boulot encore, mais avec un aspect ludique indéniable, cette fois: remplacer l'hélice de « Magalyanne » pour faire plaisir à l'ami Jean-Luc, à quatre pattes dans la gadoue, à marée basse. Heureusement, ce sont des amis d'agréable compagnie.

Notre séjour à Bali tire à sa fin. Nous n'avons vu qu'une très petite partie des nombreuse merveilles que recèle cette île passionnante. Il faudrait des pages et des pages pour évoquer ses charmes: cerfs-volants, algues séchées, danses balinaises, volcans plus ou moins actifs.et cette gentillesse des gens.

Les "Badinguets" sont de retour. Alors, forcément, on se fait une petite teuf. Normal. Capucine [5] et Adrien, un couple de jeunes navigateurs qui réalisent un superbe tour du monde à bord de leur rapide "Capado", font partie de la fête. Des gens de grande qualité. J'espère qu'on se reverra. Ils partent demain matin pour traverser l'océan Indien, avec le passage de Bonne Espérance prévu pour décembre prochain. "Magalyanne" appareillera au même moment pour un parcours similaire. Alors, bon vent les amis.

Croisière de rêve le long de la côte Nord de Bali

L'alizé stable nous propulse gentiment de l'arrière, cependant que défile sur notre gauche un paysage somptueux: montagnes et cratères de volcans en arrière plan, et une interminable cocoteraie en bande côtière. Les plages de sable noir servent de parking à des centaines de pirogues à balanciers. La mer est calme. Le confort total. C'est vraiment fantastique de se balader ainsi en profitant de la douceur de son "chez-soi", cependant que le monde s'exhibe devant notre terrasse. Chacun peut s'adonner à ses occupations favorites, lire, écrire, faire de la musique, préparer le repas (chacun prend son plaisir là où elle le

---

[5] C'est Capu qui a fait la couverture de ce livre

trouve...), s'occuper de la marche du bateau, et, chaque fois qu'on lève la tête, le paysage a changé! Nous sommes au spectacle tout le temps! Et ça, la plus cossue maison du monde, elle peut se brosser avant de l'avoir.

Par contre, hier, pour quitter Serangan, c'était moins sympa, à cause du fort courant et du vent irrégulier. On ne peut pas tout avoir. Nous avons eu un passager clandestin à cette escale: un petit rat, monté à bord par une amarre. Heureusement, il n'a pas pu pénétrer à l'intérieur des emménagements. Quand nous l'avons entendu courir nuitamment sur le pont, nous avons bondi immédiatement, le pourchassant avec un projecteur (pour lui coller un coup de projecteur bien sûr), et il n'a pas demandé son reste, nous abandonnant dans sa fuite quelques petites adorables *crotounette*s en souvenir. (Je sais, ça peut paraître bizarre cette affection pour ce qui n'est, après tout, que des merdes, mais c'est parce qu'on était tellement content qu'il se soit barré).

Lovina

17h30: plouf. Le camion est immobilisé devant cette tranquille station touristique charmante mais, bien sûr, un peu trop encombrée de .touristes (sauf les deux charmantes baigneuses belges venues nous saluer à la nage depuis la plage). Les touristes, hélas, polluent toujours un peu les autochtones, malgré eux. Aussi retrouvons nous ici les habituels désagréments provoqués par les quémandeurs de tous poils qui ne manquent jamais de s'épanouir dans les lieux où la manne touristique abonde. Mais, ne boudons pas notre plaisir, l'endroit est ravissant. A l'heure de la belle lumière, une foule dénudée à la peau pâle se presse sur la plage, bien alignée, face au spectacle quotidiennement renouvelé: le soleil qui débauche en habit de carnaval. C'est assez amusant à vivre depuis le bateau, car nous nous trouvons évidemment devant le public, exactement comme si c'était nous les vedettes ; plutôt poilant! Pour ajouter à l'ambiance, je sors mon diato... et là, ça ne traîne pas: Bingo! Le Julio Iglesias des minarets entame aussitôt sa rengaine lancinante! Décourageant. Puis, à l'heure où le gris a bouffé toutes les couleurs du jour, où la brise thermique s'évanouit, laissant la mer comme un plat d'argent martelé, où les pirogues remontées sur la plage semblent se blottir aux pieds des cocotiers, où la silhouette noire d'un bourrier de pêche local devient majestueuse dans le peu de lumière subsistant encore du côté du couchant, eh bien à ce moment-là, Lovina la touristique, devient véritablement une escale magique, pour nous.

Ce soir, nous avions projeté de retourner à terre en fin de journée, après notre randonnée du jour, en vue d'assister, peut-être, à un spectacle de danses balinaises. Mais voilà, nous sommes trop bien à bord... Alors on n'y va pas! Ce sera pour une autre fois. Déjà s'allument au large une multitude de loupiotes blanches, signes évidents de quelques projets halieutiques nocturnes. Lors de nos cabotages indonésiens, nous rencontrons fréquemment, parfois plusieurs milles au large, des radeaux de bambous mesurant environ quatre à cinq mètres de côté, signalés tantôt par un pavillon, tantôt par des branches de palmier, tantôt, hélas par que dalle, ce qui donne de sérieuses chances d'en aborder un. Ces objets flottants sont reliés au fond de la mer par un câble et une ancre, et remplissent la fonction de plateformes de pêche. Une île flottante, disons. Les propriétaires s'y installent pour la nuit, et attirent leurs proies à l'aide d'une lumière intense, un peu à la manière d'une tenancière de maison close, sauf que là, il faut une pirogue pour y aller...Ça donne bien à ce qu'on m'a dit (je parle pour la pêche aquatique...).

Direction Java

Nous quittons Bali, pour voguer vers sa trépidante voisine. Peu de vent, route voile et moteur. La mer de Bali présente un désagrément notoire: elle est carrément cradingue. Les immondices variées y foisonnent dans toute la bande côtière, ce qui est bien fâcheux car l'eau est plutôt transparente.

Le nouvel alternateur balinais fait merveille, envoyant jusqu'à cent ampères, ce qui est particulièrement appréciable au moment de remonter l'ancre.

A l'occasion des nombreux milles parcourus au moteur ces derniers temps, j'ai pu calculer précisément notre consommation de gas-oil, optimisée l'année dernière par le montage d'un réacteur Pantone de type "Econokit". Elle s'établit à 3,3 litres par heure lorsque le moteur tourne à 2200 tours/minute. La vitesse du canote étant alors de 5,6 nœuds, notre conso est d'un peu moins de 0,6 litre/mille parcouru. Si on parle d'une circumnavigation de 30000 milles, il faudrait dix-huit mille litres de carburant pour boucler le voyage. Au prix moyen de un euro le litre (ici c'est 40 centimes d'euro.....), le budget carburant serait de 18000 euros! Soit même pas le prix de la grand-voile et du génois de Catafjord...! À l'évidence, voyager à la voile est incomparablement plus coûteux que de le faire avec un canote à moteurs. C'est d'autant plus vrai que tous les voiliers de croisière modernes sont largement motorisés et cumulent donc les coûts associés à la voile et aux moteurs. Bien entendu, naviguer à la voile offre un charme particulier non dénué d'intérêt en soi; mais si l'on est surtout attaché à l'idée de voyager en emportant sa maison avec soi, alors s'encombrer de tout cet arsenal ruineux que sont mâts, voiles, gréement, winchs, poulies et autres bloqueurs, constitue une remarquable manière de s'emmerder pour pas grand-chose tout en s'appauvrissant. Aussi, amis *tourdumondistes*, si vous voulez ma recette pour découvrir le monde en mode "économique", la voici: prenez un bon voilier moderne auquel vous ôtez tout ce qui sert à faire de la voile, y compris la quille pour les monocoques (au fait, je crois avoir compris qu'un coq, c'est multi poules, mais est-ce qu'une poule c'est mono coq ou multi coq...? Sans doute que *c'est pas trémaran* en tous cas...), fiabilisez l'installation mécanique, ajoutez quelques réservoirs de carburant, et vous obtiendrez le plus efficace des croiseurs motorisés. J'ai bien hâte que ce soit mon cas...

Java

L'arrivée à notre première escale javanaise s'est présentée sous les meilleurs auspices: fond de bonne tenue, eaux calmes, accès facile et toute cette sorte de choses. Aussi, j'envisageais de la recommander aux potes qui voudraient en profiter. Mais, l'appareillage, ce matin, est nettement moins enthousiasmant: des dizaines de bateaux de pêche locaux ont envahi la mer jusqu'à plusieurs milles au large, qui tractant une ligne de traîne de soixante mètres, qui relevant un immense filet déployé en cercle, qui surveillant le filet de trois cent mètres de long qu'il a installé entre deux bouées... le tout sur une mer désordonnée et sans vent! Pas tellement cool comme début de journée. D'autant qu'il faudra attendre la fin de la matinée avant de toucher une brise timide, laquelle nous emmènera tout de même sous le vent de l'île Giliang avant la nuit.

Giliang

Nous sommes mouillés au milieu d'une multitude de bateaux de pêche venus reposer là leurs équipages avant le prochain appareillage nocturne. Ces bateaux sont très différents de ceux que nous avons rencontrés jusqu'à présent. Deux types d'embarcations distincts se côtoient. Les unes entièrement pontées sont surmontées à l'arrière d'un abri dressé sur quatre colonnes où se tiennent les deux membres d'équipage. Les autres, ressemblant à de gros canoës, avec des étraves de drakkar normand, basses de franc-bord au milieu, et dont les extrémités semblent s'élancer vers le ciel en deux pièces effilées et verticales, l'ensemble arborant couleurs vives et décorations sophistiquées. Le gouvernail est constitué d'une sorte d'aviron en appui sur une potence en déport sur un côté. La propulsion est assurée par un bruyant monocylindre, et complétée aux allures portantes par une voile triangulaire en toile grossière tenue par des bambous. Sur certaines, un rustique abri en pontée a l'allure d'un toit d'ardoises à deux pentes.

Réveillés à l'aube par le barde local et sa sono de kermesse, nous quittons Giliang au lever du soleil. Nos compagnons de mouillage sont partis taquiner le maquereau depuis longtemps. Nous avons un peu d'appréhension à naviguer le long de la côte Nord de Madura, craignant qu'elle ne soit rendue infréquentable par toutes sortes de pièges à poissons variés, mais en fait, il n'en est rien. Les difficultés ne sont pas toujours où on les attend, et nous passons une bonne journée de cabotage, avec un peu d'air pour gonfler les voiles, un agréable paysage, aux reliefs peu prononcés certes, mais agrémenté de charmants villages, et la mer douce et belle. Par contre, cette côte n'offre aucun abri digne de ce nom, aussi, au soir, c'est quasiment "en mer" que nous mouillons la pioche, pour nous faire ensuite, trimbaler toute la nuit par une houle résiduelle.

Direction Bawean

Appareillage avant même le lever du jour, pour parcourir 75 milles vers le nord. Encore une belle collaboration voile/moteur, car le vent est trop faible pour tenir la moyenne nécessaire. Les pêcheurs du matin sont déjà en route vers leurs lieux de pêche, croisant les noctambules, qui, eux, rentrent livrer leurs prises de la nuit. Leurs bateaux, magnifiques, sont encore un poil différents. Toujours le style "drakkar", mais ils arborent deux curieux espars courbes ressemblant à des crêtes artistement décorées et portant un nom propre. Je n'ai pas pu savoir si c'est celui du bateau ou de l'armateur. Le petit abri arrière accueillant le barreur est sophistiqué à souhait et brille de mille feux comme s'il hébergeait Allah *soi-même*. L'équipage est constitué d'une dizaine de personnes. Leur filet de pêche est si imposant qu'il occupe tout le pont et dépasse en hauteur de presque deux fois le franc-bord!

Malgré le timing serré, nous nous attardons une journée supplémentaire, pour visiter Bawean en vélo. Cette escale est délicieuse! Pas de touriste. Les gens sont incroyablement accueillants et hospitaliers. La vie s'écoule simplement, sans richesse et sans misère. Tout le monde a de quoi s'occuper. La terre et la mer fournissent à manger à qui prend la peine de cueillir. Aussi tout le monde parvient à se procurer plus ou moins de superflu. Bien sûr certaines maisons sont plus confortables que d'autres, comme presque partout. Mais il semble régner une qualité de vie exceptionnelle. En deux jours seulement, nous faisons plusieurs rencontres agréables. Ce midi, nous déjeunons chez Nasir et son épouse. Douanier en retraite, il parle un peu anglais et nous donne des tas de détails sur la vie à Bawean. Il est aussi auteur, et a écrit une pièce de théâtre qui se jouera a Singapour le 15 Septembre: ça parle de l'avenir des jeunes musulmans et musulmanes (on voit bien qu'Allah s'en fout de l'anglais; sinon on dirait une *musulgirl*...logiquement).

Kumai, sur Borneo

Nous avons deux sérieuses raisons d'aller à Kumai: faire une virée dans la jungle pour approcher les grands singes, et rendre visite aux services d'immigration pour faire prolonger notre autorisation de séjour. Une certaine motivation est nécessaire pour affronter tous les avatars qui mènent à Kumai: remontée du fleuve non balisé sur une quinzaine de milles avant de mouiller au milieu des cargos et barges de plus de cinquante mètres face à une cité bruyante et déglinguée. Bref, on ne se retrouve pas à Kumai par hasard...

Première étape: trouver un endroit où laisser le dinghy, forcément le long d'un quai en bois un peu branlant, au bout duquel se pressent en rangs serrés les nombreux bipèdes qui voudraient bien nous conduire quelque part... Ils ne parlent que le Bahasa Indonésia et affirment savoir nous amener au lieu demandé. En réalité, ils n'en ont pas la moindre idée, et se débrouillent d'interroger moult passants ou cousins éloignés en cours de route afin de nous satisfaire. Ce n'est déjà pas si mal.

La ville s'étire en longueur, agrippée à la berge de son fleuve par une forêt de pilotis graciles. Vue par des yeux de voyageur curieux, elle ne manque cependant pas d'intérêt, et se révèle même attachante.

Notre projet du jour: trouver le bon bureau pour obtenir le tamponnage des passeports qui nous autorisera à séjourner en Indonésie quelques semaines de plus. Après deux heures d'investigation, il s'avère que nous devons nous rendre à Sampit. Cent cinquante kilomètres d'un mélange d'asphalte et de trous, excepté les nombreux tronçons qui ont les trous mais pas d'asphalte. En cours de route, il y a aussi les endroits particuliers où l'asphalte est là... mais il est encore dans le camion... et la circulation n'en est pas interrompue pour si peu... à peine perturbée... chacun slalomant avec son véhicule entre les porteurs de pelles noires, bottés de noir, qui s'activent à étaler leur coaltar. Comme il pleut, ça vaporise à grosses volutes, et c'est très joli!

Enfin Sampit se pointe. L'hôtel est très correct (bonjour le plagia: hôtel "Mercury", avec le graphisme des "Mercure", sauf que question standing, il y a encore un peu de boulot...). Balade déambulatoire à pieds dans les rues à la tombé de la nuit, avant de s'alimenter d'une soupe délicieuse nommée "bakso", dans une de ces gargotes à deux ou trois tables, dites "warong" que l'on trouve partout en Indonésie, et où l'addition pour deux repas atteint rarement trois dollars. Les gens que l'on y côtoie sont toujours d'une grande jovialité.

Beaucoup d'indonésiens se nourrissent dans ce genre d'établissement pour une raison bien simple: ils n'ont absolument pas les moyens d'acheter un réchaud, une bouteille de gaz, un sac de riz et un litre d'huile, toutes choses indispensables pour pouvoir s'alimenter par ses propres moyens. Ainsi, chaque jour, dès que leur activité leur a permis de gagner le montant d'un repas, ils viennent se rassasier au warong.

Conclusion: en Indonésie, les pauvres bouffent au restau presque tous les jours.

Ici comme ailleurs, le vélomoteur est le roi de la piste. Soucieux d'optimisation sans doute, les gens pratiquent le "co-scouterage"! Loin d'être le fait de quelques insoumis ou anarchistes forcenés, cette pratique est largement répandue et déclinée de diverses manières originales. Ainsi voit-on fréquemment à bord d'une simple mob le papa qui conduit, la maman en amazone et en porte-à-faux tout à l'arrière et deux morveux « calés » au milieu! C'est un schéma standard, ça. (Quelle bizarrerie de monter en amazone quand on vit à Bornéo...). Parfois, le conducteur transporte un bébé qui dort. Une main pour le bébé, une main pour la mob... et il fume! Le deux-roues est aussi largement affecté au transport de marchandises. Ah, elles sont costaudes ces pétrolettes japonaises! Par exemple, le gus qui a embrassé la profession de transporteur de carburant, se trimballe *tranquilou* deux cent cinquante litres en jerrycans! Son bourrier fait presque la largeur d'une bagnole!... no limit!

On ne peut pas se déplacer en taxi à l'intérieur de Sampit. Personne ne fait ça. On doit prendre un "ojek", c'est-à-dire une mob avec chauffeur. Nous lui préférons le "becak", sorte de pousse-pousse à trois roues mû par les jarrets gaillards d'un "jeune qui n'en veut". Original en diable. À défaut d'être confortable pour qui dépasse un mètre cinquante. La capote, en voie de décomposition avancée, me sert de couvre-chef malgré un *recroquevillement* maximum (je ne me suis pas rasé ce matin et je m'*auto-râpe* les genoux...). L'ergonomie du siège.ne correspond à rien d'humain. Peut-être est-il conçu pour des orangs-outans, et que je ne me suis aperçu de rien... La boulette, quoi! Bref, notre pédaleur est dégourdi et nous sommes rapidement devant le bureau de l'immigration. L'épreuve de patience va pouvoir commencer...

22 heures. Oufff! Et voilà! Nous sommes de retour à bord de Catafjord et les passeports sont tamponnés! De la patience, il en a fallu, mais pas seulement avec l'administration, car ça a aussi été bien laborieux pour trouver le taxi-collectif de retour. Par chance, le chauffeur en était un as du volant. Clignotant actionné en permanence, il doublait, disons vingt fois par cigarette... Et c'est un gros fumeur. Je lui imagine volontiers quelques ennemis chez les motocyclistes qu'il a envoyés sur le bas-côté, nuitamment, lors d'un dépassement scabreux (mais quel dépassement n'a pas été scabreux ??????)... Bref, l'histoire se termine au mieux. L'annexe a été l'objet de l'attention des riverains qui l'ont vidée après la pluie, et Catafjord est resté sagement accroché au fond du fleuve par la magistrale "Rocna". Tout va bien. Inch Allah et bonne nuit.

Déjeuner au warong. Deux "mie-ayam" (nouilles au poulet et légumes) pour deux dollars et demi. La discussion est animée entre la taulière et ses voisins. J'ai oublié mes tongs avant de monter dans l'annexe, et donc je suis pieds nus... ça les fait écrouler de rire. Lors de la promenade digestive qui suit l'acquisition d'une nouvelle paire de tongs, nous découvrons un incroyable site de production d'éléments de couverture et bardage. Assises sous des toits de palmes au raz de leurs têtes, une vingtaine de personnes, dont quelques enfants..., fabriquent des "panneaux" en liant des feuilles de palmiers qu'une autre équipe a préalablement été cueillir en barque sur l'autre rive du fleuve. Aussi assidus que bien organisés, ils en produisent des tas, qui sont bientôt enlevés par camion pour être vendus dans tout le pays. Chaque famille a son "box" de travail. Un vieux maquereau à barbichette, rondouillard et simili-cossu, passe avec son cahier et comptabilise les résultats, probablement en vue de calculer au plus juste l'aumône qui rémunèrera ces braves artisans... Comme souvent en Indonésie, ces conditions de vie peu poilantes ne rendent pas leurs acteurs neurasthéniques. Le peu que ça leur rapporte est jugé incomparablement supérieur au "rien" de l'inaction.

Nouvelle scène de vie à Kumai: un groupe de quatre femmes, à quatre pattes dans les immondices, réparent le "kapal", une grande barque à avirons, dont la poupe est ruinée. Nous approchons. Les *madames* s'affairent, qui au marteau, qui à la scie, pour refaire à leur embarcation un cul digne de ce nom... bon! Vu de près, leur mérite majeur est incontestablement de s'être attaqué courageusement à cette tâche, afin de pouvoir naviguer au plus tôt. Sinon, question "technique", y aurait à redire... mais bon! Pour un petit pays comme ici, ça fera l'affaire, et, surtout, leur optimisme fait plaisir à voir.

Klotok[6]

Journée d'organisation de notre visite prochaine de la jungle.à bord d'un "klotok". Le parc national de Tanjung Puting mérite bien une excursion sur deux jours, c'est pourquoi le klotok s'impose. Une petite escapade matinale en Newmatic dans la rivière voisine nous en donne un avant-goût: génial! Ce genre d'incursion en territoire forestier est toujours pleine d'attraits. Etrange équilibre entre rudesse et quiétude, le bleu du ciel, le vert de la canopée, et le brun de l'eau qui nous porte. Mais il est déjà onze heures, et donc bien trop tard pour espérer rencontrer des animaux sauvages.

Trente kilomètres en ojek, chacun sur sa mob avec chauffeur, nous amènent à Pangkalan Bun, une vraie ville, avec des boutiques, deux rues principales, quelques hôtels et aussi un autre fleuve. Les berges en sont particulièrement attractives. Une cité lacustre linéaire. Tout est sur pilotis: les habitations, qui se jouxtent en une longue rue, alternant parfois avec une boutique, mais aussi le chemin de planches et ses "affluents" qui relient la voie côtière au reste de la ville.

Déjeuner au warung. Soupes et bananes frites, pour 80 centimes d'euros à nous deux!... Et pourtant, gaspillage! Mais gaspillage imprévisible. De retour dans la cité, les flonflons d'une fête nous attirent. Un type nous interpelle pour nous y convier. Nous avançons.

---

[6] Embarcation rudimentaire destinée à emmener des visiteurs sur le fleuve et mue par un moteur au bruit assourdissant qui a conduit à ce drole de mot Klotok

Surprise: c'est un mariage! Nous sommes accueillis à bras ouverts comme si nous étions de la famille. Serrage de mains, congratulations, nous nous retrouvons promptement une assiette à la main, dirigés doucement vers la salle à manger où la table se trouve être un tapis posé au sol et qui occupe les trois quarts du plancher. Nous attaquons donc notre deuxième repas, assis par terre1, comme les autres convives. Les gens sont très bienveillants à notre égard et manifestent rapidement leur souhait de se voir photographier en notre compagnie. Débute alors une longue séance de photos où tout un chacun vient poser collé-serré avec nous, les visiteurs. L'explication en est qu'ici, ça porte bonheur de recevoir des étrangers à un mariage.

Ce qui est à peine croyable, c'est que, de retour à Kumai, une nouvelle invitation à un autre mariage s'offre à nous.

20h30, le retour! C'est bien la première fois de notre vie que nous rentrons de mariage à une heure pareille. Avec pas une goutte d'alcool dans le cornet, en plus!

Flash back. Arrivant à la noce, un petit comité d'accueil disposé en file à l'entrée nous serre la louche chaleureusement, avant de nous pousser vers le buffet, tout proche. La musique est très forte, ambiance boite de nuit. Pas possible d'échanger de parole ; ça nous arrange. Presque en face, sur la scène, les mariés et leurs parents sont alignés comme des trophées, semi-rigides, empesés. Remplissage des assiettes au buffet avant de nous rendre à une table vacante, sur laquelle sont artistement disposés des dizaines de gobelets en plastique remplis d'eau. Que d'eau, que d'eau, que d'eau. Pas une goutte de picrate, pas le plus petit soupçon d'apéro, nous sommes en pays musulman. On se pose. Puis on mange, proprement. Il faut en laisser un peu dans l'assiette, par politesse. Et, hop, debout. Il est temps, à présent, de s'immiscer dans la procession qui défile devant les mariés et leurs parents, pour un petit serrage de louche, avant de prendre la sortie. Re-salut au comité d'accueil, dans l'autre sens cette fois. En notre qualité d'étrangers porte-bonheur, nous avons droit à un rappel pour photo-souvenir avec les jeunes époux. Ah, ici, les fêtes de mariage, ça ne part pas en cacahuètes comme dans certaines contrées gauloises... .

Au petit matin, le klotok que nous avons réservé aborde Catafjord. Son équipage est au complet: capitaine, mécanicien, la cuisinière et notre guide. Quatre personnes pour deux passagers! Nous voilà revenus aux fastueux temps de la "french line". Mr Majid, l'armateur, est venu avec son petit personnel afin de visiter aussi notre "yacht". Il est ébahi! Le "Satria I", qu'il nous a alloué, se trouve être son premier et plus ancien klotok. Egalement le moins confortable et le plus bruyant. Dès le commencement de la croisière, la curiosité m'attire vers la "bécane", située juste sous le plancher. Hélas l'installation est déplorable, et le moteur à échappement libre... L'eau a envahi les fonds car la pompe de cale est à déclenchement manuel. Très manuel même, car il n'y a pas d'interrupteur, et le chef mécanicien doit tortiller les fils entre eux pour connecter la pompe. Je ne peux m'empêcher de rédiger quelques croquis pour améliorer le *bouzin* à peu de frais, mais je suis certain que Majid n'en a rien à péter, et que, fort de ce que "ça marche comme ça", il ne fera rien... Pourtant, traverser un parc naturel avec un tel boucan, quel scandale!

Après quatre heures de "petit clac-petit boum" sur les méandres en eau brune, camp Leakey est en vue. A peine amarrés, la rencontre du premier orang-outan est un moment fort. Leurs nombreuses et diverses mimiques et attitudes à caractères humains nous captivent. Les mères et leurs petits, en particuliers, ont entre eux de très touchantes attentions. Espèce en voie de disparition, ils bénéficient ici de nombreuses mesures de protection. Ainsi ces stations de nourrissage où le cousin humain leur apporte quotidiennement bananes et cannes-à-sucre afin d'assurer la subsistance des plus faibles. Pour les visiteurs, c'est l'occasion de les approcher de près. Nous avons la chance de croiser en chemin, le "roi", imposant animal qui a pris l'ascendant sur les autres mâles du secteur après quelques bonnes bagarres, afin d'acquérir le statut fort envié de « mâle dominant ». Les guides s'entourent de moult précautions pour que nous ne l'approchions pas de près car c'est un animal sauvage et puissant qui peut se montrer belliqueux... (eh, oui! si y croit déceler dans mon regard un soupçon d'intention de devenir le mâle dominant de la jungle, il risque d'avoir l'idée de m'en coller une, alors que moi, en fait, je faisais que passer... y risque rien... et puis, même, bon, admettons que je m'en occupe, alors après, je serais obligé de rester habiter là tout le temps... merci bien! et, je fais comment pour le diato?... et pour l'apéro?... ça va pas non? tu parles d'une idée!)

A l'approche de la nuit, notre personnel de cabine nous installe deux matelas sur le pont, coiffés d'une moustiquaire, et qui constituent ainsi la chambre quatre étoiles où passer une nuit sereine. Avant d'éteindre les feux, un court concert de diato me vaut remerciements et congratulations de la foule en délire...

Les orangs-outans ne sont pas des gens ponctuels

La preuve, à la séance de restau du cœur de neuf heures, on n'en voit pas la queue d'un! Mais le spectacle est tout de même au rendez-vous; avec la vingtaine de touristes, agglutinés au cœur de la jungle en une épreuve de transpiration collective, le regard fixé sur une plateforme en bois, surmontée... d'un simple régime de bananes... Comme par dérision, le seul animal visible sur cette drôle de scène est un pauvre papillon tout ce qu'il y a de plus commun.

Sans doute les orangs-outangs sont-ils une espèce en voie de disparition, cependant, nous pouvons témoigner que certains sujets mènent une dure lutte pour enrayer le phénomène. Ainsi ce bon pépère qui, installé sur la table à côté du tas de bananes, commence par se donner quelques forces en avalant un demi-régime à lui tout seul, avant de se rapprocher subrepticement de la galante qui se restaurait en sa compagnie. Regard langoureux... un petit doigté d'accueil, et voilà notre inséminateur installé dans la place... Besognant placidement la coquette en regardant ailleurs, il accomplit sans hâte sa mission reproductive sous le regard goguenard de la populace touristique. C'est clair, notre étalon n'est pas un excité. Y prend son temps! S'autorisant même une petite pause de temps en temps, mais tout en restant à fond dans le sujet... La sécrétion libératrice finale ne lui inspire aucune manifestation particulière: ni enthousiasme, ni déception... Juste il se déplace un peu pour retourner au casse-croûte... Après une petite collation, disons une demi-heure, pépère, remonte dans l'arbre pour une digestion méditative... Que lui passe-t-il par la tête à ce moment là? Allez savoir, toujours est-il qu'il attrape par le bras une coquine qui traînait sur la liane voisine et lui explique vite fait que c'est son tour... La fille *roumègue* un peu, mais, pépère lui remémore illico qui c'est qui pisse debout et procède à une introduction aérienne, après la petite inspection buccale d'usage... du grand art! Suspendu à deux lianes, le regard perdu dans le lointain, comme le boulanger qui pétrit son pain d'un mouvement lent et régulier, il prépare professionnellement sa deuxième obole dédiée à la survie de l'espèce... quel sens du devoir tout de même. Par contre, la coquine nous a semblé s'emmerder un peu... pas un bon point pout lui ça.

De retour à bord de Catafjord au terme de cette passionnante excursion, une désagréable surprise nous attend. La porte est ouverte... Quelqu'un est monté à bord en notre absence. La première inspection nous laisse à penser que rien ne manque... Hélas, nous découvrons bientôt que les jumelles ont disparu, ainsi que les accessoires du kayak sauf un des deux "mirage drive".

La majeure partie du mardi est consacrée à "l'affaire". Informer les autorités et questionner les acteurs du tourisme en jungle.

En point d'orgue, la visite à bord des vrais policiers venus promener leur inefficacité, suivie par la venue de quelques-uns de leurs potes, en curieux, mais tentant tout de même de se faire passer pour des agents de l'état. Catafjord constitue une curiosité très à la mode ici. Le show prend fin lorsque notre patience a atteint ses limites, avec l'interdiction pure et simple de monter à bord signifiée fermement à un grand échalas à jeans déchiré qui arrive... en taxi! Salutations, polies, et tout le monde remballe en trois minutes. Enfin tranquilles!

Pour conclure, nous pensons que les gens du business "klotok" sont fortement concernés d'une manière ou d'une autre par ce vol (qui nous coûte environ 1500 euros), que ce soit la compagnie avec laquelle nous avons fait la balade ou un de ses agents. Et même, à supposer qu'ils y soient étrangers, je suis certain, en tous cas, qu'ils sont capables d'identifier l'auteur en trois coups de téléphone. Pourtant,

Nous quitterons les lieux dans la matinée sans avoir récupéré nos affaires...

Je recommanderais à ceux qui nous suivront ici d'être plus prudents qu'à l'accoutumée, car, bien que la grande majorité des gens soient honnêtes, quelques voyous rôdent à l'affût des « milliardaires » comme nous.

Je dirais aussi qu'il m'a paru tout-à-fait possible d'aller faire une excursion sur la rivière avec son propre dinghy, à la condition de s'acquitter des différents droits et taxes dus aux autorités du parc (la grande maison verte au nord de la ville, sur le bord du fleuve), et de se renseigner précisément sur ce qui est autorisé (je crois qu'on ne peut pas marcher dans le parc sans être accompagné d'un guide).

Dure journée que ce dimanche presque entièrement dédié à la recherche d'un mouillage convenable pour la nuit. Pas comme celui de la nuit dernière, dont la baie largement ouverte au nord laisse parfaitement entrer la moindre petite houle, cependant que le clapot y est considérable dès que le vent souffle de l'Est, ce qu'il ne se gêne pas de faire. Cependant, la nuit fût calme, à défaut d'être reposante, à cause d'un mal de gorge persistant.

Nous appareillons en milieu de matinée pour une croisière de quelques milles, en vue de trouver un endroit plus "cosy" pour poser la pioche. Tout commence bien. Le paysage qui défile nous rappelle cette merveilleuse côte de granit rose qui fût le théâtre de nos premiers accouplements, avec la Miloude... Il y a même un vrai phare comme ça fait des années qu'on n'en a pas rencontré un si beau, même qu'on aurait pu le croire breton s'il n'émergeait d'un bosquet de cocotiers s'épanouissant autour de son fondement. Moteurs stoppés, sous génois seul, nous avançons doucement dans une ambiance "petit dimanche romantique". Le phare est doublé. Derrière, une immense étendue liquide uniforme ne semble pas disposée à nous offrir un quelconque sympathique abri. Puis le ciel s'alourdit, et, en moins de temps qu'il n'en faut à un musulman pour partir en prières, un orage grondant, tonnant, éclairant, effrayant, s'abat sur nous et nous phagocyte en son déluge. Des trombes d'eau, aucune visibilité, et des hauts-fonds partout autour de nous! Ah le beau dimanche! Mais bon, mis à part cette surabondance aqueuse, tout va bien à bord; et moyennant une vigilance accrue et l'aide des deux diesels, je parviens à maintenir le canote presque sur-place. Puis le ciel se dégage petit à petit, comme à regret, et il nous faudra tout le reste de la journée pour trouver enfin le mouillage qui va bien. Par bonheur, celui-là va vraiment bien.

Nasik

Soleil, ciel bleu, c'est parti pour une journée plaisante. Le village, blotti le long d'un étroit chenal déterminé par l'île voisine, nous attire comme un aimant. Les petits péchous locaux déroutent leurs "kapals" colorés pour venir nous saluer, et nous invitent du geste à nous rendre au village. L'absence totale de carte détaillée, autant que les massifs coralliens qui émaillent la baie me conduisent à mouiller prudemment à l'écart. Notre bon vieux Newmatic nous mène à terre en un quart d'heure, c'est parfait. Un chapelet de pêcheries flottantes, construction de bois sur bidons plastiques bleus, précède le petit port où les embarcations sont agglutinées face à un quai sur pilotis. Les villageois sont accueillants, et ça se devine tout se suite en arrivant: un bistrot vend de la bière au bout du quai! Et quel joli village! Propre, pimpant même, avec des fossés entretenus pour les eaux de ruissellement. On se met en quatre pour nous être agréable, allant même jusqu'à porter pour nous le jerrican d'essence et le bidon d'huile que nous venons d'acquérir pour alimenter le hors-bord. Je m'extasie devant un pied de table taillé dans un tronc aux racines lamelliformes, comme les fromagers. Immédiatement, un gars file chez lui avec sa mob, et nous en rapporte deux pour faire des tabourets. Cadeau! Arjono, qui parle un tout petit peu anglais, nous prend en amitié et nous offre une visite guidée. Les maisons sur pilotis, l'artisan qui moule des parpaings, pour la construction des maisons "modernes" (j'aime bien mieux celles en bois, mais ça, c'est chacun son goût...), celui qui fabrique les porte bagages de mob qu'on dirait l'arc de triomphe en rotin, le monument du souvenir qui honore la mémoire de ceux qui ont donné leurs vies pour bouter l'hollandais hors de leur île. Ah! Ce monument! C'est surtout au niveau de son mauvais goût qu'il est monumental! Avec ce poteau d'éclairage en acier *galva*, astucieusement travesti en... cocotier plastique! À vingt mètres des vrais cocotiers qui s'en battent les noix de rire... La ballade s'achève devant un soda et quelques friandises dans la coquette maison de notre guide. C'est convenu, il viendra, à son tour dans la soirée nous rendre visite à bord, en compagnie de son pote pêcheur.

Bien sûr, il vient. Et c'est sympa.

Nasik est un vrai joyau, à l'écart des circuits touristiques et offre au voyageur qui prend la peine de faire le détour, une vision bien réjouissante de l'Indonésie.

Etain à Bangka

Debout à 4h30 pour partir dès l'apparition du jour. Nous avançons prudemment dans notre trace de la veille. Merci Maxsea! Le vent se lève, et c'est sous voiles que nous parvenons au sud de l'île Bangka pour y faire halte. Comme bien souvent, la composante thermique du vent s'évanouit avec la nuit, et le clapot disparait. Cette partie de la côte est débordée par des petits fonds qui s'étendent à plusieurs milles du littoral. C'est ce qui donne à la mer cette jolie couleur turquoise, si charmante et riante. Toujours astucieux, nos amis indonésiens ont mis cette caractéristique de faible profondeur à profit pour implanter des dizaines de pêcheries, carrément en pleine mer. C'est bizarre de rencontrer comme ça, au large, une de ces plateformes, aussi gracieuses et fragiles vues de loin que merdiques et bricolées quand on s'en approche, perchées qu'elles sont sur leur pattes trop maigres.

Les bipèdes qui viennent y pêcher la nuit, attirant leurs proies à l'aide de projecteurs, ne rentrent pas chez eux tous les jours. Ils passent donc la journée mouillés sur ancre, en mer, leurs longues embarcations étroites ballotées en tous sens par les vagues. Ça roule bien ces canotes là... aussi, ces petits rusés ont-ils mis au point un astucieux système antiroulis pas cher. Ils ont équipé leurs barques d'un court mâtereau, à l'avant, sur lequel vient s'amarrer en travers un aviron dans une position telle qu'il lutte efficacement contre le roulis. Et ça marche super bien leur truc. Trop fort!

C'est l'heure de l'apéro et je suis un peu éteint... Bon, d'accord, ce matin nous avons caréné en plongée, Malou et moi, pendant une heure et demie. C'est épuisant, mais ça n'explique pas tout. Pas plus que la petite expédition en ojek à la ville de Belinyu, pour regarnir un peu le frigo et la soute à légumes. Par contre, peut-être un courant de mimétisme s'échappant de ces nombreux navires-usines, curieux catamarans au style Beaubourg de cinquante mètres de long, ayant pour vocation la pêche et le traitement "in-situ" des alluvions chargés d'étain... Eh *ouigre*, Bangka est un des principaux centre mondiaux d'extraction d'étain. Tout n'est qu'étain ici...

Et nous retrouvons des similitudes de paysages avec les côtes, qu'avant elles étaient du nord, et maintenant d'Armor, car l'étain, ça pousse dans du granit jurassique. D'où ces énormes galets gris et ronds qui font le gros dos ça et là, le long de la côte, comme s'ils se croyaient en Bretagne...

Ignorant superbement le "règlement international pour prévenir les abordages en mer", ouvrage poilant s'il en est... les bateaux indonésiens ne sont quasiment jamais équipés des feux réglementaires. Par contre, ils arborent fréquemment ces petites loupiotes à leds et à quatre dollars qui envoient par intermittence un éclat rouge, ou vert ou bleu. Aussi, lorsque les ténèbres regroupent quelques-uns de ces canotes en une grappe unie de somnolence populaire partagée, que ce soit dans un minuscule port ou simplement au mouillage (une seule ancre pour tout le monde), l'arc-en-ciel de feu-follets multicolores qui en résulte a des allures de sapin de Noël… Et c'est très joli.

Le village devant lequel nous sommes mouillés se présente bien curieusement, vu aux jumelles. On distingue nettement une douzaine de cabanes en bois, posées sur leurs radeaux de bidons en plastique bleus... Une visite s'impose. L'annexe descend de ses bossoirs, pète dix tours d'hélice, et nous y voilà! En fait, les cabanes sont de mini usines d'étain, flottantes, équipées d'une motopompe et d'un compresseur d'air. Le bazar est d'abord tracté par un canote à moteur pour se rendre sur son lieu de pêche et s'y immobiliser à l'aide d'une ancre de fabrication locale à base de fer à béton que ça doit pas coûter trop cher une ancre comme ça. Bref. Une fois à pied d'œuvre, un intrépide pêcheur d'étain, jeune de préférence (que dis-je "de préférence"... forcément jeune; je ne pense pas qu'on fasse de vieux os dans ce métier...), descend par vingt mètres de fond suçant avidement son narguilé à deux balles, tout en guidant le tuyau de la pompe afin d'aspirer les fameux alluvions chargés d'étain dont au sujet desquels, je me suis déjà exprimé précédemment, et que le reste de l'équipage tamise, là-haut, sur le radeau... Quand on voit la précarité de leurs installations, il semble probable que les accidents ne sont pas rares...

Beaucoup de gens sont d'origine chinoise dans le quartier. Les profits tirés de l'étain semblent bien inégalement répartis, si l'on en juge par le contraste entre les coquettes maisons de la rue principale, et les taudis qui jouxtent le littoral.

Malgré une certaine réserve, plus marquée que dans d'autres parties de l'Indonésie, le sens de l'hospitalité est toujours bien présent. Hélas, il est difficile d'approfondir le contact car personne ne parle anglais.

En ce début d'après-midi, la table du cockpit se couvre d'objets hétéroclites: morceaux de polystyrène, baguettes de bois, ficelle, tissu et l'incontournable pistolet à colle fusible. Je vais me lancer dans la construction d'une maquette destinée à valider le concept d'une nouvelle voile que je viens juste d'inventer.

En une heure, ma maquette navigue, et c'est un régal! Tout marche comme prévu. Il s'agit d'une voile de portant pour cata de croisière, qui peut se réduire à volonté depuis le cockpit; c'est génial! Maintenant, il me reste juste à trouver la méthode pour faire, peut-être, un peu d'oseille avec ça, en espérant qu'aucun usurpateur ne s'en empare à son profit.

« Speejonk », ça s'appelle.

Lingga

82 milles nous séparent de l'île Lingga, désignée comme prochaine escale. C'est ce qui motive notre appareillage matinal. Hélas, encore une fois le vent n'est pas au rendez-vous. Aussi, la mécanique ronronne-t-elle toute la journée. Avec ça, une chaleur de fournaise... Mais tout se passe bien et la nuit nous apporte bientôt une fraicheur très appréciée, dans un mouillage acceptable...

Lundi, toujours peu de vent. Pourtant nous faisons tout de même route à la voile. Ici encore, de nombreuses pêcheries en mer jalonnent le parcours. Elles sont sensiblement plus grandes que celles rencontrées précédemment. En particulier, la maison perchée dessus, qui doit sûrement être plus cossue... probablement que les gens y séjournent plus longtemps.

Penoh

L'ancre est mouillée à proximité du village, juste derrière le *reef* qui lui assure son calme. L'endroit est délicieux. Un chapelet de maisons sur pilotis et de petites pêcheries forme un diadème de bois qui coiffe ce lopin de terre. Derrière, un bosquet de cocotiers égaye l'uniformité grise des façades littorales. À droite la plage de sable blanc invite à accoster...

Une barque approche de Catafjord, mue par une paire de bras vigoureux. Le nageur opère dans une position inhabituelle: debout face à l'étrave, dans la position du gondolier, sauf que lui, manœuvre deux avirons. L'embarcation présente une similitude frappante avec mes chers doris de St Pierre, mais à l'échelle 2/3. Elle est remplie raz le liston de jeunes passagers. Allons-nous les maintenir à bout de gaffe au nom du principe de précaution? Impensable! En une minute, ils sont tous installés dans le cockpit. Malou leur sert un rafraîchissement. Je leur joue du diato. Visite de Catafjord... La seule fille du groupe, Elie, parle quelques mots d'anglais. Allez les *djeun's* soyons fous, on vous emmène faire un tour en Newmatic. C'est la fête! Elie nous guide à son tour pour la visite de son île-village. Une centaine de personnes vivent ici, essentiellement de la pêche. C'est très propre, et même plutôt coquet. Nous sommes à 8 kilomètres de l'équateur. Ce n'est pas de la petite chaleur... Les pilotis sont plutôt bienvenus qui permettent de maintenir un peu de fraîcheur dans les habitations malgré la fournaise ambiante. Les bateaux, comme certaines maisons, sont remarquablement bien construits. Une nuée de mômes processionnent en notre compagnie. Malou leur enseigne des mots de français. L'île est si petite que nous en bouclons le tour en moins de deux heures. De retour à la plage, une grappe humaine a envahi l'annexe. A notre approche, ils unissent leurs efforts pour la pousser à l'eau. C'est étonnant comme ces gens ont souvent envie de nous faire plaisir, comme ça, pour rien, juste pour l'amitié. Nous nous éloignons un peu à regret, devant un bouquet de mains qui s'agitent... Magie du voyage... Le crépuscule apporte sa quiétude... et aussi le brouhaha grandissant des monocylindres chinois: ceux des barques qui partent aux pêcheries pour la nuit, et ceux des groupes électrogènes qui fournissent un peu de lumière aux habitations.

Equateur

À 8h45, nous franchissons l'équateur pour la quatrième fois depuis notre départ de Nantes. Le vent est toujours léger, mais nous avançons tout de même suffisamment avec les voiles pour progresser vers notre but, donc ça va comme ça.

Mercredi, peu de vent en partant, puis plus de vent du tout... Je crois que ça va être comme ça pendant un moment maintenant. Nous croisons une vedette de la marine nationale, mouillée dans un lieu de passage. Les gars nous reluquent à la jumelle. Nous leur faisons des signes de bras amicaux. Ils répondent. C'est fini, nous sommes loin. Pas d'appel en VHF, pas de visite inopinée avec leur Zodiac, juste un signe de la main! Voilà bien des gens pas stressés. Décidemment, ça se confirme, l'Indonésie est un pays bien plaisant...

Sekupang

Mouillés à proximité de Sekupang, sur l'île Batam, depuis maintenant deux jours, notre croisière Indonésienne approche de son terme. La proximité du dieu argent qui possède un trône d'été à Singapour a bien pesé sur le paysage environnant. C'est dans l'ordre ordinaire des choses, bien sûr. Premier symptôme, le petit gars propre sur lui qui vient nous pleurer de l'alcool à bord de sa barque à moteur... (Cependant que quelques besogneux pêchent à l'aviron, à proximité et sans alcool...). Notre route pour Sekupang nous mène à travers une prodigieuse zone industrielle navale. Je dirais bien dix fois les Chantiers de l'Atlantique de St Nazaire. Sur un paquet de kilomètres, c'est une suite ininterrompue d'objets flottants en construction: des barges principalement, monstrueuses (peut-être cent mètres de long), mais aussi des cargos, des remorqueurs, des plateformes pétrolières, ainsi que quelques chantiers de déconstruction tout aussi démesurés. Impressionnant! Je retrouve des odeurs de nos vingt ans, lorsque nous construisions notre premier bateau en acier: un mélange d'huile chaude, de laitier de soudure et de sciure de meuleuses, avec, en fond sonore, le sifflement lancinant des sableuses mêlé au ronron des compresseurs... Un vrai bonheur!

Sekupang, avec ses terminaux de ferrys, grouille de gens en transit. C'est comme une sorte de plaque tournante de main d'œuvre, au rythme étourdissant pour qui arrive de villages paumés, comme c'est notre cas. Pour acheter quelques vivres, il nous faut aller en taxi à Nicoya, la ville principale, distante d'une douzaine de kilomètres. Mauvaise nouvelle: pas de pinard... Et le niveau de notre cave qui est au plus bas.

Après une étude documentaire approfondie et une réunion au sommet studieuse de l'équipage au complet, il est décidé que Catafjord ne fera pas escale à Singapour. Trop cher, trop compliqué, trop chiant... Nous irons mouiller directement en Malaisie, à Johor Barhu, juste au nord de Singapour. Il sera alors aisé de nous y rendre en bus comme le font des tas de Malaisiens ordinaires.

Journée de merde

Pourtant, je ne suis pas très "gros mots" comme mec... Mes amis vous le diront tous. Mais là, on *peut pas* dire moins. Tout le dimanche entier consacré aux formalités de sortie, qui ne sont toujours pas terminées à 17 heures. "Faudra revenir demain" a conclu le crétin costumé de service. Faut dire que c'est du boulot aussi: une feuille de papier avec un tampon et une signature! Le tampon sur les passeports, ça, c'est fait. Mais ça a pris quatre heures quand même. Nous nous sommes fait promener de bureau en bureau et il a fallu déplacer le canote pour nous rendre 2,5 milles plus loin à un autre bureau...Mais, bon, ça c'est fait! Alors que la clearance de sortie... Rien !

Lundi, 6 heures du matin. Nous sommes devant le bureau du grand maigre, comme convenu... Mais le bureau est fermé et vide. Je commence à sentir monter en moi comme qui dirait un genre d'exaspération, tout-à-fait déplacée, sans doute, mais compréhensible cependant. Souhaitons que je ne devienne pas désagréable. Ce serait malvenu... 6h30. Notre guignol apparait! Jovial, l'air décidé à accomplir son œuvre, empreinte de majesté, de tamponneur/*signeur* de papier. Le poids de ses responsabilités lui donne une dimension, que dis-je une dimension, une hauteur, que le vulgum pecus ne saurait imaginer, même dans ses cauchemars les plus horribles... Les minutes s'égrènent (l'éléphant barrit, la poule caquète, mais la minute s'égrène! c'est la règle. Manquerait plus que la minute barrisse...). Le petit personnel s'affaire, qui à l'ordinateur, qui à l'imprimante. Le préposé aux tampons s'exprime en exhibant une respectable collection qu'il dispose en bouquet sur le bureau du chef. Bureau au dessus duquel une belle pancarte rappelle les directives gouvernementales: professionnalisme et efficacité! Ne boudons pas notre plaisir: à 7 heures pétantes, la Miloud et moi-même sommes de retour à bord avec "la p... de clearance" en bonne et due forme. Bon, "bonne et due forme" est un tantinet optimiste dans le sens où, le gouvernement n'ayant pas prévu le formulaire ad hoc, il se trouve que la clearance de sortie est une clearance d'entrée dans laquelle les rusés fonctionnaires ajoutent par ci par là le petit mot qui va bien pour que le libellé ne soit pas totalement insensé... Comme je le mentionnais précisément quatre lignes plus haut: professionnalisme et efficacité. Qui s'avèrent être, in fine, les deux mamelons dilatés du fonctionnaire *indoniaisien*.

SINGAPOUR ET MALAISIE

8 heures: C'est drôle comme on se sent bien en mer après ces tracasseries de *t'es-rien*... Pourtant, tout n'est pas que facile, loin s'en fout. Voyez plutôt: le rail de cargo que nous traversons en ce moment est particulièrement fréquenté. Environ un monstre d'acier toutes les cinq minutes! Eh bien, c'est précisément le moment que choisit le moteur bâbord de Catafjord pour faire son intéressant en pétant sa courroie! Bon, ben, professionnalisme et efficacité, je peux vous dire que ça n'a pas pris beaucoup de temps pour la remplacer, cette saleté !... Malgré le moteur encore brûlant... Les gens croient *qu'on fait rien* qu'à s'amuser tout le temps... Je me gausse... Bon, *faut pas* exagérer non plus. C'est sûrement moins pire que d'accoucher sans péridurale de ses premiers quintuplés. Je dis ça, c'est une image; personnellement, je n'accouche jamais. Ça me dit rien ce truc.

Nous passons encore quelques pêcheries et autres villages sur pilotis, puis Singapour apparait dans la brume équatoriale. Industrieuse, moderne, des cargos et pétroliers mouillés là par dizaines...

Johor Bahru

Un pont suspendu barre notre route. La carte marine en spécifie la hauteur sous tablier: 25 mètres. Notre tirant d'air est de 23 mètres... ça ne constitue pas ce que j'appelle une marge confortable, mais, bon, ça doit passer. Effectivement, ça passe, avec juste les palpitations d'usage. Encore quelques tours d'hélice, et nous voici en Malaisie.

Nos « Badinguets » sont là depuis deux jours. C'est toujours un plaisir de les retrouver, ces bourricots... Ils nous font gentiment profiter de quelques conseils judicieux pour faire nos premiers pas dans ce nouveau pays.

Mardi, c'est « soirée Cataf ». Nous avons invité quelques copains de marina pour une petite sauterie-apéro destinée à fêter... La soirée d'hier chez les Badinguet. Auparavant, il nous faut procéder à quelques approvisionnements en conséquence car il y a là certains vigoureux coups de fourchette et autres leveurs de coude infatigables... Le "Giant", à dix minutes en bus, est parfaitement adapté à la situation. Aussi, tant que nous y sommes, nous déjeunons sur place, dans une galerie marchande bien pourvue en gargotes nourrissantes et bon marché. Je ne sais pas si c'est qu'on a l'air si godiche ou quoi, toujours est-il qu'un couple attablé nous hèle pour nous guider de leurs conseils. La démarche est déjà sympa en soi. Mais ce n'est pas fini... Au moment de régler leurs repas, la dame se lève, passe près de nous, et dit d'un air entendu: «je vais payer aussi pour vous"!!! Et elle le fait! Cependant que son mari s'approche pour nous faire la causette pendant ce temps-là. Puis ils nous quittent avec un jovial "Nice to meet you", comme si de rien n'était. Hallucinogène, non? (chez les cannibales la formule c'est "Nice to eat you...").

Nous partons acheter du gas-oil à la station service, nos deux jerrycans à bout de bras. À 0,5 euro le litre, c'est plutôt avantageux... Mais, ça, c'est le prix pour le bon peuple Malaisien. Pour le touriste, c'est plus cher! Nous avons cependant droit à une petite tolérance: cinquante litres par jour par bateau, à ce prix. Pas de taxi sur le parking de la marina. Nous commençons donc à cheminer, à pieds, vers la plus proche station service. Au bout d'environ un kilomètre, une dame arrête sa bagnole un peu devant nous et ouvre sa portière. Pour nous inviter à prendre place, puis nous conduire à la station, et retour au Catafjord! Comme ça, gratuitement, juste pour nous rendre service! J'hallucine. On s'échange les numéros de téléphone. Elle va revenir en fin de semaine avec son mari pour qu'on leur fasse visiter le canote. Ça démarre bien la Malaisie, non?

Jeudi, balade à Johor Bahru, que nous atteignons en un quart d'heure par le bus. Tout ici est moderne et semblable à n'importe quelle grande ville occidentale. Y compris l'imposant centre commercial "duty free". Nous y faisons l'affaire de l'année en achetant un petit *cubi* de vin, qui, une fois taxé par les douaniers qui veillent à la sortie, devient plus cher qu'au dehors.

Confortablement installés devant Sophie Marceau, comme au cinéma, nous sirotons patiemment notre tisane quand un vacarme inhabituel détourne notre attention anéantissant le puissant pouvoir hypnotique de la dame que je disais juste avant. Nous mettons le *zboub* sur "pause" et sortons jeter un œil. *Oufff*! Ça décoiffe! C'est ce qu'on appelle ici un "Sumatra"! En quelques secondes, le vent est monté à plus de cinquante nœuds. Catafjord écrase ses pare-battages contre le *catway* qui se gondole dans tous les sens, assailli par un hargneux clapot. On se dit que la même chose, en mer, avec toute la toile dessus, ça doit faire très mal. Mais, bon, là, nous sommes au port et Sophie Marceau ne va pas nous attendre toute la nuit... Il ne semble pas y avoir péril en la barcasse, alors *retournons-z'y*... N'empêche, un sumatra, ça ne plaisante pas. Avec ça des éclairs, comme au cinéma justement, et ensuite des trombes d'eau. Heureusement que ce n'est pas comme ça tout le temps. Bon, en attendant, nous avons récupéré quarante litres de flotte pour approvisionner le réservoir. C'est toujours ça de pris ! Il n'y a pas de petit profit. Et puis j'aime l'idée de récupérer l'eau de pluie. Ça alimente mes aspirations *robinsonnes*...

Comme d'habitude lors de ces escales mi-longues (deux semaines), les jours défilent à grande vitesse, et le moment du départ approche trop vite, alors qu'on a encore rien vu. Il faut dire aussi que le climat est peu propice aux activités frénétiques. L'air est saturé d'humidité, et la température souvent étouffante. Pourtant, profitant des avantages liés à la proximité d'une grande ville moderne, nous avons encore rayé quelques lignes de la grande liste auto-régénérée "travaux à faire", et aussi refait les niveaux de gaz, gas-oil (par bidons de vingt litres portés à la main....), bière et courroie d'alternateurs.

Johor Bahru n'est pas une ville de rêve. La route qui passe devant la marina est à deux fois trois voies, plus les contre-allées... Peu propices aux promenades romantiques. Par contre, Danga Bay, prétendument vouée à devenir un "élégant centre commercial et financier" (mais, y a encore un peu de boulot...), offre déjà sur son front de mer quelques centaines de mètres d'avenants trottoirs où profiter de la relative fraicheur du soir. C'est plein de restaurants, de manèges pour enfants, de gens qui se baladent, d'amoureux qui se promettent des trucs... de musiques différentes qui se mélangent *cacophoniquement*, et de grues de chantier qui urbanisent en arrière-plan. Ces derniers jours, les éclairs et grondements de tonnerre n'ont pas apporté de pluie. Peut-être le changement de saison est-il en cours prématurément.

La région est soumise à deux régimes de vents distincts: la mousson de sud-ouest, pluvieuse, qui dure jusqu'en novembre. Puis la mousson de nord, avec un temps plus sec, et surtout, la fin des orages et autres sumatras, (que *c'est pas* pour critiquer, mais ça me branche moyen ces trucs-là)...

Singapour

Réveil à 6 heures, afin de goûter, nous aussi, au marathon quotidien de quelques cinquante mille personnes! Matin et soir, ces travailleurs émigrés franchissent la frontière qui sépare Singapour de la Malaisie, au prix de deux à trois heures de transport en commun et contrôles divers à chaque passage, affûtant leur patience dans les inévitables queues. Alors, pour optimiser un peu son emploi du temps, on dort dans le bus et on fait ses e-mails sur le téléphone ou la tablette pendant qu'on "queue" (du verbe anglais: « to queue »).

Il est un peu plus de neuf heures lorsque nous descendons notre chope de café au coffee shop chinois tout proche du terminal des bus. Pas du tout cosy comme coin: tables formica, chaises plastique, dans un couloir carrelé entre deux immeubles. Les gens marchent vite, le regard vide, comme des automates, alors que ce n'est même pas la saison…

Faisant fi des conseils reçus auparavant, nous décidons de nous déplacer à pieds. "Little India" pour commencer, avec ce premier temple coloré, décoré à outrance et en pleine activité. Tout est en place pour la prière et les offrandes. Les marchands du temple ne chôment pas: encens, boustifaille, et même prières que l'on achète sous forme de ticket, remis au prieur patenté, seul autorisé à s'adresser en direct aux autorités célestes. Les dévots prient, les touristes photographient. Une dame nous offre une nourriture orange gélatineuse directement dans le creux de la main droite. Ce n'est pas mauvais. Très sucré et ça pègue un peu... Je lèche. Pour essuyer... Ce n'est pas défendu; même pas malpoli. Enchantés de cette visite, nous filons direct vers la "sixtine"bouddhiste, quelques hectomètres plus loin, où trône un Bouddha de quinze mètres de haut et trois cent tonnes[7]. Magnifique le pépère! Dans une alcôve, derrière, un autre admirable Bouddha, dormant celui-là, au regard bienveillant, allongé sur le flanc, semble inviter les visiteurs à la méditation. Une multitude de statues représentant des scènes de vies raconte la genèse de cette religion qui ne manque pas de similitudes avec le christianisme.

Nous déjeunons dans un restau populaire du quartier. Tables formica, chaises plastiques, éclairage néon, bouffe délicieuse et pas chère, comestible avec des baguettes, et bien bruyant... Mais authentique. Pas un touriste dans cette cantine. C'est comme ça que nous aimons voyager.

Traversée du quartier musulman. Très joli, très propre. Et plutôt plus coquet que ce que nous avons vu auparavant. Arrêt "café" avant de reprendre notre marche vers l'immense partie sud-est de la ville appelée "marina". C'est grand. Immense, même. Surtout pour *piétonner*... Parfois le trottoir s'interrompt, métamorphosé en entrée de magasin... Changement de niveau, grâce à l'ascenseur, et nous voici dans une galerie marchande, moderne et chic, qu'il nous faut parcourir dans toute sa longueur avant de retrouver l'air libre, de l'autre côté et de poursuivre notre chemin vers "Marina Bay", un superbe plan d'eau entouré de constructions délirantes. Ici, les archis n'ont pas dû être trop bridés (sauf, peut-être les plus chinois d'entre eux...). Ni en créativité, ni en budget, car ça a déliré copieux! Je ne sais pas si c'est la chaleur ou quoi, mais aucun dessinateur ne semble utiliser ce petit instrument, par ailleurs fort répandu, qu'on appelle une règle et dont la caractéristique majeure est d'être rectiligne.....ou alors leurs règles se sont déformés ou ont fondu. Toujours est-il que tout est courbe. Une passerelle en tubes d'inox torsadés comme des ressorts permet d'admirer ce somptueux panorama, et donne accès au démesuré hall de "marina city Park", véritable galerie marchande du luxe. Toutes les

---

[7] Nous n'avons pas pesé. C'était écrit dessus.

grandes marques mondiales y sont représentées. Jusqu'à "Ferrari" qui expose une véritable formule1! On peut la toucher, monter dedans, et l'emprunter un quart d'heure pour faire ses commissions! (rayer les mentions stupides...). Personnellement, je l'ai trouvée plutôt mal garée. En biais qu'elle était dans sa vitrine...

Le summum d'époustouflassions de la journée, c'est la montée dans cet invraisemblable paquebot cintré, posé sur le toit de trois immeubles courbes de soixante-dix étages! L'ascenseur express vous file, pendant deux ou trois minutes, des bulles plein les tympans, comme en avion, et vous débarquez au ciel avec Singapour à vos pieds, en panoramique! Absolument fantastique! Bon, moi ça me colle un peu le vertige parce que tout est vitré alors on se demande si on ne va pas marcher sur rien et partir en piqué comme un apprenti Spiderman qu'aurait pas lu toute la notice... En bas, dans la mare, un groupe de monotypes de régate se tirent la bourre dans des revolins frivoles. Voici que le soleil apparait dans une trouée de la grisaille, signifiant clairement qu'il est grand temps de faire route-retour, toujours à pied. Avec un arrêt-photo indispensable devant le Merlion, emblème de Singapour : tête de lion et corps de poisson[8].

Dîner en restau-trottoir, au quartier chinois, avant de reprendre le marathon-retour qui s'achèvera sur Catafjord peu avant minuit. Bien remplie la journée, avec cette conclusion : Singapour, c'est à voir.

Notre ami Adrien, qui naviguait à bord d'Esquinade en compagnie de son père Jean-François, a troqué son béret d'équipier pour une casquette de capitaine, aux commandes d'un canote orange abondamment toilé, équipé d'une jolie demoiselle qui l'est nettement moins... Mais bon, il fait chaud aussi. Nous l'avions quitté à Nouméa il y a un peu plus d'un an, alors qu'il suivait à l'école d'hydrographie le cours de "Capitaine deux cents". Il y a rencontré Calypso, avec qui il partage, à présent, une belle aventure maritime, mais pas « que ». Un joli couple.

---

[8] Tête de lion, corps de poisson… et bite de mouche ; car j'ai bien l'impression que ça ne s'est pas reproduit cette bestiole…

Tout le monde sait ce que signifie « avancer en crabe ». Mais se déplacer en crapaud … Je ne savais même pas que ça existait. Et pourtant, je l'ai vu de mes yeux pas plus tard que ce matin. Depuis plusieurs jours, nous avons la chance de nous trouver au voisinage immédiat de deux barges équipées de grues. Attention, soyons clair, je ne vous parle pas de vagues copains un peu cinglés flanqués de copines aux mœurs légères... Non. Je vous parle de ces engins bruyants qui déplacent des tonnes de sable à l'aide de crapauds actionnés par une grue sur chenille solidement arrimée en pontée. Les types qui les manœuvrent le font avec une étonnante dextérité, balançant dans les airs leurs mâchoires de ferraille en un improbable ballet d'élégantes arabesques au sein des nuages noirs de leurs gaz d'échappement, accompagnés par l'infernal boucan de leurs diesels: "pollution poétique" en sol mineur... Bref. Ces barges ne sont pas autopropulsées. En théorie tout au moins. Car nos champions du crapaud volant utilisent icelui pour se déplacer en le balançant en avant de l'embarcation, un coup à droite un coup à gauche (comme disait le jeune marié), et s'en servent comme d'un grappin en se halant dessus par pivotement de leur grue. Assez hallucinant comme spectacle! C'est à peine croyable comme ils arrivent à se positionner avec précision grâce à ce procédé original.

Pendant que j'écris, nos formalités de sortie se font toutes seules. Nous n'avons eu simplement qu'à fournir tous les papiers nécessaires aux autorités de la marina, et ils s'occupent de tout! Super.

En principe, nous partons demain matin vers le nord, par le détroit de Malacca.

Soirée brésilienne pour clôturer notre séjour à Danga Bay, en compagnie de Bob et Bel à bord de leur Beneteau50 "Bicho vermelho". Très sympa. Isabella s'accompagne à la guitare pour chanter la "Garrota de Ipanema ».

Appareillage matinal

Catafjord slalome dans la brume entre les innombrables pièges à poissons qui obstruent le passage. Nouveau petit pincement en passant sous le pont de vingt-cinq mètres… Sans raison, puisque c'est passé dans l'autre sens... Nous longeons la zone de mouillage des cargos, où des centaines de monstres d'acier inactifs attendent de reprendre du service. Et nous voici bientôt dans le fameux détroit de Malacca. La chaleur est écrasante. Pas un souffle d'air. Par chance, un courant de deux nœuds vient conjuguer son action à celle du moteur tribord, fraîchement "econokité" pour nous amener à proximité de l'île Pisang, et y "dropper" l'ancre.

Malacca

Décidément, la côte Ouest de Malaisie est bien peu ventée en ce moment. Hier, nous n'avons "voilé" que deux heures, cependant que les moteurs se sont, eux, relayés durant neuf heures pour parcourir les 70 milles qui nous ont amenés à Pulau Besar, pour y passer la nuit. Ce matin, de nouveau, c'est au moteur que nous nous dirigeons vers Malacca. Il n'est que neuf heures et déjà la chaleur est "transpiratoire sans rien faire". Les immeubles modernes de la cité, ancienne plaque tournante du commerce oriental (grâce cette "plaque tournante, le commerce était à la fois oriental et orientable..."), définissent un paysage dissonant sur cette côte sans relief et peu urbanisée. L'Etat a investi ces dernières années dans plusieurs marinas, lesquels se soldent, en général, par de cuisants échecs. Ainsi en est-il de celle de Malacca, justement, qui, de type "new concept" comme dit le préposé, est actuellement totalement déserte car ses pontons sont tous disloqués et les câbles électriques sectionnés, en plus de s'être considérablement envasée. Il nous faut mouiller à l'extérieur. Sans aucun abri, nous sommes exposés au clapot levé chaque après-midi par la brise thermique. Pas timides, les autorités de la marina réclament quand même une taxe, proportionnelle à la longueur du canote. Uniquement pour garer le dinghy! Bon, ça fait 4,5 euros par jour; on ne va pas marchander. Mais tout de même, le procédé est un peu cavalier, je trouve.

La ville de Malacca, riche d'un passé prospère et mouvementé, a été contrôlée successivement par les Portugais, les Hollandais, et les Anglais. Chacun y a laissé sa petite pierre, sous forme d'édifices guerriers ou religieux, qui sont devenus aujourd'hui autant d'éléments d'un circuit touristique et culturel qui attire une quantité hallucinogène de touristes de toutes confessions. Il faut reconnaitre qu'indépendamment de tout ce qui est "vestiges", les quartiers anciens fourmillent d'originalités. Dans le quartier chinois, certaines maisons ont plus de trois cent ans, et sont maintenues en état grâce au "sponsoring" d'entreprises prospères qui en font leurs locaux, que ce soit un hôtel, un commerce, ou le siège d'une association.

Le ciel s'illumine d'éclairs... (Ce serait mieux des éclairs à leds... Plus économiques. Mais bon. Pas encore inventé...). Bref, ça gronde de partout, et ça met un petit peu les boules quand on est mouillé directement en mer sans le plus petit abri si ça se gâte. C'est pourquoi, malgré tout l'intérêt que nous portons à la ville de Malacca, nous reprenons la mer sans tarder.

Grosses activité côtière, au nord de l'agglomération. Un peu à l'image de ce que nous avons vu à Batam, en Indonésie. Le sable, "cueilli" au large, est transféré par des barges suceuses [9], afin d'agrandir la surface des terrains dévolus à la construction navale. Ici, plusieurs barges et remorqueurs en cours de construction sont alignés le long du rivage comme des Newmatics chez Rigiflex.

Drôle de navigation. Principalement au moteur, toujours, à cause du vent si faible, mais nous utilisons tout de même les voiles pour grappiller un ou deux nœuds supplémentaires. Ainsi, nous nous présentons devant la marina de port Dickson, vers 15 heures. Nous décidons de ne pas y entrer, car ça nous semble bien luxueux et.mouillons devant. La brise de mer se lève alors, et ça commence à clapoter.sévèrement. Qu'à cela ne tienne, nous décidons d'en profiter pour parcourir encore un petit paquet de milles gratos, à la voile, avant la nuit, et relevons l'ancre pour aller la poser deux heures plus tard, à proximité immédiate d'une majestueuse centrale thermique à charbon, apparemment toute neuve, et dont la masse imposante possède un côté rassurant sur cette côte plate et sans abri. Illuminée comme un casino de Las Vegas, sa cheminée blanche immaculée, cierge de Pâques sans

---

[9] Je vois d'ici fleurir les sourires sur les faces de quelques égrillards, toujours les mêmes. Ce sont des embarcations équipées de pompes pour aspirer un mélange d'eau et de sable.

mèche ni flamme, laisse échapper deux panaches diaphanes qu'on ne saurait soupçonner de polluer tant le ciel alentour est chargé de grains orageux, sombres et lugubres.

Notre singulier choix de mouillage près de l'usine électrique s'est avéré judicieux, car la nuit fût calme et reposante, malgré un orage en soirée.

Port Klang

Pour l'heure, en ce début de journée, ce sont des trombes d'eau qui se déversent sur Catafjord. J'en récupère une centaine de litres pour remplir les réservoirs. Nous repartons à la faveur d'une brève accalmie, toujours au moteur, vers Port Klang, sous la pluie qui ne cesse.

Après quelques heures, virage à droite vers un nouveau site assez curieux. Nous trouvons des fonds de cinq mètres quand la carte en indique dix, mais, bon, ce n'est pas si rare. Plus insolite, ces cargos en construction, à même la terre, sans aucune infrastructure, et surtout, sans moyen apparent pour les lancer quand ils seront terminés. Renseignements pris, on me dit qu'un jour de forte marée, les gars creusent la terre et tirent très fort sur le bazar avec des remorqueurs à marée haute! Pour arracher au littoral des cargos de cent-cinquante mètres de long!!! (J'aimerais bien voir ça). Puis arrive l'ultime délire: cette magnifique" Pulau Indah marina", moderne et toute neuve, avec, lors de notre arrivée, un seul et unique bateau dedans! Nous nous en approchons pour accoster une extrémité de ponton. Le préposé s'approche pour prendre nos amarres. Il ne parle pas anglais. On verra donc lundi pour la partie administrative.

Nos voisins de ponton sont bien sympas, et nous passons la soirée ensemble. Un hollandais et sa compagne espagnole. Ils connaissent bien le coin et nous refilent des tas de conseils et de cartes touristiques pour la suite de la croisière.

Pour l'heure, le programme est axé sur la visite de Kuala Lumpur, sise à quelques kilomètres de cette marina déserte.

Kuala Lumpur

Ce nom évoque pour moi tous les mystères et tous les envoûtements de l'Orient. Un mélange de temples hindous et de fumeries d'opium enveloppés en permanence dans de plantureuses volutes d'encens... Bon, ben le train qui nous y emmène depuis Klang, la ville-port voisine est en tous points similaire au R.E.R. parisien... à l'exception peut-être de ces wagons exclusivement réservés aux femmes qui désirent être voilées et à l'abri des regards lubriques. Kuala Lumpur est une ville pleine d'attraits. N'y consacrant qu'une seule journée, nous ne pouvons en avoir qu'un aperçu; mais nous apprécions. Bien sûr, la poésie orientale un peu désuète de mes rêves ne saute pas au pif en arrivant. Nous y ferons pourtant une bien jolie balade, piétonne, encore une fois. Commençons par "Central Market". Pas très asiatique comme nom. Par contre, à l'intérieur, attention aux yeux! C'est la méga-galerie marchande de tout ce qui se fait d'artisanal à l'Est de St Frégant. Le paradis du chineur dans les échoppes de chinois. Un véritable festival d'artisanat d'art. Pour nous, deux solutions: passer à toute vitesse en s'extasiant à plein temps, ou y consacrer toute la journée à dilapider le budget "bouffe" des trois mois à venir, tant la tentation est insoutenable partout. Comme disait mon pote DST: prudence, prudence, prudence. La solution prudente ayant rapidement fait deux adeptes, nous voici déambulant dans "Petaling street", au centre du quartier chinois, longue suite de boutiques, représentatives de la mode locale en termes d'habillement ainsi que de restauration. On y trouve toutes les dernières copies de DVD (y compris "l'ordre et la morale" de Mr Kassowitz où j'apparais de face pendant 1,2 seconde, et de dos, pendant 3,6 autres secondes, ce qui fait de moi le cent douzième plus important figurant du film... Ce n'est pas rien...), et de CD, ainsi que moult contrefaçons de toutes les grandes marques de luxe, dont au sujet desquelles, je ne manque pas de remarquer que beaucoup sont françaises et donc, je m'autorise un discret "cocorico" intérieur. Par contre, je ne me gêne pas pour extérioriser un large sourire devant ces étals merdiques présentant à la vente des monticules de sacs LV ou autres («Air messe", le malletier du Vatican...), posés à même le sol par paquets de dix! ". Dérision de nous dérisoire" chante notre Souche nationale. Un des intérêts du lieu réside dans l'architecture de ses bâtiments qui datent de la période "Deutsch". Ici, comme à Malacca, les différents envahisseurs ont laissé des tas de cailloux avec des formes différentes, et c'est ça l'attrait historique du *bin's*. Mais poursuivons. Avec le temple "Sze Ya" qui est justement en pleine effervescence. Construit suivant les préceptes chinois du Feng Sui (ne pas confondre avec "fuck suie" qui est une entreprise de ramonage aux ramifications mondiales, mais à la moralité douteuse...), c'est le plus ancien temple taoïste de la ville. De nombreux fidèles y sont en pleine dévotion. Deux bipèdes assis par terre torse nu (aussi, on n'est pas loin de l'équateur. faut comprendre) soufflent avec application dans leurs espèces de bombardes hypertrophiées de presque un mètre de long, cependant que trois autres *musicos* frappent leurs tam-tams en cadence, alors même que le grand prêtre, torse nu aussi, psalmodie dans son micro, en duo avec son second, qui chante moins fort; mais, en même temps, il n'est que le second, y a quand même des raisons à tout. Pendant ce temps, les offrandes qui se sont muées en bûcher, brûlent, transformant en cendres, bananes, riz, oranges, et toute cette sorte de trucs comestibles, alors que nous commençons juste à ressentir comme une petite faim. Retour "à la ville", donc. Le hasard nous maintient dans une ambiance religieuse en conduisant nos pas devant "Gwan Di temple", autre lieu de culte ancien (1888) dédié au dieu de la guerre chinois, divinité très populaire qui, au-delà son côté bagarreur représente les valeurs de loyauté et de droiture. Ses adeptes lui paient des fagots d'encens pour s'attirer prospérité, sécurité et toute cette sorte de choses.

De nombreux édifices plus ou moins anciens ornent la ville, faisant, semble-t-il, bon ménage avec les merveilles de technologie modernes qui grattent les nuages et que nous délaisserons. On n'est pas obligé de tout visiter, non plus! Après quelques heures de marche digestive car post-*déjeunatoires*, arrive fatalement le moment d'opérer un retour stratégique vers Catafjord afin d'y goûter un repos bien mérité. Las, ce retour s'avère fort long, avec deux heures dans un bus bondé pour parcourir 24 kilomètres et arriver finalement chez nous peu avant 21h, en ayant terminé en vélo, sous la pluie, les cinq kilomètres qui séparent la station de bus de la marina. La bonne grosse journée quoi!

Lumut

C'est reparti. En fin de jusant, les amarres sont larguées, direction Lumut. Ce n'est pas encore aujourd'hui que les voiles travailleront beaucoup. Par contre, un bon petit courant de presque trois nœuds pousse le canote gentiment cependant que défilent les impressionnantes infrastructures portuaires de Port Klang. Des kilomètres de quais hérissés de dizaines de ces préhenseurs à containers, remplaçants modernes des grues sur rail d'autrefois (j'ai toujours eu une affection particulière pour les grues portuaires, qu'elles soient sur rail, en vélo, ou en patins à roulettes...). Des travaux d'extension sont en cours. Une plateforme de pompage flottante aspire le sable mélangé à l'eau et projette la mixture plusieurs centaines de mètres plus loin afin de "fabriquer" de nouveaux terrains.

Juste avant, nous assistions ébahis à des opérations de carénage menées suivant une méthode assez hallucinante: à l'aide de gros tractopelles, on creuse dans la berge des "souilles" où les canotes peuvent entrer à pleine mer (un remorqueur et deux barges d'une cinquantaine de mètres). Puis, on déplace "vite-fait" les tas de sable, toujours à la pelle mécanique, au moment de la basse mer suivante, emprisonnant ainsi les canotes dans leurs cale-sèches en sable, y compris la porte! Conclusion: pourquoi s'emmouscailler à construire des cales de radoubs qui coûtent cher, quand il est si simple d'en faire, à la demande, avec deux pelleteuses ?

17 heures. Nous y voilà. Encore un mouillage précaire, à proximité d'un îlot de taille insignifiante, et dans 22 mètres d'eau. Les orages et la promiscuité avec quelques péchous odoriférants se chargent de nous fournir une première moitié de nuit bien peu reposante.

Au petit matin, nos péchous sont déjà partis. Nous appareillons rapidement afin de profiter pleinement du courant favorable. Puis, plus tard, dans l'après-midi, une modeste brise de mer nous permettra d'avancer deux heures sans moteur, jusqu'à notre escale du jour, sise en rivière, bien à l'abri des intempéries, pour une bonne nuit de sommeil.

Bon, l'endroit n'est pas particulièrement attrayant, surtout parce que l'eau y est brunâtre et épaisse. Nous mouillons entre quelques installations piscicoles un peu précaires, un drôle de wharf en béton à l'allure de kiosque, et des bateaux de pêche du village voisin cramponnés à leurs piquets de bois. Un bruit, devenu familier, retient notre attention; c'est le piaillement strident des hirondelles qui sont bien loin de faire le printemps puisqu'on est en octobre... Il y avait la même chose à Kumai. C'est ce gros malin de Nicolas, qui, en plus de ses talents de tripoteur de barbaque plus ou moins saine (il est kiné... à temps partiel...) cache des capacités de fin limier (ce qui ne veut surtout pas dire qu'il soit plus fin qu'un autre où qu'il lime plus qu'un autre...). Bref, c'est mon pote Nico qui nous a donné l'*espikation* des cris d'hirondelles: les chinois, gens raffinés s'il en est, sont bizarrement très friands de vomi d'oiseaux... qu'ils consomment volontiers sous la forme de nids d'hirondelles. Sachant cela, d'astucieux commerçants (chinois, peut-être?) ont eu la lucrative idée de constituer des sites bétonnés propices à l'accueil des volatiles précités, et d'y attirer lesdites bestioles en bombardant l'atmosphère de paquets de décibels en forme de cris de ces passereaux culinaires à dessein de les inviter à venir déposer leurs régurgitations en des lieux accessibles, de manière à en faciliter la récolte. Pas couillon, non? Encore une riche idée qui n'émane d'aucun diplômé de grande école et je le déplore, admiratif que je suis de ces gens qui ont traqué la connaissance et le savoir pendant toute leur jeunesse faisant ainsi la nique à tous ces pue-la-sueur cupides qui se ruent sur le boulot à peine leur C.A.P. en poche[10]... mais je m'égare.

Pangkor

Encore quelques tours d'hélices, quelques litres de gas-oil, et nous voici, enfin, mouillés dans un endroit réjouissant comme on les aime: petite anse protégée, paysage vallonné et verdoyant, et une jolie plage. C'est l'île Pangkor! Nous l'abordons sous le soleil, ce qui est toujours plaisant. Pour autant, nous sommes toujours en saison des pluies, et ce

---

[10] Ceci est une note d'humour. Je préfère le préciser à l'attention de quelques lecteurs qui me croient cantonné au premier degré, tout ça parce que je m'autorise parfois un peu de trivialité…

pour encore quelques semaines, aussi, ça ne tarde pas à nous tomber dessus, et ce n'est pas une averse d'un quart d'heure, mais un brave déluge.

Tour de Pangkor à vélo. Heureusement que nous sommes équipés de l'assistance électrique. Bonjour les raidillons! Pangkor est une île superbe, plutôt vallonnée, couverte de forêt tropicale humide. On y rencontre, au détour du chemin, des singes qui s'épouillent en famille, ou alors un varan d'un mètre cinquante qui fait les poubelles dans une décharge sauvage, comme il y en a, hélas, beaucoup. Les autorités locales ont encore une belle marge de progression sur ce plan là. Malgré tout, c'est un grand plaisir de déambuler à nouveau le long de petites routes tranquilles en admirant des paysages réjouissants. Un chantier de construction de grands bateaux en bois attire ma curiosité. Il est tenu par des chinois très peu conviviaux, n'autorisant qu'une visite de courte durée. Nous avons de la chance pour l'épilogue de la journée, car, à peine remontés à bord de Catafjord, il se remet à pleuvoir, et ça durera des heures, et des heures.

Surprise au matin: un *cata* est mouillé dans la baie, arrivé dans la nuit sans doute. Aux jumelles, il me semble identifier un Outremer 55 battant pavillon français. Il faudra que nous allions faire connaissance, un peu plus tard.

Le temple Lin Je Kong, enchâssé dans la roche au nord de la baie, est d'un genre tout-à-fait stupéfiant. Loin d'être aussi ouvragé et sophistiqué que le sont habituellement les lieux de culte chinois, celui-ci relève à la fois de Disneyland, la grande muraille de Chine en caricature et Gengis Khân à la pêche à la sirène... Le mec qui a pondu ce truc, un fou de béton capable de vous fabriquer des fausses souches d'arbre, des fausses branches et des faux bambous à base de ciment. Ce mec, disais-je donc, je ne sais pas ce qu'il mettait à mijoter dans son narguilé, mais je parierais qu'il n'y avait pas que de l'eucalyptus. Pour commencer, arrivant à l'entrée, qui c'est-t-y qui font les grooms? Mickey et Donald, en ciment!... Le ton est donné. Je n'avais encore jamais entendu parler que ceux-ci eussent embrassé ce genre de religion. Avançons. Nouvelle statue Lafarge: une sirène aux seins nus! Belle prise! Sauf que, comme comité d'accueil d'un temple chinois, il y aurait de quoi repartir aux études. Indépendamment de ces bizarreries, le temple est situé dans un endroit plutôt agréable. La brise thermique rafraîchit efficacement l'étuve ambiante, cependant que le calme des lieux est propice à la méditation. Quelques marches plus haut, le décor devient plus classique, avec autel, statues de divinités, fagots d'encens à combustion porte-bonheur, et un magnifique dragon rouge et or enroulé autour du bazar en circonvolutions artistiques et sacrées, et en béton, bien sûr...

    C'est en nous rendant à ce haut-lieu de prières que nous rencontrons une paire de gentils voyageurs français, Sarah et Nicolas. Après quelques palabres, nous les invitons à une petite collation à bord de Catafjord. Nous voici donc tous les quatre dans le Newmatic, "visitant" au passage la marina récente et déjà hors service car mal étudiée... Les Malais se sont fait une grande spécialité de ces marinas merdiques qui deviennent hors d'état en quelques années. C'est ici que le hasard s'autorise une nouvelle facétie. Un autre dinghy est aussi en visite dans la marina ruinée, et c'est celui du *cata* français de ce matin. Nous approchons pour échanger quelques civilités, et là, me croiront ceux qui *voudrerons*, je reconnais immédiatement mon pote Alain B... dont au sujet duquel nous nous sommes connus au temps que nous vivions dans le midi de la France, à Port Camargue, et que ça fait de ça une petite quinzaine d'années... Etonnant, non? Et c'est quasiment l'heure de l'apéro... Quelle coïncidence! Si je m'attendais... Encore une bonne petite soirée entre amis donc. Et, bien sûr, on dit qu'on va se revoir.

    J'ai eu le plaisir et l'avantage de trouver l'occasion de faire goûter à mon copain Alain le calva de Monsieur Hubert, mon cher beau-frère, lequel a récemment accédé au rang de fournisseur officiel et exclusif de ce breuvage de connaisseur que nous appelons fraternellement entre nous "la goutte à Hubert". Mais, *chuttt*....il n'a point été officiellement informé de cet honneur qui lui est tombé dessus. Ainsi, Alain, comme on l'appelle vu que c'est son prénom... en est tombé en pamoison dans l'instant, nous livrant au passage une maxime qu'il tenait d'un amateur allemand et qui résume à merveille l'intérêt de l'élixir: "Apple everyday keep the doctor away". Si d'aventure quelqu'un pouvait m'en fournir une traduction en breton, je m'engage à en étiqueter la bouteille…

Penang

Georgetown, sur l'île Penang, est une cité fascinante en dépit de sa relative laideur. En particulier, son quartier historique, classé par l'UNESCO, possède quantité d'édifices offrant de l'interêt. Des temples principalement, et des mosquées, (mais qu'est-ce qu'une mosquée sinon un temple Allah mode Allal…), ainsi que diverses vieilles pierres à vocation initiale plus ou moins guerrière. Little India et le quartier chinois grouillent de petits ateliers artisanaux, de gargotes alimentaires et de toutes sortes de boutiques où sont empilées anarchiquement des quantités invraisemblables de marchandises diverses, variées, et, parfois, avariées.

Le Malais ne s'encombre pas avec tout un tas de réglementations restrictives à caractères soi-disant sécuritaires comme on peut le voir par chez nous. Ainsi, lorsqu'un temple justement, est mis en rénovation, ce qui intervient au dernier moment juste avant la décrépitude ultime, les *croyeurs* continuent à venir faire leurs dévotions au milieu du chantier, slalomant entre brouettes et sacs de ciment, un fagot d'encens rougeoyant entre les mains jointes, accompagnés par le hurlement des lapidaires en transes. Tout à fait stupéfiant comme ambiance méditative et transcendantale...

Juste en face du cloaque où nous sommes mouillés, se tient le très original et historique quartier "clan jetties". Tout y est sur pilotis. Des habitations elles-mêmes aux chemins de bois qui les interconnectent, et jusqu'aux temples. Le côté désagréable, c'est que la flotte qui clapote en dessous de tout ça est encore plus sale qu'aux alentours, ce qui n'est pas peu dire... Pourtant, ce pays est incomparablement moins pauvre que bien des îles Indonésiennes. Je ne sais pas si le Malais est cradingue de nature ou quoi, mais ça fait maintenant plusieurs semaines que nous naviguons sur une mer-poubelle, littéralement couverte d'immondices. Tout le monde jette ses saloperies par-dessus le bord par ici. Nous le voyons faire quotidiennement. Du plus modeste péchou aux équipages de sabliers ou de cargos, tout le monde balance ses saloperies à la mer ! Quelle désolation!

Depuis quelques jours, Catafjord héberge un passager clandestin: un petit rat, parvenu ici on ne sait comment (par l'annexe laissée toute une journée sur la plage peut-être…), s'attaque à nos vivres, les transformant en adorables *crottounettes*, d'environ dix millimètres de long et deux de diamètre... Malou lui a compliqué la vie en mettant un max de trucs dans des boites afin qu'il daigne enfin se goberger des boulettes empoisonnées que nous lui avons disséminées un peu partout... sans succès pour le moment. Le sagouin s'intéresse au café, et nous en a déjà éventré quelques paquets. Aussi, lui ais-je concocté une friandise spéciale week-end en mélangeant de la mort-aux-rats avec notre meilleur café, le tout servi en abondance dans de petites coupelles multicolores disséminées sur son chemin de ronde habituel... *Wait and scie...* Pour le couper en deux!

Une hallucinante curiosité à ne surtout pas manquer à Georgetown, se trouve en plein centre-ville historique. Il s'agit de la boutique du chimiste. Je vais vous dire: des merdiers, qu'ils soient bordéliques à titre privé ou que ce soit professionnel, j'en ai vu beaucoup. Des gratinés même parfois. Mais là, on a affaire à une synthès, comme aurait dit Mr Audiard. Conscient de la monstruosité de son bazar, si ce n'est acculé par une administration responsable (ouaf, ouaf, ouaf... je plaisante....), un muret, d'une trentaine de centimètres de haut, fait lever la patte au chaland avant d'accéder au "magasin". Les spécialistes l'auront compris: toute la boutique fait "bac de rétention"! *Supersafe...* pensez-vous donc... Vous n'y êtes pas du tout. Ce boui-boui recèle une quantité et une diversité de produits dangereux, ou interdits, ou les deux, qui en fait un genre de méga-pétard à mèche lente (bête et mèche lente, même...) parfaitement dimensionné pour anéantir tout le quartier si, d'aventure, une simple étagère venait à faillir. Au milieu de ces pyramides branlantes de bocaux, un chemin de la largeur d'un seul pied, conduit au maitre de céans: le chimiste soi-même. Entièrement d'époque, à peine un peu voûté. Je ne sais si c'est sous le poids des ans ou celui de la responsabilité qui serait la sienne si son bazar partait en cacahuète... à moins, encore, que ce ne soit le fait de respirer en permanence ce petit fumet acidulé qui vous décrasse les narines les plus encombrées cinquante mètres avant d'arriver chez lui... Aussi, je vous le dis sans détour : cette visite vaut le détour...

Sinon, aujourd'hui samedi, jour des commissions, l'équipage se rend à Carrefour, en bus, et c'est tellement moderne, qu'on serait à Nantes, Bordeaux ou Singapour, ce serait exactement la même chose, sauf la température extérieure qui ne descend jamais en-dessous de trente degré, même le dimanche, c'est vous dire.

Lundi matin. La dépouille n'a pas encore été découverte malgré les investigations policières, cependant, je me hasarderai déjà à évoquer la récente disparition de notre copain rongeur qui avait peut-être tout de même croqué un peu trop du fruit défendu. Qu'il dessèche en paix et sans odeur...

Pas fâchés de quitter Georgetown. À cause du mouillage principalement, car la ville s'avère plutôt attachante. Mais, cette eau nauséabonde, jonchée de détritus... ça lasse rapidement. Avant de quitter les lieux, je nous débarrasse définitivement du pote rongeur, qui n'était, en fin de compte, pas si mort que ça... vu qu'il a fini par venir se scotcher dans le piège gluant, acquis la veille à vil prix chez le chinois du quartier chinois. Bref, "cui-cui-couillli", c'est les seuls trucs qu'elle a su me dire au moment de l'immersion pour la leçon de natation que je lui proposais. Je me demande si ce n'est pas un peu ingrat ces bestioles-là. Ou alors il se la pétait à cause que c'était un rat blanc. Je ne connaitrai jamais la signification précise de ces petites injonctions, mais j'ai bien senti qu'il aurait voulu me dire quelque chose.

A l'issue d'une nouvelle journée de navigation motorisée, nous atterrissons, à la voile (de trois à cinq, il y a 7 nœuds de vent, alors il faut en profiter...), dans un endroit majestueux, situé entre deux îles, dans le sud de Langkawi. C'est beau comme des cartes postales! Ou comme les photos des agences de voyages. Un truc étonnant: le mouillage est ridiculement exigu, mais nous y séjournons tout de même à deux bateaux, car un petit *cata* occupe déjà les lieux. L'endroit est impressionnant. Un peu comme dans un fjord. Nous sommes littéralement "coincés" entre deux murailles de végétation. C'est très serein comme quartier, malgré le côté un peu oppressant.

Langkawi

Catafjord est mouillé juste en face de la majestueuse statue d'un aigle de mer prenant son envol, qui est l'emblème de Langkawi. Eagle Bay offre un abri tout à fait seyant, car protégé de tous les vents, qui, en plus, sont faibles la plupart du temps. La petite ville de Kuah, blottie au creux de son aile, est à même d'approvisionner à peu près tout ce que peut souhaiter un voyageur en escale: une voilerie, quelques petits shipchandlers, des "bottle-shop duty free" en quantités et toutes sortes d'autres endroits où l'on peut s'appauvrir "hors taxe" car c'est un port franc (mais pas "porc franc" à cause d'Allah qui est grand et à l'œil sur tout...).

Journée besogneuse. On remet les casquettes de grouillot. Le vendredi étant le jour de relâche des musulmans, impossible de trouver une bonne paire de bras velus autant que vigoureux pour nous aider à déposer la grand-voile. Alors, on se la *colletine* tous les deux, Mamilou et grand-père. Ce n'est pas un petit boulot! Pas loin de 80 kilos une fois débarrassée des lattes et des coulisseaux. Bref, pour midi, le bout de chiffon est rendu chez Eria, la Madame qui répare les voiles et qui dit que ce sera fait la semaine prochaine. Dans la foulée, nous en profitons pour faire aussi réparer et améliorer le *lazy-bag* qui tient plus de la serpillière que de la robe de mariée présentement... (En même temps, une robe de mariée pour emballer une grand-voile, franchement... "Y a des fois, on s'demande... " comme dit mon "Xave").

C'est un orage bien noir et bien effrayant qui a mis un terme aux tâches du jour. J'en ai profité pour récupérer une centaine de litres d'eau, et les trimballer aussi, par jerrycans ce qui constitue également un petit plaisir délicat.

Ce mouillage d'Eagle Bay nous offre quotidiennement un spectacle rare et d'une grande majesté. Il met en scène les aigles de mer habitant le quartier, et qui sont nombreux à tournoyer en élégantes arabesques au-dessus de nos têtes de mâts, les sens en éveil, leurs redoutables serres prêtes à cramponner à la surface de la mer ces bestioles pleines d'arêtes et d'écailles que d'aucun appelle poissons. La finesse de leur vol est un véritable ravissement. Chose étrange, par je ne sais quelle parenté volatile avec leurs cousins pélicans, à la morphologie tout de même différente, ils déclenchent leurs attaques de façon similaire. À l'issue d'une période d'observation en vol plané, une espèce de déhanchement d'une des ailes, d'ailleurs un peu inesthétique, les fait basculer brutalement sur un côté, amorçant une chute qui accélère leur descente grâce à ce gros farceur de Newton, et les rapproche en quelques secondes de l'objet de leur convoitise. Alors, "vite-fait bien-fait", ils saisissent leur marchandise au passage, comme la ménagère pressée dans un rayon de supermarché.

Petit à petit, les différents sujets techniques qui nous ont amenés ici sont abordés, chacun à son tour, et les opérations de maintenance avancent gentiment. La grand-voile et son lazy-bag ont presque terminé leurs rénovations respectives... Reste encore à mettre tout ça à poste et à terminer certains renforts qu'Eria n'a pas pu passer dans sa machine à coudre. Les *appros* aussi sont en cours: gas-oil, bière, nouveau boitier de commande-moteurs et câbles. Surtout ne pas manquer de patience, car l'efficacité de certains fournisseurs est toute empreinte d'un exotisme poético-oriental.

À poil sous mon antique veste de ciré, je trimballe laborieusement mon jerrycan de flotte qui s'est rempli sous l'averse durant l'apéro. C'est qu'il fallait bien finir cette délicieuse sangria concoctée avant-hier par Malou à dessein d'assécher définitivement un *cubi* de vin trop ordinaire acquis maladroitement à Johor Bahru. Dans la pénombre accentuée par les nuages gris lourd, je verse mes vingt litres d'eau dans le réservoir principal, la tête enfoncée dans la capuche dégoulinante. Economie de bout de chandelle. Mes pensées vagabondent au rythme des glouglous du transvasement. Au rang des petits plaisirs "pas chers" attachés à cette opération, il y a également celui de pouvoir pisser en même temps, sans toucher à rien... Eh, oui! On n'y pense pas à ça, mais debout sur le trampoline, à poil sous son ciré, le vagabond marin peut soulager sa vessie tout en faisant outre chose... grâce à Newton, encore... (Mais, attention: faut pas le faire s'il y a du vent. Ah ça non! Bien évidemment, car ça éparpille dans ce cas-là...).

Cette escale de Kuah s'avère riche en rencontres. Hier soir, nous avons reçu à bord, avec grand plaisir, un couple délicieux de canadiens "hors d'âge", Eileen et Ron, qui, la soixante dizaine révolue, « enjoyent » tranquillement leur vie de vagabonds des mers orientales depuis une douzaine d'années déjà, comme le temps passe... des épicuriens de la vie! Quelle fraîcheur derrière ces rides et ces démarches hésitantes. Une vraie bouffée d'optimisme! Au matin, ils nous congratulent longuement pour leur avoir offert cette si bonne soirée. Bonheur bien équitablement partagé les amis. Merci à vous surtout.

La grand-voile a retrouvé sa place, drapée dans son *lazy* rajeuni, à cheval sur la bôme. Laborieux, tout de même... Et il reste encore à terminer les réparations de goussets de lattes, avant de pouvoir remettre celles-ci en place, ainsi que les bosses de ris.

Profitant de la marée favorable, nous accostons le dinghy tout près du supermarché, à un genre de quai merdique qui n'est accessible qu'à pleine mer. Malou fouine partout dans les rayons exigus traquant sans répit le produit moins cher que "pas cher", cependant que je joue à pousse-chariot. Pour tromper un peu l'ennui, j'invente des sottises. Ainsi me vient-il l'idée d'envoyer un petit cadeau à Thérèse et Hub: un steak cacheté! C'est simple: il suffit de retrouver un steak caché et congelé, puis de le poster avec l'adresse de destination sur l'étiquette. Hélas, le supermarché est ouvert le dimanche, mais pas la poste. C'est loupé (attention aussi de ne pas le prendre trop épais pour que ça puisse rentrer dans la boite à lettres, une fois cacheté...[11]).

Enfin en vacances! C'est vrai, depuis deux semaines que Catafjord a envasé son ancre dans les eaux glauques d'Eagle Bay, tous les jours, on ne se baigne pas, et on travaille. Ça commence de suffire. Aussi, à la faveur du bon calme plat quotidien, nous nous déhalons au moteur, plein ouest, direction Telaga. Il est onze heures; nous venons de passer entre deux petites îles verdoyantes, et il s'en présente une troisième: "Tépor", qui nous fait l'effet de mériter une courte halte. Je ne saurais dire pourquoi, car elle est en tous points identique aux autres, avec sa plage de sable blanc où quelques singes viennent boulotter les crabes, cependant que les aigles de mer dansent là-haut leur ronde meurtrière. Une précaire cabane de farniente s'y décrépit inexorablement au milieu des immondices, souvenirs d'une probable soirée *barbeuc* terminée "en stribil", comme on dit dans l'ouest (mais pas de la Malaisie...). Je ne saurais évoquer cet ouest-là sans signaler au passage, qu'ici non plus la saison des pluies n'est pas terminée. Et donc, nous prenons de temps

---

[11] Oui, je sais, c'est nul comme jeu de mots. Mais je m'emmerdais beaucoup. Faut comprendre…

en temps, disons un jour sur deux, de diluviennes saucées, avec, en sus, en cas de laxisme dans l'obturation systématique de tous capots et hublots, une vilaine corvée d'assèchement, exécutée, comme il se doit, dans la joie et la bonne humeur.

Sitôt l'ancre immergée, nous nous jetons tous les deux à l'eau pour nettoyer un peu les œuvres vives qui n'ont pas reçu cette attention depuis un certain temps. Ce n'est pas du *lusque*, comme dit François Maurel. L'eau d'Eagle Bay reçoit toutes les déjections de la ville de Kuah, favorisant diaboliquement la prolifération des berniques qui poussent donc à la vitesse d'un AC70 juste avant le "capsize". Pas trop sur les coques grâce à l'antifouling Jotun posé à Brisbane il y a un an et qui reste efficace, mais surtout sur les hélices et les lignes d'arbres où là, c'est une horreur.

Cette côte ouest de Langkawi est un paradis du tourisme. Tengah Beach et Cunang Beach regorgent de lieux de villégiature, et proposent donc, à ce titre, aux argentés de toutes nationalités, la palette complète d'activités nautiques énergivores et bruyantes. Ah, le bourdonnement incessant des *jette-skis*, capable de vous transformer n'importe quel mouillage idyllique en chaudron du diable. Dans le même registre, défilent un peu plus loin quelques hardis complexés d'Icare en quête de frissons à deux balles, suspendus sous leur parachute tractés, comme des andouilles en train de fumer dans une cheminée bretonne.

La nuit dépose sur nos tronches son chapeau anthracite. Sur la montagne d'en face, le téléphérique vient de figer ses cellules comme autant de mouches scotchées dans une toile d'araignée. Au couchant, le soleil a quitté son job, laissant derrière lui un rougeoiement pourpre comme l'enseigne d'un bordel de Bangkok, et qui offre un peu de gaité au ciel de plomb. Derrière la montagne, les éclairs embrasent les nues, sans toutefois nous susciter l'habituelle inquiétude, car l'orage est loin. En cette saison, c'est presque toujours orageux quelque part. Nous avons déménagé Cataf en milieu de journée, pour l'installer dans la très agréable baie de Telaga, au sud-ouest de Langkawi. Protégée par deux îlots artificiels destinés à limiter les effets indésirables d'un éventuel tsunami, ce mouillage possède toutes les qualités appréciées du voyageur nautique: la montagne verdoyante, la plage de sable blanc, les eaux calmes et relativement propres, quelques voisins de mouillage (mais pas trop), et une marina située à un jet de chique avec toutes ses facilités.

Pas tellement favorisés par la météo ces derniers jours. Que de pluie! Déjà, hier, nos bonnes résolutions touristiques se sont évanouies, bouffées par une nébulosité excessive. Il faut dire que, monter dans le téléphérique pour se retrouver dans un trou du cumulus, cotonneux et humide, avec cinq mètres de visibilité, ce n'est pas très attractif. Autant rentrer chez soi et attaquer tout de suite l'apéro. On sera moins déçu. Et donc, le "cable-car", ce sera pour plus tard.

Nous attaquons ce samedi matin plein d'entrain, avec notre désormais quotidienne expédition "dizeule"... On trouve ici le gas-oil à deux prix différents: pour les locaux, à la station, c'est quarante-cinq centimes d'euros, et pour les "yachties", au ponton, c'est soixante dix centimes d'euros. Aussi, en bon père de famille gérant avec finesse sa modeste rente, le capitaine d'un canote mouillé juste en face se *colletine*-t-il son *appro* de carburant par le truchement de ces bidons en plastique que l'on dit "jerrycans", afin d'économiser quelques centimes, tout en s'imposant un petit exercice physique de nature à éliminer les effets négatifs du modeste apéro de la veille. Ainsi, hop, hop, hop, vingt-cinq centimes de gagnés à chaque litre, ça fait cinq euros par bidon, et là, je ricane plus ; ça paye la bière! Sauf que l'administration malaise, n'entendant pas laisser le vulgum *touristus*, forcément riche, alimenter ses mécaniques à combustion interne au même tarif que l'indigène, a décrété que les *appros* touristiques par bidons plastiques devaient se limiter à vingt litres par tête! En conséquence de quoi, nous rendons visite quotidiennement à la charmante musulmane emmitouflée qui tient la caisse de la station "Pétronas", afin d'y quérir notre ration légitime de "dizeule". Malou passe la première, puis, une minute plus tard, je refais le coup avec un deuxième bidon, ce qui nous permet de rentrer à bord le cœur gonflé d'allégresse et de fierté car nous venons de sauver dix euros! Ce matin, une sympathique surprise nous attend dans la baie: "Too much". Un monocoque battant pavillon français est là. Nous allons retrouver nos amis Jean et Marcia dont nous avons fait la connaissance il y a quelques mois. Il pleut des cordes. Pas question de se balader. Reste donc à tchatcher toute l'après-midi en leur compagnie.

Mission téléphérique! Le soleil brille. Pas question de se louper cette fois. Arrivant à la station une grosse poignée de minutes après l'ouverture, la queue mesure déjà plus de trois-quarts d'heure, pour accéder aux cellules de six places qui défilent devant l'aire d'embarquement. Mais la chance est avec nous; et nous montons après seulement un quart d'heure dans une cellule occupée par une famille de quatre personnes. Rapidement, notre bulle de verre et de métal flotte comme en apesanteur, sans aucun bruit, au dessus de la forêt primaire, puis rase une impressionnante falaise avant de nous déposer au sommet de la montagne, ayant avalé un dénivelé de sept cent mètres en quelques minutes! « Le plus important du monde » ont-ils écrit sur la pancarte d'accueil... Of course, le panorama est magnifique; mais il ne faut pas traîner à ouvrir vite ses mirettes car déjà le ciel se voile, laissant une nébulosité bien de saison envelopper tout le beau tableau dans son sarong de coton moite. Allez, un petit café, et on redescend. En bas, la zone avoisinant la station de "cable-car" s'appelle "oriental village". Cette grappe de boutiques à touristes organisée autour de son plan d'eau avec pédalos pour mômes et carpes en dessous n'est pas désagréable, à défaut de présenter quelque intérêt. Disons que c'est un genre de mini-Disneyland du shopping touristique.

Le ciel ayant eu le bon goût de se remettre au bleu, nous embrayons, tout de suite après le déjeuner, sur notre deuxième *rando* de la journée: les cascades de "seven wells" (sept puits). Les six cents premières marches en béton qui donnent accès à ce très joli torrent sont gravies allégrement, à l'ombre de la canopée, comme une brave marche digestive dominicale sans prétention. L'eau court sur les gros galets, avant de chuter. Et c'est beau! Les musulmanes empaquetées des pieds à la tête se trempent les tissus juste à côté d'australiennes en bikini... C'est beau aussi, et, en plus, c'est drôle! Une jolie pancarte intitulée "You are here" indique clairement qu'aussi bien, celui qui le sent comme ça, peut encore continuer la balade plus loin, et surtout, plus haut. Avec la Miloud, on décide de ne pas se dégonfler; et nous voilà cheminant sur un sentier de racines entrelacées, revêtues d'une épaisse moquette en feuilles d'arbres pourries. C'est spongieux, ça fait "pchouttt" quand on marche, ça sent le moisi; c'est super! Et ça monte, ça monte, ça monte... On n'en voit plus la fin! Jusqu'à ce que, soudainement apparaisse, solidement amarrée à un arbre, le bout justement de la corde qui permet de sécuriser un peu les derniers cent mètres de grimpette à trente pour cent (une affaire!). Le terme de l'expédition nous réserve deux surprises: une bonne et une mauvaise. Je commence par la bonne (comme disait le châtelain...): nous sommes à mille sept cent soixante cinq mètres au dessus du niveau de ma bouteille de pastis! Belle ascension tout de même. L'autre, maintenant, la mauvaise. C'est qu'il n'y a absolument rien à voir ici, en dehors de cette funeste pancarte. Tout ça pour ça ! Ben, oui. Donc, demi-tour sur place et, retour dans la foulée. C'est tout de même plus facile dans ce sens là.

A l'arrivée, encore une bonne surprise: nos amis Nathalie et Hans Peter de "Natapé", rencontrés aux Fidji l'année dernière, ont mouillé leur canote juste à côté de Catafjord. Alors, forcément, on boit un coup ensembl, en parlant un peu *batô,* car c'est un très bon sujet. Demain, "check out", et puis bye-bye Malaisie...

THAILANDE

Les derniers maillons de la chaine d'ancre franchissent le davier dans leur gangue de boue sous le jet vigoureux de la pompe de lavage. Il est 9h30. Désormais, miss Rocna ne devrait plus tarder à labourer du fond thaïlandais (comme disait… bref). Comme d'habitude, pas de vent, donc, route moteur: six nœuds au tarif de 1,75 euro de l'heure. En définitive, l'absence de vent nous fait réaliser de belles économies. Car si nous utilisions les voiles, l'amortissement d'icelles et du matériel périphérique indispensable à leur manœuvre coûteraient facilement quatre à cinq fois cette somme… Mais, bon ![12]

Koh Lipe

15h. Nous y voilà! Nous enfourchons le Newmatic afin de cingler au plus vite à la découverte de notre première île Thaï: "Koh Lipe". Sa baie principale, située dans le sud, face au hameau, nous a un peu rebutés à cause de l'intense agitation qui y règne (en plus, c'est profond et pas bien abrité du vent d'Est). Aussi avons-nous poursuivi notre route pour venir mouiller dans le nord de cette même île, dans un endroit beaucoup plus calme, quoi qu'encore assez bruyant à cause de la proximité du groupe électrogène qui alimente toute la communauté. Un sentier sans attrait mène au cœur de la cité. Imaginez un genre de St Tropez/foire du trône, avec une petite touche de "Les Saintes" version Thaï… Je ne sais pas si je suis bien clair… Disons que la partie

---

[12] Ce qui m'ennuie le plus en écrivant ces lignes, c'est que je vais me priver de l'amitié de nombreux *voileux*… Mais, de *voileux*-intégristes. Décidement, l'intégrisme, *c'est pas* mon truc.

émergée du glaçon est assez "bon enfant-sympa-sans prétention", alors que l'autre serait plutôt "dépouillée-cradingue-limite miséreuse". En tous cas, la recette semble bien fonctionner, car un paquet de *clampins* bronzés côtoie ici une multitude de *clampines* (mais pas de cheval...) qui ne le sont pas moins. Par contre, question clarté de l'eau, snorkeling et toute cette sorte de choses: tableau d'honneur!

Sinon, on nous a *rabattu* les oreilles avec la soi-disant cherté de ce pays (par rapport à la Malaisie et surtout à l'Indonésie). Je ne suis pas bien de cet avis. Lorsque je sors d'une gargote à bouffe, repu, et que j'ai déboursé trois euros pour ça, je me garderai bien de laisser entendre que je trouve ça cher. On verra si ça se confirme.

Quelques travaux d'entretien ayant absorbé toute la matinée, c'est en début d'aprèm que nous repartons en visite de Koh Lipe. Cette fois, nous abordons le rivage à un endroit différent d'hier, ce qui nous fait emprunter d'autres chemins. C'est plus propre et plus cossu de ce côté-ci. Il y a même quelques demeures bien luxueuses, blotties dans les hauteurs et ombragées par de hautes végétations. Après un crochet par l'épicerie pour regarnir un peu la cambuse, nous rapatrions le grappin en vue de le déposer, trois milles plus au nord, dans un endroit calme et sauvage avec du corail tout partout autour. Ainsi, Malou peut *snorkeler* à son aise pendant que je rédige mon journal en asséchant une petite boite d'aluminium avec des bulles dedans.

L'embarcation populaire locale a pour nom "long tail" Longue barque effilée à la proue excessive, elle est souvent pourvue d'un abri central précaire, souvent en toile, et propulsée par un moteur thermique monté de cette manière originale que l'on retrouve dans maints endroits d'Asie. À l'arrière de l'embarcation, la machine est montée, au dessus du franc-bord, sur un fort châssis pivotant. Elle se prolonge par une longue ligne d'arbre contenue dans un tube métallique qui porte les paliers, et se termine par une hélice bipale brute de fonderie, garantie « Made in China ». Vers l'avant, un deuxième tube, plus court, permet d'orienter le bazar qui agit ainsi comme une gouverne. L'ensemble est affublé d'un look un peu comique de méga-mixeur horizontal qui se révèle lorsque le gus sort son propulseur de l'eau (pas d'embrayage), mais s'estompe en navigation avec son joli panache d'écume jaillissant du sillage. Afin de ne pas perdre un yota de la précieuse puissance utilisée à faire mousser la mer, nos intrépides laboureurs de vagues se passent généralement de silencieux d'échappement, réalisant ainsi de substantielles économies: pas besoin d'avertisseur! On les entend de loin.

Ayant tout juste appareillé, nous trouvons les eaux du chenal inter-îles couvertes de jolis petits bouquets de fleurs, flottant chacun sur son îlot, et piqués, en leur centre, d'un fagot d'encens. Je me souviens qu'hier, lorsque nous déambulions dans les rues du bled, de nombreuses personnes étaient affairées à fabriquer ces délicates offrandes. Leur base, est composée d'une tranche de tronc de bananier, garnie et rehaussée sur le pourtour par des morceaux de feuilles de bananier, ajustés et pliés afin de former une corolle remplie d'un parterre de fleurettes colorées. Ces embarcations, appelées "krathong", sont lancées sur les rivières au cours de la première lune du douzième mois afin de solliciter les faveurs de la divinité des rivières qui donne vie aux champs et aux forêts. Après une courte navigation, les jolis krathong viennent se mêler à la foule des « krahdingues », ces déchets et emballages plastiques divers, offerts, eux aussi à la nature par les autochtones… Nettement moins poétique.

Koh Rok Nok

Jour de chance avec le vent: une heure et quart de propulsion vélique! Pour arriver vers 16h30 dans l'Est des îles Koh rok nok. Nous n'y serons pas seuls! Dix bateaux sont déjà installés là. Certains sur corps-morts, d'autres avec leurs propres ancres. Nous nous amarrons à un corps-mort laissé vacant. Las, ce n'est pas le meilleur choix. En plein milieu de la nuit, le vent d'Est s'affermit et lève un lourd clapot qui nous oblige à prendre des dispositions pour éviter de bousiller notre corps-mort, lequel tient plus du porte-clés que du mouillage de cuirassé. Une petite heure de boulot au clair de lune, et le reste de la nuit à danser sur les vagues. Voilà bien un mouillage merdique. Au matin, la plupart des autres canotes ont déjà quitté les lieux.

Nous ne traînons pas non plus. La brise qui nous a pourri la nuit mollit graduellement, mais il y a peu de distance à parcourir, aussi nous parviendrons à Koh Lanta sans faire appel aux moteurs. Vingt milles parcourus à la voile, voilà longtemps que ça n'était pas arrivé.

Koh Lanta

Le décor est en place. L'aventure "colle en tas" peut commencer. Pas question d'armer le Newmatic pour nous rendre à terre. Trop pantouflard comme canote (et puis l'estran est ici très large. Alors si c'est pour traîner ses deux cents kilos sur le sable à basse mer, merci bien...). Donc, mise à l'eau du kayak, puis embarquement du matériel de découverte, et, enfin, appareillage. Mais, d'abord, faisons un petit crochet vers ce beau cata à moteurs mouillé au fond de la baie et qui excite fort notre curiosité. La chance est avec nous; le propriétaire anglais qui est à bord, et sa compagne, nous invitent à visiter. Un canote superbe et réellement très intéressant (quoique plutôt lourd), qui nous donne un aperçu du genre de navire qui pourrait succéder à Catafjord...

Et maintenant, à nous la découverte du paradis de l'aventure tropicale. Première mission: atterrir sans abimer le matériel ni l'équipage, une houle scélérate frangeant le littoral d'un trait d'écume blanche presque ininterrompu. Deuxième mission: trouver de la nourriture et un abri. Nos petits cœurs battent (en même temps, s'ils ne le faisaient pas, on ne serait pas loin d'être morts...) à l'approche du littoral. Est-il judicieux d'accoster en face du "Southern Resort", ou sera-ce plus *safe* devant l'échoppe du "Lanta paddle sport"? Mais il est déjà trop tard pour réfléchir, car nous voilà tranquillement posés sur le sable, juste devant le "Slow-down bar"! Et pas une goutte d'eau de mer sur les maillots de bain! Première mission accomplie; et avec quel brio! Sitôt remonté le kayak, pour le mettre hors d'atteinte des flots qui auraient pu être en furie, mais là, non, nous nous mettons en quête d'une issue victorieuse au deuxième défi. Là encore, les divinités des aventuriers sont de notre côté. Figurez-vous que le susnommé "slow-down" affiche une carte tout ce qu'il y a de plus raisonnable et attrayante, cependant que son bar exhibe fièrement une pompe à bière de la marque locale "Chang", laquelle en vaut bien d'autres. Et, c'est ainsi que nous nous acquittons pour la deuxième fois de la journée d'une des missions les plus indispensables à la survie en milieu hostile, se nourrir. Pour dix euros, ça reste à notre portée. S'ensuit l'incontournable promenade sentimentale et digestive le long de l'unique rue, principale donc, agrémentée de quelques emplettes. En particulier dans cette invraisemblable quincaillerie sans éclairage, au sol de terre battue. Nous décidons de faire une pause dans notre aventure *Kohlentesque* en revenant passer la nuit à bord de Catafjord.

Koh Phi Phi

La vilaine houle arrivée nuitamment ne se dégonfle pas au soleil, et continue de nous perturber l'équilibre toute la matinée, tant et si bien que nous appareillons en début d'aprèm pour Koh Phi Phi (prononcer ko-pi-pi). Après trois heures de navigation mécanique (pas de vent), nous parvenons à cette île réputée pour sa beauté, ses plages, ses sites de plongée, et son dynamisme, hélas bruyant et trépidant. De fait, bien que mouillés au pied d'un décor enchanteur, le ballet incessant des "long-tails" et autres "speed-boats" chargés de blanc-bec en petites tenues nous brouille l'écoute du silence, tout en nous agitant les eaux. C'est la transhumance du Sunset. Les hordes de touristes ayant passé leur journée sur les nombreux sites de plongée avoisinants rejoignent à toute allure et à grand fracas leur bercail, afin de communier sans tarder au prochain karaoké post-apéritif qui les attend de pied de micro ferme.

Le soleil porte son regard de lumière sur les falaises karstiques qui constituent le fond du décor de cette grouillante baie de Tonsaï où nous venons de passer la nuit et que nous n'avions vu qu'ombragée hier soir en arrivant. C'est imposant, c'est fascinant, c'est beau... Mais il nous faut à présent rejoindre la terre ferme pour découvrir le reste. Avec le kayak, c'est l'affaire de quelques minutes. Ici, c'est le BHV du tourisme. Des prestataires par centaines et des chalands par milliers. Par bonheur, les clientes sont court vêtues, ce qui égaye un peu le tableau. Mais alors, que de monde! Que de monde! Les principales activités proposées tournent autour de la plongée, mais on trouve aussi des pourvoyeurs d'escalades le long des parois calcaires. Et, bien sûr, les *glandos* inconditionnels peuvent griller au soleil à longueur de journée, soit directement sur le sable, soit sur un des innombrables transats alignés comme des menhirs à Carnac.

Las de toute cette agitation, nous décidons d'émigrer vers une autre baie, plus au nord, dite "Loh Dalam" et qui devrait être plus tranquille.

Sur le chemin, le paysage est grandiose. Ces falaises sont d'une saisissante beauté. On dirait l'œuvre d'un grand maitre qui aurait commencé son tableau par le haut. Ainsi, le vert, les arbres, la végétation, tout ça est impeccablement représenté... puis vers la fin, peut-être était-il un peu pété ou quoi, on sait pas, au moment de peindre les falaises proprement dites, il se serait un peu gaufré dans ses mélanges, ce qui fait que ça a tout dégouliné, et, justement, c'est ça qui est le plus beau... Difficilement descriptible... Faut le voir.

Décidemment, nous sommes indécrottables! On nous avait prévenus pourtant. Bien sûr, le mouillage est magnifique dans cette baie "Loh Dalat". Bien sûr c'est bien plus calme dans la journée. Mais il y a un détail qui rabote le plaisir: une saloperie de boite de nuit infernale lâche des quantités de décibels pestilentiels jusqu'à quatre heures du matin! Que de la musique de demeurés en plus! Boum, boum, *bouboum*, etc... Des watts, des watts, des kilowatts ! Allez fermer l'œil avec un tel voisinage. Ce n'est pas possible. Bref, le déménagement est programmé pour tantôt. A la grâce de Bouddha...

Proverbe Thaï que l'on apprend aux enfants à l'école:
"Après Ko pipi et colle en tas, n'oubliez pas de vous laver"

Nous venons de passer une excellente nuit dans un superbe mouillage, niché derrière une langue de sable qui fait comme une digue naturelle entre deux îlots isolés et inhabités... Surtout la nuit. Car, dès neuf heures les premiers "long-tails" commencent à rappliquer chargés raz la touffe de touristes *robinsonneux*, et l'endroit devient rapidement bondé, et par là, infréquentable.

La baie de Chalong

Faible *brisou*, plein arrière, voiles en ciseaux, nous atteignons rarement les quatre nœuds. Bah, pas grave. Avec seulement vingt cinq milles à parcourir, ça ira, et puis on est tellement peinard. J'en profite pour faire un peu de musique pendant la route, tout en faisant ma veille. Puis, le peu de brise s'évanouit et la vitesse devient insuffisante pour rallier notre prochaine escale avant la nuit. C'est le moment de solliciter la mécanique si nous voulons profiter du Sunset en baie de Chalong.

L'espace disponible pour enfouir le grappin est considérable. La baie fait presque deux milles de large. En face de la ville de Chalong, de très nombreux corps-morts ont été mis à disposition des voyageurs par les autorités et attendent gratuitement de s'embosser sur les bittes de passage..., et bien entendu d'amarrage. Méfiants, nous mouillons sur notre ancre.

Jeudi, dès l'ouverture des bureaux nous nous acquittons des formalités d'entrée en Thaïlande. C'est gratuit et promptement effectué. Pour fêter ça, hop, on s'envoie un petit café en terrasse devant les centaines de bateaux divers, de plongée, de promenade et de tout ce qu'on veut qui sont là devant nous dans cette baie, sous la surveillance bienveillante de "Laem Phromthep", le grand bouddha installé au sommet de la colline. Le quartier est propre et moderne. La plupart des boutiques y sont dédiées à la bouteille. La moitié, pour la plongée sous-marine, l'autre, pour les navigations apéritives avec entraîneuses surentraînées. On circule beaucoup en véhicules motorisés, lesquels, ici comme ailleurs, s'agglutinent les uns aux autres formant ce qu'il est convenu d'appeler des embouteillages. Y'en a qui aiment... Nous, on circule à pied, et donc ça va, merci. Un moyen de transport fort répandu par ici est le "tuk-tuk", qui comme son nom l'indique bien, est un tricycle. Prenez une bonne mob de base et ajoutez-y une troisième roue grâce à quelques tuyaux de ferraille soudés, une plaque de contreplaqué et un bout de grillage, et voilà votre tuk-tuk prêt à sillonner le pays chargé de toutes sortes de marchandises et de leurs propriétaires accompagnés de leurs famille. Femmes, enfants, bébés, chiens, hop, tout le monde dans la brouette! Ces machines bruyantes et tellement originales n'ont pas la faveur des touristes mais semblent très en vogue au sein de la populace autochtone (mais, peut-être devrais-je dire "vélochtone"...?). Non loin des supermarchés étincelants et climatisés, nous retrouvons le monde du petit peuple avec ses cantines à deux ou trois tables et chaises de jardin en plastique et ses boutiques hétéroclites où l'on peut acquérir une tapette à mouches, un yaourt ou une carte téléphonique au même comptoir. Chalong ne présente pas un grand intérêt, cependant c'est une escale commode car la baie est bien abritée, on peut garer son dinghy facilement et on trouve beaucoup de choses ici. Par contre, le va et vient incessant des promène-couillons aïe-speed crée un clapot qui finit par agacer.

Aussi, décidons-nous de prendre quelque repos devant une jolie plage située à 1,5 mille dans l'Est, de l'autre côté de la baie, occupée seulement pas quelques hôtels et gargotes à bouffe. C'est sympa, l'eau est claire, invitant à la trempette, et c'est bien placé pour admirer le soleil qui disparait quotidiennement à côté du grand bouddha, lequel me fait l'effet de s'en tamponner cordialement, mais ça, c'est lui que ça regarde et je ne me permettrai aucun commentaire sur son attitude... Tiens, ben, quelle surprise. Qui c'est qu'est là? "Jolly Rodger", un Léopard40 battant pavillon français, entrevu à Langkawi, trop brièvement. Faisons connaissance devant un petit rafraîchissement. Justement, Martine et Bob, voyageurs infatigables, sont d'agréable compagnie, et le temps passe trop vite à évoquer les anecdotes de vagabonds qui emplissent nos conversations.

Un petit coup d'œil sur internet, et Yahoo actu m'informe que rien ne va plus chez les aventuriers de "colle en tas"!!! Les jaunes devant ont été marrons et sont passés derrière... Ah les mauvais!

Lundi. Nous revoici installés dans un cycle besogneux... Divers travaux d'entretien, entrecoupés de baignade autour du canote, et de petites bouffes à terre avec les amis de rencontre.

Je me suis décidé à me lancer dans la délicate tâche de remplacement du boitier de commande des moteurs. Le Bouddha de la colline a bien voulu jeter son regard positif sur l'insignifiante fourmi que je suis été toute la journée, et, ce soir, le bazar est en place et fonctionne! Oufff! Mais ce n'est pas fini. Reste encore à le fixer correctement et à lui fabriquer un joli capot...

Le tonnerre gronde sur la montagne proche, et des éclairs déchirent la nuit. Mouvement d'humeur céleste, sans doute. Malou vient de réserver des billets d'avion pour aller en Guadeloupe au mois de janvier prochain. Le règlement, par internet, est laborieux... Sujet de tracas... Je grignote quelques chips en tripotant le diato. La routine.

Vendredi. Nous avons décidé de bouger un peu. L'épisode "nouvelles commandes moteurs" est presque consommé. Il manque juste quelques heures de finition, mais ça fonctionne très bien. En ce début d'après-midi grisonnant, nous quittons l'hospitalière baie de Chalong pour filer vers le Nord et mouiller sous le vent de la petite île Rang Yaï. Très mignonne avec sa plage proprette. Hélas, comme dans la plupart des jolis endroits des environs, une quantité de "speed-boats" déversent à longueur de journées leurs cargaisons de touristes. C'est comme ça. Ne boudons pas notre plaisir. L'eau n'est pas très claire, mais tant pis, on se fait quand même une petite corvée de nettoyage de coque. Dans le brouillard. Un joli canote issu du chantier CNB, "Chrysalis", élégant plan Briand, est mouillé à côté de nous. Souvenirs du bon temps où j'étais collaborateur de cette société du groupe Beneteau.

Vers Yacht Haven

Navigation "en pointillé". Deux milles, pour venir mouiller carrément au large de la côte afin de rendre visite, en dinghy, à la marina Boat Lagoon, cachée au fond de sa mangrove et accessible par un long chenal tortueux. Au retour, repas à bord de Cataf, pour repartir en tout début d'aprèm direction Ao Po, avec l'objectif de mouiller le plus près possible de la marina car, ce soir, nous sommes invités à une soirée "chic". Le vent est faible, et la distance à parcourir aussi. C'est le génois qui se charge de la propulsion. On se traîne peinard à deux ou trois nœuds. Quand tout-à-coup soudainement, le ciel se noircit comme la trogne d'un ramoneur et une saloperie de grain plein de tristesse nous bouffe la quiétude de toute sa hargne! En plein mois de décembre. Alors que dans le guide c'est écrit: «saison sèche". Quel scandale! Ah ça, la dure réalité est bien différente des descriptions flatteuses des publicités! Nous balançons vite-fait la pioche derrière une petite île judicieusement placée près de nous, le temps de laisser la mouscaille passer sa mauvaise humeur, puis c'est reparti pour le dernier mille qui restait à parcourir.

Dimanche, journée sédentaire, écriture petits travaux. La soirée d'hier s'est très bien passée. Quasiment pas d'alcool, des petits trucs sympas à grignoter, une musique de naze beaucoup trop forte, mais qui présentait au moins l'avantage de faire trémousser quelques gracieux popotins que je n'ai même pas regardés. Bref, un agréable moment en compagnie de quelques copains. C'était organisé par un loueur de bateaux qui faisait visiter ses canotes.

Une petite brève de comptoir pour la route: la conversation portait sur les difficultés qu'il y a à faire cuire des langoustes vivantes car elles se débattent et ça éclabousse. "Pour les cuire vivantes, le mieux c'est de les tuer avant"- Jean (qui, d'autre part, estime être "le seul animal humain")

"Musulman", en anglais, ça se dit "muslim". J'y pense tout-à-coup car il y a quelques belles mosquées par ici. Ces gars-là ont un plat favori à base de patates écrasées auxquelles ils ajoutent du lait et du beurre. Ils appellent ça la "purée mouslim"... étonnant, non?

Phuket est une île, et non pas une ville, comme je suis certain que le croient certains incultes dont je tairai les noms pourvu qu'ils me fassent parvenir une boite de chocolat pour Noël. Cependant, elle a perdu une partie de sa spécificité îlienne à cause du cordon ombilical d'asphalte qui la relie au continent: le pont Sarasin. La ville principale en est "Phuket city".

En ce moment, nous sommes ancrés au Nord de Phuket, en face de la marina de "yacht Haven" (tous ces noms Thaïlandais, je m'y perds un peu).

Nous louons une auto pour aller un peu visiter l'intérieur de Phuket et sa capitale. Pour vingt euros, nous nous voyons confier un petit pick-up Nissan ni propre, normal, noir, avec la clim et une boite automatique. Un détail non dénué d'importance: les Thaï, gens aimables et avenants, honnêtes et travailleurs (attention, faut pas trop rêver quand même, ils ont leurs ramiers comme tout le monde), sont affublés d'une redoutable tare: ils conduisent à gauche. Je vous le dis tout net: ce n'est pas plus commode que ça pour des gens normaux, comme nous. Soyons bien d'accord, je ne dis pas ça pour critiquer. Conduire à droite, à gauche, au milieu, en arrière, en crabe. Que sais-je. Je respecte tous les goûts. Mais les choses seraient tout de même plus simples si tout le monde se mettait d'accord pour procéder de la même manière. Disons, comme nous. par exemple. Mais bon, me revoilà parti à rêver. à cause de noël sûrement. C'est marrant, ici, en Thaïlande, les gens sont bouddhistes ou taoïstes, ou musulmans. Mais des cathos, il n'y en a presque pas. Et pourtant, ils fêtent noël exactement comme si c'était un truc aussi important que l'anniversaire de la première communion de Mitterrand. C'est fou ça! C'est peut-être le côté "dinde aux marrons" qui les motive? Pourtant, aucun restau ne propose ça, bizarre.

Mais, revenons à notre pick-up noir. Le démarrage est un peu hésitant. L'étroit chemin ombragé qui mène du parking de la marina à l'autoroute grimpe gaillardement, débouchant dans le monde des terriens par un virage à gauche, comme qui dirait "en épingle à cheveux crépus" si vous voyez le genre. Bref, ça se fait. Même à quarante à l'heure, nous voici bientôt à la station service. La coutume locale, en matière de gestion du carburant dans un véhicule loué, est de le prendre en charge presque vide. Disons, juste assez pour se rendre à la première station. Et on le restitue de même. Question de convention.

Les guides touristiques indiquent que les Thaïs parlent fréquemment anglais. Ceci est tout-à-fait exagéré, et on est très content lorsqu'on trouve un interlocuteur qui baragouine quelques mots avec un épouvantable accent oriental. C'est le cas à la station service. Aussi, c'est par geste que la demoiselle de faction à la pompe (on parle de produit pétrolier là) m'explique comment extraire la clé de contact, laquelle lui est indispensable pour nous livrer les dix litres d'essence nécessaires à la balade du jour. La bagnole possède, en effet, un petit bouton "unlock", habilement planqué sous la clé de contact, et que je n'ai pas vu. Ceci m'a permis de confirmer brillamment le côté "povcouillon" que j'arborais déjà en arrivant dans la station à deux à l'heure, et en me gourant de pompe. Bref, là, c'est parti. Les Thaïs ont une manière assez particulière d'interpréter leur code de la route. Disons, pour faire court, que tout ce qui est interdit, on peut le faire quand même, mais faut faire gaffe! Genre, rouler à contresens, franchir une ligne continue, passer au feu rouge, etc. Toutes ces peccadilles auxquelles on aurait tendance à s'accrocher bêtement lorsqu'on roule en France. Ici, on peut le faire, mais avec discernement, voyez. à bon escient comme qui dirait. Par exemple, si un gendarme est là à ce moment-là, *c'est pas* à bon escient... Donc, celui qui veut procéder comme ça, il faut qu'il fasse gaffe, alors forcément, les autres aussi. Et ça serait un peu ça le truc pas fastoche. Phuket est traversée par des axes routiers à deux fois trois voies!!! Ça vous la coupe ça. Mais attention, il n'est pas tellement recommandé, et pas tellement possible non plus, de dépasser les quatre-vingts kilomètres/heure. Explication: déjà, la voie de gauche est réservée aux deux-roues, ainsi qu'aux trois-roues, les fameux side-cars en fer à béton que vous ai déjà décrits, on ne va pas y revenir à chaque fois, *z'avez* qu'à prendre des notes. Bien sûr, grâce au système des trucs interdits *qu'on peut* le faire quand même, les autos y vont aussi, et même des fois les camions. Donc, en principe, vous circulez sur la voie du milieu, cependant que les mecs pressés vous doublent sur la voie de droite, et que les mecs hyper pressés vous doublent à droite ou à gauche, en slalomant au gré des opportunités! Attention, n'allez pas conclure que c'est la foire; tout au plus un grand marché populaire. Mais les meilleures choses ont une fin, et nous bifurquons bientôt sur une modeste deux-voies qui nous laisse enfin admirer les paysages champêtres représentatifs du vrai Phuket des vrais Thaïlandais. Quelques instants seulement, car nous arrivons maintenant sur la côte ouest, haut-lieu du tourisme de masse: plages de sable blancs, mer plate, alignements de transats à parasols, de restaus, de stands de massages, bref, alignement de tous les trucs qui ravissent le touriste. Par chance, un jeune gars, dealer de « croisières à la journée en speed-boat », vient nous faire un brin de causette. Le tourisme, c'est son job et c'est de ça qu'il tire ses revenus. Pourtant, il ne rigole pas tous les jours, car cet afflux d'argent fait monter le cours de nombre de denrées nécessaires ce qui lui complique bien le budget, ainsi qu'à beaucoup d'autres natifs.

Le centre de Phuket-ville nous plait. On y retrouve cette atmosphère pleine d'humanité qui appartient aux cités peuplées de vrais gens. Ainsi, une jolie façade de maison sophistiquée et pimpante en côtoie-t-elle une autre qui a dû être coquette elle-même, mais c'était il y a soixante ans. Un peu plus loin, le trottoir, noir de cambouis, est jonché de pièces mécaniques issues de moteurs thermiques en cours de traitements lourds. A l'intérieur, un tour usine un vilebrequin et un mécano jovial, assis sur son tabouret/bidon d'huile, rectifie des sièges de soupapes à l'aide de sa fraise pneumatique. Dans la sellerie voisine, trois jolies dames s'affairent à leurs machines à coudre. Un quatrième larron, assis au sol en tailleur, au milieu d'un amoncellement de vieux fauteuils et de coussins éventrés, manie les aiguilles et le fil sans se rendre compte que s'assoir en tailleur quand on est sellier constitue une faute professionnelle manifeste. Les rues sont grouillantes d'ateliers mélangés aux boutiques de tout: fringues, bijoux, horlogerie, chapeaux, peintures, meubles, salons de massage. C'est vivant et authentique. Se présente tout-à-coup à nos yeux un établissement tellement sympa que nous nous y arrêtons sans préméditation, pour y boire un coup! Le décor est tout de verdure, de fontaines et d'art populaire. L'ambiance est sereine, les serveuses avenantes. Il s'agit d'un restau très coté qui se nomme "Natural restaurant". Cloisons végétales, musique d'ambiance, clapotis de l'eau qui ruisselle, portraits naïfs sur branches de cocotiers. Très agréable établissement.

Le retour vers Yacht Haven s'avère un peu fastidieux. L'unique route est surchargée à cette heure-là. Avec cette signalisation, inhabituelle pour nous, une attention soutenue est indispensable. Pour finir par me gourer quand même. Il faut dire qu'ici, tout est écrit en spaghettis, vermicelle, vers de terre. Bref, pas d'alphabet. Bien sûr, souvent il y a une traduction en anglais juste au dessous, écrite un peu comme les petites lignes super importantes des contrats d'assurance. Plus c'est important pour nous, plus c'est écrit petit. Comme si c'était fait exprès pour nous enduire dans l'erreur. Au cours de la journée, j'ai tout de même pris un peu d'assurance avec le pilotage du pick-up. Aussi, je m'offre une petite régate avec le chauffeur du bus bondé qui roule toujours à fond sur la voie de droite. Des fois il me double, des fois, c'est moi. Je finis par le niquer: deux ou trois slaloms et un coup de bol avec un feu vert qui devient rouge pour lui, et "adios amigo", comme on dit en Thaïlande quand on est un espagnol en vacances. La nuit arrive, et nous aussi, dans le parking de la marina.

Le jeune gars avance, seul à bord de son long-tail. Il ralentit son moteur et sort son hélice de l'eau, progressant sur son erre, à trente mètres de Catafjord, son filet et ses ancres soigneusement disposés à l'avant de son canote. Le moment venu, il balance une des ancre à l'eau, signalée par un minuscule flotteur, et immerge de nouveau son hélice. Le filet descend le long du bordé, guidé par une simple perche en bois, jusqu'à environ un demi-mille. Là, il mouille la deuxième bouée d'extrémité, avant de mettre en œuvre l'arme la plus redoutable du pêcheur: la patience. Je l'observe, là-bas sur l'eau, trop éloigné pour que je puisse distinguer quoi que ce soit, je l'imagine bidouillant son moteur, ou alors cassant une petite graine, ou encore fumant une petite cibiche, à moins qu'il ne s'emploie à solliciter en prières les faveurs de Bouddha, ou d'Allah, ou peut-être même des deux, on n'est jamais trop prudent.

En Thaïlande, la pêche fait travailler plus de 500000 personnes! Un siamois, ça bouffe en moyenne 45 kg de poissons par an (en plusieurs fois, bien sûr...). Les pêcheurs Thaïs ramassent 6,5 fois plus de poissons que leurs homologues français, avec 7 fois plus de canotes. Par contre, la gestion de la ressource ne les préoccupe pas outre mesure et la surpêche épuise celle-ci inexorablement. L'état a mis en place d'importants programmes d'aquaculture. Le pays est déjà un géant mondial de la crevette. Je me marre, car j'ai devant moi un article de journal qui cause de tout ça, et où l'on peut lire: "Ici, on possède la culture de la turlutte. Il s'agit là d'un savoir-faire purement localisé à l'Asie"! Alors là, je m'insurge! Je connais bien d'autres endroits où... Mais je vais encore m'égarer.

Bon, *c'est pas* tout ça. Voici que la mère Noël pointe son savoir-faire localisé sous la forme de petites friandises apéritives à déguster d'urgence, avant de nous diriger vers la plage de Naï Yang où nous avons l'intention de réveillonner aux étoiles en compagnie d'un couple d'amis de longue date (deux jours.....), Brigitte et Christian qui vagabondent depuis un paquet d'années à bord de leur First 35.

Mardi 25 décembre. Voilà, c'est fait! "Joyeux noël, vous aussi, vous en êtes un autre...", tout ça c'est bâché, et tout a été pour le mieux. Bonne bouffe, feux d'artifice sur la plage à dix mètres de nous, envoi de ballons-montgolfières porte-bonheurs, et retour à bord sans souci... Impec! Maintenant, que le Bouddha porte sur nous son regard bienveillant.

Oliver et sa tribu

Mercredi, aéroport de Phuket. Nos amis de Bouguenais, papa Olive, la Sandrine et trois des quatre descendants, palots et assommés par le long voyage en avion, arborent, en nous apercevant, les mines joyeuses de ceux qui viennent pour passer un bon moment à bord de Catafjord. Ça tombe bien, c'est justement le projet. La chance leur sourit déjà, avec le vent qui s'est bien apaisé, rendant agréable le premier mini voyage, en Newmatic orange, pour aller de la marina au bateau, mouillé à trois cents mètres de là. Pas une goutte d'eau dans l'annexe, pas un bagage tombé à la mer. La croisière commence dans la joie et la bonne humeur.

Jeudi. Après une nuit des plus calme, tout le monde s'est reposé et nous voici bientôt prêts à appareiller. Quinze nœuds de vent dans le pif... Route moteur. Peu avant midi, la pioche descend au pied des superbes falaises karstiques de Koh Phanak. Au cours de ma petite plongée de décrassage des hélices, je me fais caresser par une méduse. Ça fait aussi mal qu'une brûlure! Saloperie de bestiole. Au pied des falaises, une foule compacte de touristes, *enkayakés* pour la matinée, se presse à l'entrée d'un "Hong", sorte de grotte profonde et qui débouche de l'autre côté de l'île. Trop de monde. Nous irons après la sieste. Oui, mais voilà : mettre en route notre caravane familiale et vacancière, ça demande un peu de délai. Il est 16h quand l'entrée de la grotte se présente devant l'étrave du dinghy, et la basse mer est à 16h30... Le niveau d'eau est insuffisant. Nous y allons quand même, en hâlant le dinghy à pied. Grand spectacle à l'intérieur. Un genre de Disneyland naturel. La nature a sculpté la roche en une infinité d'œuvres d'art sophistiquées comme un temple chinois. Deux virages plus loin, c'est le noir complet. Nos maigres loupiotes ont bien du mal à éclairer les parois et nous sommes rapidement stoppés par le manque d'eau ; contraints à faire demi-tour. Une fois sortis, l'excursion se prolonge le long des falaises incroyablement ouvragées, véritable décor de science-fiction. La mer a rongé le pied des murailles rocheuses, créant, à basse mer, une sorte de galerie latérale au plafond torturé de stalactites glaireux. Vaguement inquiétant car ces énormes masses de pierre calcaire sont parfois si érodées en leurs attaches qu'on les jugerait volontiers sur le point de s'écrouler sur la tronche des comiques qui se baguenaudent dessous avec insouciance... Un grain ponctue notre retour à bord, ôtant toutes ses couleurs au paysage pour créer une expo de gris, mélancolique et magnifique.

Vendredi 9 heures

Nouvelle visite du "Hong". À marée haute cette fois. Le moteur est stoppé avant d'entrer, à cause des gaz d'échappement. Les pagaies entrent en action. Le plafond est tapissé de chauve-souris. A l'aide du projecteur, nous parvenons cette fois de l'autre côté, mais sans pouvoir ressortir, car il y a maintenant trop d'eau. Nouveau demi-tour donc pour un voyage retour au pays des chiroptères qui s'envolent par dizaines sous le faisceau du projecteur. C'est le moment que choisissent deux de nos vacanciers pour solliciter une initiation à la conduite de l'embarcation, à deux pagaies, fastoche donc! Chacun de son côté, manipulant les pagaies comme des pelles à tartes, nos kayakistes en algues nous régalent d'un sketch *comicofamilialovacancier* qui vaut son pesant de coups de soleil. "Rame plus fort, tu vois bien qu'on tourne".... "Non, c'est à toi de ramer moins fort. Moi je suis en vacances"... "Oui ben, à cette vitesse-là, on n'est pas sorti de la grotte".... "De toutes façons, tu fais n'importe quoi"... "C'est toi qui fait n'importe quoi. Regarde, on fait demi-tour maintenant"... "Tu me parles pas comme ça"... Un beau grand moment de communion dans l'effort partagé. Même les chauves-souris sont hilares, j'en entends qui ricanent là-haut. C'est vous dire!

Koh Phing Kan

L'immense baie Phang Nga est hérissée de formations karstiques toutes plus spectaculaires et étranges les unes que les autres et inversement. Les monumentales sculptures naturelles y sont édifiantes. Ce matin, nous abordons, l'île Koh Phing Kan, en silence, car l'homme au pistolet dort... Et il parait que c'est James Bond, alors faudrait pas le réveiller, bien sûr. Pourtant, je me demande comment il peut rester dormir avec le défilé compact de touristes qui envahissent l'îlot à partir de neuf heures du matin, serpentant en ses étroits chemins comme une colonie de vacances de chenilles processionnaires. Le spectacle y est superbe, mais il y a vraiment trop de monde pour qu'on s'attarde.

Koh Pan Yi

Une petite heure de moteur, et nous parvenons à Koh Pan Yi, village de pêcheurs totalement perché sur pilotis, qui mérite le détour car les gens y sont de bonne compagnie. Niché au fond de la baie de Phang Nga et adossé à ses falaises, le village aux multiples débarcadères accueille quotidiennement des tombereaux de touristes qui sillonnent au pas de charge ses ruelles en bois, glanant ici et là (et inversement), quelques babioles souvenir ou friandises locales, comme ces poissons séchés, épicés et caramélisés, qu'on grignote à l'apéro.

Comme dans toutes les mers chaudes, les tarets ruinent à grande vitesse tout ce qui est en bois. C'est pourquoi, petit à petit, les pilotis d'origine sont patiemment remplacés par des structures équivalentes en béton armé jusqu'aux dents. Autre modernité appréciable, chaque maison est équipée d'une fosse sceptique placée entre les pilotis, ce qui évite que ça "chmoute grave" comme c'est le cas habituellement dans ce genre d'habitat. J'ai remarqué certaines embarcations intéressantes, constituées d'une très courte coque à fond plat, pointue à l'étrave et large de poupe, et propulsée par le typique ensemble composé d'un moteur aérien prolongé par son arbre d'hélice et nommé "long-tail". Parfois pourvus d'un « step » favorisant l'hydroplanning, ces engins sont très rapides pour un coût de revient minime.

Bonne année !

C'est décidé, c'est à Koh Phi Phi que nous en finirons avec cette année 2012 qui n'en finit plus (c'est vrai ça: 366 jours, c'est vraiment un maxi. Faut pas exagérer, non plus.). Le vent est encore dans le pif, et il nous faut tirer des bords... Ce qui permet à nos amis de faire connaissance avec la progression contre le vent à la voile: deux fois la route, trois fois le temps, quatre fois la grogne...

Beaucoup de monde à Koh Phi Phi. L'ambiance est à la fête. Comme dit Olivier, "c'est Ibiza façon Thaï, ici". Le spectacle est à chaque coin de rue: combat de boxe Thaï, jonglage avec du feu, tatouage avec des aiguilles de bambous manœuvrées à la main, le tout dans une débauche de décibels de nuit.

Dîner, suivi d'un bain de foule, qui se termine en bain de pieds, au bord de la plage à marée haute. Les feux d'artifice crépitent et inondent la naissance de 2013 de couleurs et de bruit. La bonne humeur ruisselle de partout. La transpiration aussi. Ça sent la poudre, les grillades, et l'humanité….Une belle fête.

Nous décidons de rester un jour de plus à cette escale agréable pour donner à chacun l'occasion de s'adonner encore un peu à son activité préférée: shopping, lessive, internet, sieste...

Papa Olive, Sandrine, et Antoine se font bouffer la peau des pieds par de minuscules poiscailles dans un aquarium... Je n'ai pas très bien capté l'intérêt de la manip... Lorraine et Paulo s'abstiennent. Il a une de ces bouilles le petit Paul... Pour faire court, je dirai qu'il a les mêmes seins que sa grande sœur, sauf que lui,.... c'est des joues! On dirait un petit Louis Armstrong blanc qui souffle toujours, mais y a plus la trompette... Adorable gamin.

Mercredi. Débarquement sur une plage pas du tout déserte. Les singes viennent quémander un peu de nourriture pour le plus grand plaisir des hordes de touristes *photographieurs* acheminés là par speed-boat ou long-tail, car l'endroit n'est pas accessible par la terre. Puis, la matinée se poursuit par une séance de snorkeling. L'eau est claire, les poissons multicolores, les grottes sous-marines. Nos invités sont ravis.

Dans une rue de Koh Phi Phi, un peu à l'écart du centre du bourg, un gibbon, ridiculisé par une couche culotte rose, se donne en spectacle, avec un certain succès, amusant les passants de sa démarche gauche et agitant au dessus de lui ses grands bras comme une marionnette désarticulée. Juste à côté c'est un très bel iguane domestiqué qui pose devant les objectifs vacanciers, ses longues griffes désarmées par des petits tuyaux en plastique transparents.

Malgré son excessive fréquentation, Koh Phi Phi, pleine d'attraits, reste un endroit attachant, où charme et beauté de toutes sortes sont omniprésents.

Jeudi. Départ sous la bruine, au moteur, avec un vent trop léger pour faire travailler les voiles. Une demi-heure après le départ, une alarme retentit: la courroie d'alternateur du moteur bâbord est cassée... Pas très grave, mais ça contrarie toujours un peu. Depuis que cet alternateur a été remplacé, à Bali, par une génératrice provenant d'une automobile, et imparfaitement adaptée, ma tranquillité en a pris un coup…

Retour en baie d'Along

Vendredi. Excursion familiale à Phuket, débutant par la montée, en minibus, vers le monumental "Big Bouddha" qui éclaire de son regard bienveillant la moitié de l'île. L'inévitable armada des marchands du temple occupe bien le terrain, commercialisant quantité d'objets variés, tous plus efficaces les uns que les autres pour s'attirer les faveurs des autorités célestes. Un besogneux moine bonze bronzé, distille, dans sa grande bonté un peu de sagesse bouddhique dont il dispose en grande quantité dans son arrière boutique bouddhique. À ses pieds, un grand saladier recueille les dons. On donne ce qu'on veut. La maison ne prend pas les chèques, encore moins les cartes bancaires, "only cash". La visite est menée tambour battant. En une demi-heure l'affaire est bâchée, et nous voici prêts à repartir pour de nouvelles aventures. En l'occurrence, "randonnée en cambrousse à dos d'éléphant". Les parents embarquent avec Paulo sur un gros porteur, tandis que les deux ainés bénéficient d'un modèle, plus léger, plus récent, et moins rétif. Malou et moi, peu attirés par les promenades sentimentales pachydermiques restons sagement au parking, ou, plus exactement, au bistrot du parking... Trois petits tours et nos amis reviennent de leur *dodelinante* virée. Les bestioles s'arriment sagement au ponton d'accueil où une jolie hôtesse, largement aussi attractive que l'éléphant, aide les passagers du quadrupède à revenir sur la terre ferme en leur tendant une main assurée (assurée touristes évidemment). Re-transport en bus, pour un retour à la case départ. C'est à pied que nous atteignons la cantine du déjeuner, un peu à l'écart des masses touristiques. L'établissement est quelconque, mais les serveuses sont aimables, la bouffe correcte, et la bière fraiche. Tout va pour le mieux.

La galerie marchande du supermarché attire nos champions du shopping avec la force d'un aimant aux terres rares de Chine. Une emplette en cachant souvent une autre, l'après-midi y passe, tant et si bien que c'est précisément à l'heure de l'apéro que nous rejoignons notre bord... trop fort!

Samedi. La longue liste des activités indispensables étant loin d'être rayée, un briefing de planification de fin de vacances s'impose. Aujourd'hui, ce sera... balade dans les rues de "Phuket Town". Avant de monter dans le minibus rutilant, son chauffeur nous demande de bien vouloir éliminer, par rinçage, le sable qui macule nos tongs... requête bien louable, convenons-en. Ici, l'eau courante court sensiblement moins vite que chez les gaspilleurs des pays en voie de décadence, et donc, pour ce genre d'usage, un bac en béton est mis à la disposition des clients, contenant de l'eau, que l'on peut prélever avec parcimonie, grâce à une louche fournie sans supplément de prix...

L'incident diplomatique a été évité de justesse en retenant par la manche, la copine Sandrine qui avait déjà attaqué l'escalade du bac en béton, bien décidée à procéder à un rinçage intégral par immersion totale, sous le regard médusé du taximan en début d'hypothermie.

Phuket Town. La visite de la cité commence par une halte sur le parking, suivie de l'introduction dans le show-room, d'un immense magasin de bijoux-souvenirs. Notre chauffeur nous l'a demandé comme un service, nous précisant que ça arrangerait bien son business si nous acceptions de passer dix minutes dans la boutique, même sans rien acheter. Une heure plus tard, après avoir fait grésiller les cartes bancaires jusqu'à la limite du rougeoiement..., toute la smalah remonte dans le camion les bras chargés de bazars indispensables (heureusement qu'on est venu là ! Avant d'entrer dans ce magasin, on ne savait même pas que tout ça était indispensable... Le regard bienveillant de Bouddha est partout. C'est la preuve....). Et voici qu'il est grandement temps de trouver un établissement équipé pour combattre efficacement l'inanition qui nous guette. Une gargote Thaï bien peu touristique nous rassasie. Inutile d'essayer de comprendre le menu, quel que soit ce qui a été commandé, c'est de la soupe, bien épicée... Les enfants ne se régalent pas. Pas étonnant. Les mômes d'aujourd'hui ne se régalent plus que chez Maqueudo…

Le programme de l'après-midi comporte la mention "visite temples". Louable intention s'il en est. Hélas, les voies de la sagesse sont tortueuses comme l'éclair qui descend du ciel et qui, pour finir, foudroie (comme un "i") et, parallèlement, le chemin de la droiture est semé d'embûches de Noël, et c'est la raison pour laquelle Bouddha, le grand rieur, dans une céleste facétie, a placé sur notre route touristique une chiée de boutiques variées où, heure après heure, culotte après sac à main, godasse après ticheurte, la progression de notre caravane acheteuse vers la découverte du susdit temple s'avère d'une lenteur d'escargot *hyperarthrosé*.... Et, bien entendu, il fait chaud, très chaud. Un rafraîchissement serait bienvenu. Justement ; illuminant la voute céleste de son lettrage blanc sur fond vert, une enseigne "Heineken", accroche le regard acéré de mon ami Oliver qui décrète immédiatement un arrêt-buffet. Nous entrons. L'ambiance est super! Une très avenante personne, au sourire étincelant, nous invite à prendre place sur une des profondes banquettes rouges et noires. Elle porte un très court short, rouge aussi. Tenue légère, probablement parfaitement adaptée à l'accomplissement de certains gestes professionnels exigeant souplesse et habileté. Le plafond est aussi bien décoré que les murs! Étonnant, non?... Ainsi, le client harassé de fatigue après la visite de trop nombreux temples, peut-il se laisser aller vers une certaine horizontalité sans perdre de vue son décor favori. Très astucieux. C'est ce genre de petits détails qui fait la classe des grands établissements. Bizarrement, il n'y a que des toilettes pour hommes. Personne n'aura pensé à signaler cette petite lacune au patron. À l'intérieur d'icelle, une paire de seins en plastiques, ventousée au miroir, nous rappelle la grande bonté de Bouddha. La bière est fraiche et les milk-shakes délicieux. Vraiment une bonne adresse ce "Comics bar". Notre opiniâtreté sera récompensée: peu avant la tombée de la nuit, ce n'est pas cinq, ce n'est pas quatre, ce n'est pas trois, c'est deux temples qui recevront les regards admiratifs de nos amis. Le rouge et or, ça plait toujours. Après le sympathique diner-cuisine-thaï-en-bord-de-rue, à l'heure convenue, monsieur taximan est là, pour nous ramener à la plage où est garé notre Newmatic. Pas une minute de retard! J'ai l'impression que le Thaï n'est pas très joueur avec les horaires...

Trois "oh-hisse" pour traîner le bourrier jusqu'à l'eau, quatre coups d'aviron pour dépasser le *reef*, cinq tours d'hélices pour atteindre Catafjord et nous y sommes. Petite tisane, et au lit!

Forêt de Kho Phra Taew

Dimanche. Les chutes de Bang Pae, ainsi que la rivière caillouteuse qui en découle sont réservées aux autochtones le dimanche, et l'entrée du parc national est gratuite ce jour-là. On y clapote en famille dans la joie et l'allégresse. Le parc accueille un centre de réhabilitation des gibbons.

Mais pourquoi donc réhabilite-t-on les gibbons? J'y viens. L'industrie touristique, poussée ici à son paroxysme, a généré quelques vilaines pratiques, au rang desquelles on trouve celle d'aller capturer dans la forêt, en toute illégalité et avec une débauche de cruauté, certains petits animaux comme les gibbons justement, qui ont la fâcheuse manie de ressembler à des peluches et d'être facilement apprivoisables (au contraire par exemple du cœlacanthe qui ne craint pas grand chose de ce côté-là). Les braconniers exterminent les parents pour capturer un petit et l'asservir ensuite en vue de le vendre. L'animal se retrouvera bientôt dans un bar pour amuser les clients, ou se faire prendre en photo sur l'épaule d'un touriste ou entre les bras de sa fille. Ce trafic a indigné une poignée de bénévoles passionnés qui ont fondé une association et monté cette fondation qui tente de récupérer, soigner, et réintroduire dans la nature des gibbons comme celui de l'autre jour avec sa couche-culotte rose à Koh Phi Phi.

Lundi. Retour à Yacht Haven; ça commence à sentir la fin de vacances pour nos amis. En milieu d'après-midi, nous nous entassons à sept dans une petite berline pour un nouvel exercice de shopping. A Patong cette fois. Patong est un haut-lieu du tourisme "bronzing-shopping-vie nocturne" débridé, au pays des bridés... Pas vraiment notre tasse de thé, au gingembre... Le retour est laborieux, dans les embouteillages. Quand nous retrouvons enfin le confort de Catafjord, il est presque neuf heures! Et on n'a pas encore pris l'apéro! "Y a des fois, on s'demande

Mercredi. Quatre heures du matin. Branle-bas de combat. Tout le monde sur le pont. Cette fois, les vacances sont terminées pour de bon. Olivier reprend sa coiffure à plumes de "chef des indiens" et tente de mettre un peu d'efficacité dans le tumulte de partance. Tout le monde dans l'annexe. "Hop, hop, hop les pitchounous, on n'oublie rien, on se dépêche, l'avion ne va pas vous attendre". Le transfert des sacs et de leurs propriétaires respectifs vers le taxi se passe sans avarie. Le taxi est là, à l'heure dite... Pas le moindre retard... "Encore un crétin qui respecte les horaires"... C'est vrai que dans un monde idéal, au retard systématique, ce genre de type n'aurait pas sa place. Hélas, le monde n'est pas idéal et aucun désagrément n'est prévu pour ceux qui respectent leurs engagements horaires. Quelle injustice! (humour drôle....."Légère *poilade* ne saurait nuire". Proverbe *merdico-bouddhique* ta mère)

Bon retour les amis

Un aller-retour en Guadeloupe

Reste maintenant quatre jours pour préparer Catafjord et nous-mêmes à notre marathon Phuket/Pointe-à-Pitre et retour, afin d'aller faire des tas de bisous à nos Guadeloupéens.

Vingt-trois heures d'avion pour venir voir la "petite" en Guadeloupe... *C'est pas* de l'amour paternel ça (et maternel aussi)? Il y a tout juste trente-cinq an, notre gros bébé pointait son joli minois, offrant à maman sa première cicatrice... (Celle de l'*épisio*... mais où m'égare-je encore??...)

Bref, l'avion s'est posé normalement, les gens en sont descendus, la valise a été récupérée... Sûrement notre grande chérie ne va pas tarder à arriver. Bingo!!! La voilà justement, resplendissante et véloce, perchée sur ses talons de sept lieues.

Catafjord a été laissé en vacances à Phuket. Il tire sur ses soixante-dix mètres de chaine en face de la marina Yacht Haven.

22 heures. Les petits sont couchés. Nous goûtons avec délectation ces moments de détente et d'échange.... Confidences dans le jacuzzi...

Jeudi. C'est le jour des examens de santé annuels pour Malou... Nous sommes dans une bonne année. Tout est OK!

Les petits sont à l'école. Claire et moi sommes fin prêts pour notre grand projet du lundi matin qu'on a: remettre en service le deuxième chiotte. Celui de la salle de bains... Le problème parait basique: le robinet d'alimentation de la cuvette blanche délivre sa flotte comme un handicapé de la prostate en phase finale… Au goutte-à-goutte.

"Remplaçons le mon papa" dit la belle. "Mais je le fais avec toi, ça me servira de formation".

Louable projet, superbe programme!

Le compteur d'eau préalablement isolé, l'opération peut démarrer, avec le démontage de la vanne défectueuse qui va servir de modèle pour en acheter une neuve chez "Ti'moun bricolage"... Remontage compris, c'est l'affaire d'une petite heure, sieste incluse. Sitôt démonté le raccord, apparait un petit filtre, lequel fait également office de joint d'étanchéité. Il se révèle être totalement colmaté par des petites saloperies granuleuses genre "grains de sable"... Etonnement..."Qu'est-ce qu'on en a à foutre de filtrer l'eau des chiottes" annonce le spécialiste (c'est moi...)... "On le remonte pas!", que j'y fais... Du coup, reste juste à remplacer le joint. Et là, même le plus balourd des mauvais bricoleur ne saurait consommer plus de quelques minutes pour opérer... après fouillage, *farfouillage* et *refarfouillage* dans le paradis du bricoleur sis au rez-de-chaussée, le petit anneau de plastique qui se prend pour un vrai joint est enfin identifié. En un tournemain, le bourrier est à poste... Encore un tour de clé pour bien assurer, "Zyva, ma puce, tu peux remettre en eau"... Bon, zut ! Saloperie de sa race maudite; ça goutte "grave".... Pas possible de s'en satisfaire. D'autant que l'exercice à valeur de formation ; alors, obligé de s'appliquer. Retour à la case départ... Je vous le fait court: une demi-heure plus tard, pas plus, l'étanchéité est de nouveau au rendez-vous. Reste plus qu'à valider. Une petite chasse "de routine", juste pour se rassurer... Misère de misère! Je ne sais pas si c'est le bouddha qui boude où si Allah est moins grand par ici, ou si c'est le p'tit Jésus qu'est vexé, ou quoi, mais voilà que cette saloperie de chasse d'eau ne veut plus rien savoir. Alors même qu'on lui a rendu son eau. L'ingratitude des chasses d'eau, ça me donne une idée de l'infini... Nous voilà donc repartis dans un démontage complet de tout le binz... Avec soufflage dans plein de tuyaux et découverte de petits trous qui communiquent ta mère entre eux comme dans un *carbu* de kart... Et donc, je commence à piger pourquoi ce damné filtre d'entrée... Justement destiné à éviter le bouchage intempestif des dits trous... Le mec qui a pondu ça n'était donc pas la moitié d'un con... structeur de chiottes. Bref, le petit boulot pépère de mise en jambe est en train de devenir un chantier pharaonique (ta sœur, cette fois) de formation/découverte du mécanisme de chasse d'eau le plus complexe du monde visible et invisible... Raconter tous les épisodes de la réhabilitation de cet appareil de haute technologie pourrait lasser le lecteur ou aussi bien agacer la *lectriste*... Aussi abrégerais-je en filant direct à la conclusion: après une petite visite au *superbrico* le plus proche et une brochette de minutes de main d'œuvre spécialisée, le bazar est en ordre de marche, et il est précisément midi moins le quart! Alors qu'il aurait suffi de nettoyer le filtre et c'était réglé en un quart d'heure... Bonjour la formation! Quatre heures pour faire un boulot d'un quart d'heure...

Sans doute commence-je à être mûr pour la retraite... Plus que deux ans...

Mardi. Claire reçoit de temps en temps la visite d'une paire de sympathiques visiteurs masqués: des ratons-laveurs, (ici, on dit "racoon"), dont la Guadeloupe peut s'enorgueillir d'abriter une espèce endémique, d'une taille modeste (pour ce genre de bestiole...), et assez facilement apprivoisable (ils apprécient donc la compagnie créole...). Ces frétillants mammifères viennent manger dans la main de Claire, saisissant les croquettes de leurs pattes antérieures pourvues de longs doigts agiles qui ne sont pas sans rappeler certaines mains humaines, en modèles réduits.

Portail et autres divertissements

Mercredi, jour des enfants. Les tubes d'acier *galva*, commandés pour fabriquer le portail de la propriété, sont livrés à la première heure... Alors que nous sommes encore au lit. Claire est au boulot. Dans sa grande confiance, elle nous a laissé la garde des petits, et c'est pourquoi le démarrage du chantier "portail" est différé à demain. Et puis, je n'ai pas complètement achevé le déménagement du tas de terre devant la baraque, boulot tellement épuisant que je ne suis capable de m'y adonner que deux heures par jour: une le matin, une le soir. Ceci dit, ça finit tout de même par se faire (et le dire c'est bien, mais le fer, c'est mieux, comme disait le regretté Bourvil).

"Hop, hop, hop, en voiture les trouducs". Direction la côte au vent pour respirer un peu l'air du large; ça fera du bien. La Guadeloupe, c'est plein de bagnoles. Les embouteillages sont partout et souvent... En Indonésie, les gens n'ont pas ce genre de problème... Balade à pieds sur le front de mer, avec nos petits garçons. Moments de bonheur. Kilian veut faire comme son grand frère, et marche sur le mur étroit, près des rochers... of course: chute et pleurs. Mamilou offre une glace de réconfort... et tout va bien. Elle est heureuse en compagnie de ses petits.

Claire est adorable pendant ce séjour, et c'est un grand bonheur de retrouver notre fille chérie, affectueuse comme un gros bébé. Nous l'admirons. Elle est solide, volontaire, énergique, et ne manque pas d'humour. Nous avons un peu hâte de nous rapprocher d'elle, mais la route est encore longue depuis Phuket... Si les dieux de la mer nous sont favorables, notre zone de navigation pourrait être Caraïbe d'ici moins de deux ans.

Samedi. Ce matin, finie la rigolade. Nous avons un chantier à livrer: le portail d'entrée de la propriété! J'ai attaqué le débit dès jeudi matin, et tout est prêt pour l'assemblage. Harnaché comme un cosmonaute, pour tronçonner, souder, ajuster, j'attends l'arrivée de notre ami Ferdinand qui fournit le poste à souder, plus son aide précieuse. Les trépidations du lapidaire, l'odeur de la soudure à l'arc, le bruit du métal travaillé, tout ceci nous ramène trente-cinq ans en arrière, à l'époque de la construction de "Ti-Moun", notre premier croiseur hauturier, en acier. Journée laborieuse autant qu'enrichissante. Ferdinand est un compagnon idéal, et Béatrice, son épouse, apporte le petit coup de main féminin qui rend la tâche plus légère. Ainsi, le chantier avance dans la joie et la bonne humeur, tant et si bien que le bazar est en place avant la nuit, et surtout, avant que n'arrivent tous les amis venus fêter l'anniversaire des trente-cinq ans de Claire, dans la *poilade* et le fendage de gueule, dilués dans du jus de canne fermenté...

Vendredi. Quelle semaine! Aucun rapport avec une quelconque "vacance"... Au contraire, bien au contraire! Le chantier "portail" à peine refroidi, voici venir le projet suivant: "l'enclos du chien". Ah, *c'est pas* chez ma fille chérie que je risque de m'ennuyer, et Malou non plus... Le bazar de grillage n'est même pas encore totalement achevé que déjà, Médor nous est livré par son généreux donateur... Reste plus qu'à déclencher d'urgence le plan "fabrication de la niche", par récupération du bois d'une palette de trois mètres. Incroyable comme c'est bien cloué une palette!... Mais tout ceci ne serait qu'amusement et divertissement léger sans l'intervention facétieuse de notre cher "Kilou", admis en urgence au CHU pour un syndrome « machin truc » d'insuffisance rénale... L'adorable bambin se retrouve ainsi en position de se faire dorloter par une escouade d'infirmières, en plus de ses deux parents... Pas facile... Diagnostic: une dizaine de jours d'hospitalisation.

Nos amis Daniel et Annie ont eu la délicate idée de faire un petit séjour en Guadeloupe pile poil au moment où nous y sommes. Et c'est un grand plaisir pour nous, car nous allons fréquemment les quérir à la marina afin de partager quelques moments de parlotte autour du sujet majeur: "les bateaux".

Le chien à Claire est de marque "Cane Corso"... Dormant environ vingt-deux heures trente par jour, sauf l'après-midi, où il fait seulement une petite sieste. Je pensais qu'il s'agissait d'un animal Corse, mais ma Claire m'informe qu'il n'en est rien. Ce serait un chien de cour... L'étendue de mon ignorance me fout le vertige...

Lundi. Notre séjour Gwada touche à sa fin. Demain, nous avons rendez-vous avec une brochette d'hôtesses de l'air qui se réjouissent déjà, en secret, de nous accompagner quelques heures dans les nues, à dessein de nous déposer, qui à Paris, qui à Kuala Lumpur, qui à Phuket... Pour de nouvelles aventures voyageuses.

Retour en THAILANDE

L'avion vient de se poser. Nous foulons, de nouveau, le sol Thaïlandais, avec une heure et demie de retard sur l'horaire prévu... Mais quelle importance?

Notre chauffeur de taxi est au rendez-vous, et nous mène rapidement à la marina où Catafjord ne nous attend pas car il est mouillé à l'extérieur... Et c'est en dinghy-stop que nous le rejoignons avec une grande joie. Il est resté bien peinard à tirer sur sa chaine d'ancre ces quatre dernières semaines. Nous le retrouvons tel que nous l'avons laissé, ni meilleur ni pire... Aussi est-ce à dire que ce qui était "à faire", l'est toujours... Pour l'heure, c'est d'une bonne cure de sommeil dont nous avons besoin pour digérer nos onze heures de décalage horaire.

Petite plongée d'inspection sur les hélices et lignes d'arbres... Une horreur! Une couche de berniques d'un centimètre et demi d'épaisseur enveloppe toutes les parties métalliques. L'eau est trouble et les méduses nombreuses... Je vais me contenter d'un décapage grossier à peine suffisant pour pouvoir quitter le quartier et je peaufinerai juste avant le départ en traversée.

Nous avons rendez-vous avec le pompiste de la marina pour faire le plein de carburant avant notre traversée prochaine de l'océan Indien. Le remontage des soixante-dix mètres de chaine s'avère plus fastidieux que d'ordinaire, car toutes sortes de bestioles aquatiques résidant dans des cônes calcaires ont colonisé tous les maillons. ça fait un bruit de corn flakes en passant dans le barbotin du guindeau... Et le gratin de berniques qui en découle ne tarde pas à sentir la petite fille négligée dès les chaleurs de l'après-midi... La solution passera par un grattage systématique maillon après maillon avec un couteau à bout pointu. Un passe-temps comme un autre.

By by Yacht Haven... Comme pour nous encourager, une jolie brise nous propulse à bonne allure vers Ao Chalong que nous atteignons à point pour le déjeuner. En face, de l'autre côté de cette grande baie, en haut de la colline, la silhouette rassurante du Big Bouddha de marbre blanc semble imprimer une quiétude transcendantale à tous les alentours.

Préparatifs de départ

Nous ne sommes pas très vaillants en ce début de semaine, et c'est bien fâcheux car la liste est longue des tâches à accomplir avant de reprendre la mer. Un état grippal tenace, avec gorge en feux et nez qui coule nous maintient en semi-léthargie, alors même qu'il faudrait bien mieux se bouger le coccyx. Par bonheur, nous retrouvons ici Martine et Bob et passons en leur compagnie un moment agréable.

C'est décidé, on attaque l'opération "appros de départ". Un taxi nous dépose devant la grande surface que nous avons élue pour y engloutir quelques paquets de *baths*. Le "Super cheap" s'avère également super-typique comme établissement, et bien à l'image de Phuket Town. Ici, point de carrelage astiqué ni d'inox étincelants, non plus qu'aucun festival d'enseignes lumineuses colorées. Nous sommes dans le populaire populacier bien basique. Le bâtiment est immense. Je dirai au moins cinq mille mètres carrés. Le sol en béton brut est parfaitement inégal, agrémenté de déclivités, de trous, de flaques d'eau, ruisselants de certaines armoires réfrigérées mais pas trop et qui favorisent probablement le feu d'artifice olfactif qui nous est offert sans supplément de prix... Le toit de tôle ondulée, légèrement rougeoyante à l'oxyde de fer, est supporté par une charpente en vrais troncs d'arbre à peine dégrossis tels qu'on s'étonne de n'y point trouver de branche feuillue. Quelques néons épars diffusent juste assez de lumière pour lire les prix, mais pas assez pour les petites lignes écrites sur les étiquettes. C'est ballot... Les denrées sont entreposées dans des rayonnages industriels, à l'exception des nombreux amoncellements de cartons disparates qui entravent la déjà laborieuse progression dans les allées étroites. Ce commerce vend absolument de tout! Non seulement en matière de bouffe, mais on y trouve aussi des échappements de scooter, de l'outillage, du grillage, des fringues, ainsi que chapeaux de brousses et lunettes de sable... Au bout de presque deux heures de pousse-chariot, le véhicule ayant largement atteint sa charge maximum utile, il est temps de passer à la caisse, puis de benner tout le fourbi dans le taxi, comme on peut, c'est-à-dire, en partie sur le siège passager avant. De retour sur la digue la digue, une chance, le vent a molli et le clapot a bien diminué, ce qui nous facilite grandement le transbordement. Encore une paire d'heures pour ranger et, *oufff*, on respire, cependant que le jour décline déjà, appelant la messe apéritive d'une honnête fin de journée bien remplie.

Mercredi, suite des commissions. Avec une sympathique rencontre de début de journée: le capitaine d'un Swan 80 de charter et sa jeune épouse Thaï qui nous emmènent dans leur auto climatisée jusqu'au "village market", le mal-nommé, car ce n'est pas du tout un marché et il est situé en pleine ville. Comme quoi, des fois, les gens qui attribuent les noms... franchement, on s'demande. Bref, ce petit *supermarket*, sis dans un quartier moderne de Chalong, ressemble en tous points à ce que nous connaissons en France. Tellement climatisé que nous enfilons bientôt nos petites laines pour éviter de rechuter de nos légers embarras rhino-pharyngaux-chiatiques. Le laisser-aller n'est pas de mise dans l'établissement. Tout le personnel est en tenue réglementaire, avec pas un poil qui dépasse et pas le plus petit début de fantaisie orientale. Par contre, on trouve quantité de produits appréciés des occidentaux, comme par exemple le bâton de Justin, fameux berger Bridou.

A présent, il ne nous manque plus que quelques fruits et légumes, que nous trouverons au marché demain matin, et la question de la nourriture sera réglée pour plusieurs semaines. J'ai même le sentiment qu'on aurait un stock de départ suffisant pour ouvrir une petite épicerie aux Maldives... Mais peut-être me *gourre*-je...

Cet après-midi, à peine redressé de ma petite sieste de dix minutes, voici que m'habite soudainement le courage de procéder au remplacement de la pompe de WC tribord, laquelle m'a déjà signifié à deux ou trois reprises son intention de faire valoir ses droits à la retraite. Ayant toujours su prêter une oreille attentive aux revendications sociales de mon matériel, je m'attelle sans délai à cette tâche post-méridienne, avec, cependant, un vague pincement au cœur généré par le souvenir de mes dernières pérégrinations de chasse-d'eau en compagnie de ma fille, Claire. Je ne sais pas si mon métabolisme est mieux adapté aux interventions sur objets nautiques ou quoi ou caisse, toujours est-il qu'en une demi-heure, la nouvelle pompe est en place, et l'ancienne, non pas jetée à la poubelle comme l'eussent fait tous ces gens qui remplissent les poubelles avec des tas de trucs divers, mais dûment rangée dans le fourbi, au rayon "pompe qui peut encore servir". Alors, bien sûr, si l'on vent considérer la probabilité que cet objet reprisse un jour du service, il est indéniable que le chiffre à retenir soit encore plus faible que le rendement de notre assurance-vie... c'est vous dire! Certes. Pourtant, on ne sait jamais. Même si j'ai encore en magasin une autre pompe neuve, plus toutes les pièces pour en fabriquer encore une, plus deux ou trois pompes usagées mais pas jetées... ça en fait des pompes, je sais. Mais les chiottes, c'est important!... Bon d'accord, je vais encore réfléchir. Je lis, en ce moment, un bouquin sur le bouddhisme, lequel prône le détachement de tout. Mais je n'en suis encore qu'au début, et, pour le moment, aucun chapitre ne traite du sujet des WC... Je me retrouve donc livré à moi-même pour décider de jeter on non ces éléments qui, comme je l'ai déjà exprimé un peu plus haut: "peuvent encore servir"... Pas facile!

Formalités de sortie par un vrai pro

Ah la grâce, la beauté, la majesté du geste professionnel mille fois répété jusqu'à friser la perfection au *babyliss*. Chaque métier manuel possède ainsi ses tours de mains spécifiques qui distinguent infailliblement l'authentique artisan du bricoleur occasionnel. Voilà la pensée que m'inspire la contemplation quasi-béate du douanier qui officie solennellement derrière son grand bureau, climatisé comme un freezer. Quelle coordination dans les mouvements lors de l'accomplissement de son forfait "huit tampons pour le prix de six": une main positionne la feuille avec précision, cependant que l'autre, armée du tampon n°1, frappe en premier le récipient encreur, duquel elle semble rebondir avec une énergie décuplée pour se rendre à vitesse supersonique (ta mère) à l'emplacement exact de la case "ad hoc" qu'elle *indélébilise* en une fraction de seconde! Epoustouflant! Et ce n'est pas tout, car cette manière d'exploit tamponneur est répétée de multiples fois, sur de multiples feuilles toutes plus indispensables les unes que les autres. Notre homme connait son affaire, détachant telle feuille de son carnet à souche, la juxtaposant avec soin avec telle autre, en ayant pris soin, au préalable, d'ôter le carbone et de le faire voler avec la grâce d'un papillon dans la pile des carbones, à dessein d'obtenir un judicieux bouquet de papelards que l'artiste va maintenant marier pour le meilleur et pour le pire par le truchement de son agrafeuse... Est-il un mouvement plus magistral, plus altier peut-être même que celui du douanier, liant par son agrafe le sort d'un paquet de formulaires fraichement tamponnés? Les feuilles ont été tapotées ensemble deux fois. Un coup sur la tranche verticale, un coup sur la tranche horizontale. Ça y est, le décor est planté: l'angle supérieur droit est droit et bien droit. Quatre vingt dix bons degrés, pas un de plus, pas un de moins! Arrive alors l'instant magique où le petit bout de fil de fer pointu va venir se ficher exactement à la bissectrice de cet angle droit, à environ une longueur d'agrafe de la pointe. C'est net, précis, sans cafouillage aucun. Du grand art vous dis-je! Et le tout, sans parole inutile pour venir troubler le recueillement de chacun. Je ne dirai qu'un mot: respect! "Three hundred baths" lâche enfin l'incontournable. Soit 7,5 euros... Moi je trouve qu'une si petite somme pour un si magistral spectacle c'est comme qui dirait un cadeau. Un cadeau d'adieu puisque nos formalités de sortie de Thaïlande sont maintenant accomplies.

Vendredi, journée de préparation ultime, dans la charmante baie Nai Harn, au sud de Phuket. Vérification des moteurs, nettoyage des coques par Malou et un grattage très soigneux des hélices et lignes d'arbre car nous attendons peu de vent et il est probable que les machines vont ronronner quelques heures. Nos gorges se sont apaisées et la santé revient gentiment. Il va être temps d'appareiller.

En mer

. Cinquième jour de navigation. L'analyse des fichiers météo préalable au départ faisait état de vents faibles ou nuls, pendant environ... toute la traversée... Aussi avons-nous prudemment fait le plein de tous les réservoirs afin de pouvoir recourir largement aux machines mécaniques pour avancer. Et justement, c'est le cas en ce moment, avec toutefois une bonne surprise: nous subissons, un courant favorable qui nous distille quotidiennement son quota de milles gratuits, toujours bons à prendre. Et puis, contre toute attente, nous avons eu plusieurs heures de vent soutenu qui nous a aidés à tenir, pour le moment, une honnête moyenne de six nœuds. Ce n'est déjà pas si mal. La mer calme et les journées ensoleillées donnent à notre affaire un goût de croisière de rêve. Sauf hier; la journée a commencé par l'agression d'un front poussant devant lui sa lourde pluie dans des rafales de vent dépassant trente cinq nœuds alors que nous voguions sous grand-voile haute! Ceci dit, derrière, une belle brise nous a propulsés à plus de neuf nœuds pendant quelques heures, sous ciel gris, avant de laisser place à une bonne nuit peinarde, mais lente. Comme d'hab., vers le troisième jour, nos organismes se sont acclimatés au nouveau contexte et nous pouvons, de nouveau, occuper nos journées à notre guise, à lire, écouter de la musique, jouer du diato, manger, dormir, faire un massage à Malou. Le radar nous a fait une petite frayeur en se mettant en grève juste au moment de traverser un rail de cargos. Puis la chance s'en est mêlée, me permettant d'identifier, puis réparer, un câble abimé; et là, ça y est, ça remarche! Nous tenons des moyennes très correctes, pour le peu de vent, et c'est bien plaisant. Brave canote!

Jeudi. Ciel dégagé, mer belle, petite brise par le travers. Profitons de l'instant présent. La dernière nuit n'a pas été de tout repos ; changements de vent incessants, grains menaçants, éclairs, coups de tonnerre. Comme toujours, les périodes sympas alternent avec les moments plus ingrats.

Une bande de dauphins nous accompagne quelques instants, jouant à slalomer entre les étraves à grands renforts de "pchouttt" lorsqu'ils viennent s'oxygéner à la surface, puis disparait soudain, reprenant sa migration. Au dessus de nos têtes, trois ou quatre sternes virevoltent et passent, elles aussi, leur chemin, nous abandonnant bientôt, seuls êtres vivants en cet univers liquide.

Vendredi. Journée rapide. Une jolie brise par le travers a vissé l'afficheur du *speedo* sur dix nœuds, cependant que la mer n'a pas eu le temps de s'agiter. Vitesse et confort! Le top.

Lundi. Mer belle, ciel dégagé... Mais presque plus de vent. Le soleil chauffe et égaye cette fin de traversée. Les moteurs ont repris du service depuis hier soir, au milieu des éclairs. Il reste encore cent cinquante milles à parcourir, et pourtant, l'ambiance à bord est déjà aux préparatifs d'arrivée. Une petite fuite de liquide de refroidissement sur le moteur tribord m'a occupé une heure et demie ce matin. Du coup, son ronron régulier a quelque chose de rassurant qui compense largement la nuisance sonore. Sûr que, dans notre prochain canote, l'isolation phonique sera particulièrement soignée.

Mardi. Un peu de vent revient au point du jour, pour nous permettre de terminer la traversée à la voile. A dix heures, Addhu est en vue, mince liseré gris sur l'horizon chargé. Le temps n'est pas au beau fixe. Pour autant, arriver dans un atoll inconnu après dix jours en mer reste une belle fête.

LES MALDIVES

Gan

C'est l'île principale du lagon Addhu. Elle est la plus australe d'un chapelet de terres d'une quinzaine de kilomètres de long, et possède un petit "abri", accessible par une étroite passe creusée dans le récif. La place y est comptée, nous contraignant à positionner l'ancre avec précision et à mouiller une longueur de chaine un peu modeste à mon goût.

Nous savons que les autorités viennent spontanément à bord pour le "check in", aussi appliquons nous la consigne: patience, patience, patience.

15 heures. On n'y croyait plus. Une vedette à moteurs aborde Catafjord, équipée d'une belle escouade de type costumés et galonnés. Pas moins de huit bipèdes en grande tenue se sont déplacés pour venir nous accueillir.

"WELCOME ON BOARD"

Il en monte cinq à bord. Brodequins noirs cirés, pantalons aux plis rectilignes, trois gallons à poste... Du beau monde vous dis-je. Ces "invités" investissent Catafjord dans une solennité toute militaire, et je sens bien que le moment serait malvenu de glisser une petite plaisanterie. Aussi m'abstiens-je. Une récente averse ayant trempé les sièges du cockpit, j'engage poliment cette armée régulière à s'installer dans le carré. Ils ne se le font pas dire cinq fois, ni quatre fois, ni trois fois, même pas deux. Le décor se met en place promptement: la table à géométrie variable est totalement déployée, deux gradés de chaque côté, le cinquième larron fait le cancre sur la banquette, et... je préside! Un léger parfum de revanche se met à flotter, qui me titille les papilles. En effet, ayant eu la judicieuse idée de me procurer, en Guadeloupe, un tampon "Catafjord", et, fort de ma position centrale (ajoutez la chemise blanche plus une barbe de trois jours ouvrés...), me voici dans la peau du commandant de paquebot, sollicité de tous côtés à tamponner, signer, remplir moult cases et faire des croix dans d'autres sur d'innombrables papiers officiels de la plus haute importance, Malou jouant à merveille le rôle de la secrétaire vigilante et effacée qui trouve à point nommé la photocopie réclamée où le numéro de je ne sais quoi, mais faut bien écrire quelque chose sur la troisième ligne du formulaire. Prenant mon rôle avec le sérieux qui sied à une telle situation, je me tiens droit comme la justice. Pas une plaisanterie ne sort de ma bouche, et, je tamponne, et je griffonne théâtralement des autographes majestueux, qui dépassent parfois du tampon. Je me dis que l'idéal, c'est quand le corps de la signature occupe environ la même superficie que le tampon, et que, seules les pointes, dépassent un peu. Comme le persil ou les poireaux peuvent dépasser du cabas. Bref, vous l'aurez saisi, nous vivons un joli moment de formalités, empreint de solennité et de majesté paperassière. L'efficacité est au rendez-vous, et, en une demi-heure, l'affaire est bouclée. Notre escadron de *formulairophiles* reprend, en procession, le chemin de leur bureau climatisé, avec l'évidente satisfaction du devoir rondement accompli.

Cette première étape administrative ayant été franchie avec le plus grand professionnalisme, nous voici donc fin prêts pour attaquer la suivante: nous acoquiner, au plus vite, avec un agent local, obligatoire! En effet, ici, à Addhu, stationner une semaine est facile et ne coûte presque rien. Par contre, traîner un mois comme nous en avons l'intention, c'est une autre limonade.

Le Newmatic mis à l'eau, nous foulons à présent le sol Maldives, à la rencontre de "Massoud", notre nouvel ami, agent de son état. Il ne tarde pas à se montrer. Grand, noir de peau, type indien, notre homme arbore une magnifique cravate rose, portée décontract sur une chemise du même thon (jeu de mot à deux balles. Merci de votre indulgence). Nous sommes chanceux; Massoud est un vrai "pro" et probablement, en plus, un type bien... L'avenir nous le dira. En tous cas, il est clairement efficace, car tout ce qui lui est demandé est exhaussé dans l'instant: un accès internet et de l'argent liquide local. Il va s'occuper de nous obtenir l'indispensable "Cruising permit", en échange... d'un bon paquet de fric ! Il n'y peut rien, c'est comme ça. Il est quand même l'agent de Naomi Campbell, qui est venue il y a à peine trois ans. Je ne sais pas si vous vous rendez compte, mais nous avons un agent commun, Naomi et nous. Ce n'est pas rien ça. Ça coûtera ce que ça coûtera...

Samedi, apéro surréaliste. Notre nouveau pote s'appelle Ashraf. Il est responsable de l'hôtel voisin. Un hôtel vide, à l'exception du personnel, toujours sur le qui-vive, et d'un groupe d'ouvriers qui parachèvent la rénovation de l'établissement. Ashraf nous a gentiment autorisés à accoster le dinghy au quai privé de l'hôtel, et, pour faire bonne mesure, à parquer aussi nos vélos sous la véranda pendant tout notre séjour. Il est secondé dans sa tâche par une pétillante petite chinoise, Pim-Pim, qui ponctue chacune des ses phrases par une séquence d'un petit rire mécanique, comme le ferait un humoriste français imitant une chinoise: "good morning, hi hi hi hi hi, nice to meet you hi hi hi hi hi, you're welcome hi hi hi hi hi". Nous avons bien sympathisé tous les quatre et sommes rapidement devenus des amis de longue date.

Officiellement, le bar de l'hôtel ouvre à 18 heures. Hier soir, déjà, Ashraf attendait notre visite avec impatience (mais nous ne l'avions pas compris). Ne nous voyant pas arriver, alors qu'il m'entendait jouer du diato, Ashraf a téléphoné, vers 18h30. La journée avait été bien remplie, aussi, Malou a préféré décliner pour cause de fatigue en déclarant: "Nous viendrons demain"... Et, donc, nous voici!

Ashraf fait un peu la tronche. Son big boss est là aujourd'hui, et c'est lui qui nous reçoit. Nous prenons place autour d'une table vide et devisons (comme un manteau...). Je ne sais pas si le bar est fermé, ouvert, ou juste entrebâillé, toujours est-il que pas un péquin ne consomme quoi que ce soit, et la nuit enveloppe tranquillement notre petit comité qui se trouve bientôt dans la pénombre. Enfin, quelqu'un allume une maigre loupiote, cependant qu'une voix à peine audible s'enquiert: "Vous prendrez bien quelque chose...". Logiquement, il y aurait là matière à entrevoir l'embellie. Sûrement l'ambiance va s'animer, les glaçons vont tintinnabuler dans les verres (il ne vous aura pas échappé combien le glaçon moyen renâcle à tintinnabuler hors d'un verre... Par exemple dans le freezer, y tintinnabule rien du tout...), la musique va jaillir des imposantes enceintes acoustiques noires, en rythmes syncopés, bref, le coup d'envoi semble donné pour... On se calme. La voix poursuit: "à ct'heure-ci, on n'a que du thé et du café"... Je m'entends répondre "un thé", cependant qu'un sourire niaiseux me fige le groin. Quel exotisme tout de même! Il aura fallu parcourir presque trois cent degrés de longitude pour associer le thé à l'apéro ! Pour autant, ces gens sont fort aimables avec nous, nous faisant visiter la chambre où la reine d'Angleterre avait ses habitudes, il y a environ un demi siècle. Il n'empêche, on ne m'ôtera pas de l'idée que leur formule apéritive pourrait bien être, en partie, responsable du peu de fréquentation de cette auberge. Je tiens cependant à rassurer tout de suite mes amis et autres sympathisants à la cause apéritive: ayant été doté dès l'origine d'un sens inné de la prévoyance *libatoire*, un imperceptible doute préalable autant que fondé m'avait inspiré la plus élémentaire des prudences, et, donc, je m'en étais judicieusement jeté un petit, à la santé d'Allah, avant de venir… Comme dit le proverbe musulman: "Mieux vaut un petit pastaga chez soi, qu'un chaudron de thé chez les autres".

Promenade dominicale

Dimanche. Les vélos reprennent du service, après un long sommeil dans leur garage. L'endroit est idéal pour des balades en deux-roues. Les différentes petites îles de l'atoll, reliées entre elles par des digues, s'étirent en un chapelet de dix-sept kilomètres de long. La route suit le littoral presque tout du long, laissant la brise marine rafraîchir un peu l'air brûlant de la mi-journée.

Un chantier de construction navale sis au bord de la route attire mon attention. Il utilise une méthode originale pour construire des bateaux de pêche en fibre de verre et résine polyester. La première étape consiste à fabriquer un moule femelle léger et pas cher en disposant un réseau dense de couples et de lisses, étayées au sol par une myriade de branches graciles piquées dans le sable. L'ensemble est ensuite bordé, par l'intérieur, à l'aide de bandes jointives de contreplaqué mince, qui constituent ainsi un moule femelle à deux balles prêt à recevoir les couches de stratifié. Le canote en cours de construction par cette méthode mesure pas loin de vingt mètres. Ce type de bateau est utilisé pour pêcher le thon, à la ligne. Le poste de pilotage et la cellule de vie sont situés à l'extrême avant, libérant à l'arrière une immense plateforme plate au franc-bord très faible, depuis laquelle opèrent les pêcheurs. Ils attirent leurs proies grâce à une technique déjà rencontrée aux Açores, consistant en un tuyau percé de petits trous, et relié à une pompe, lequel court le long du pavois, faisant jaillir une multitude de jets, comme dans le jacuzzi à Claire (Attention, je dis ça pour les jets d'eau... pas pour les thons).

Lundi, j'ai terminé le renforcement du tableau arrière du Newmatic, dont la plaque en acier *galva* était devenue gaufrette. Remplacée par une belle planche d'acajou protégée par de la résine époxy, l'ensemble à belle allure et devrait tenir, disons, "un certain temps".

Nous voici parés pour aller flâner un peu dans les environs.

Commençons par... l'épicerie, maintenant que le soleil a un peu décliné. Spectacle insolite, dans le lagon, en bordure de la route: une armada de femmes et enfants prenant le bain tout habillés. Les femmes sont immergées jusqu'au voile, dont les extrémités clapotent sur leurs épaules. Sur la berge, deux autres personnes voilées tentent d'attraper des aiguillettes à l'aide de lignes *boëttées*, à quelques mètres seulement du vacarme des mômes. Le port du voile est très "tendance" par ici. Noir le plus souvent ; c'est d'un chic! Surtout pour aller se baigner.

Mardi, jour de la grande virée à vélo pour aller tout au nord de l'atoll, jusqu'à Itadoo. Mauvaise surprise, les batteries lithium-ion des biclous sont nazes. C'est désagréable à cause du coût de leur remplacement, mais pour ici, ça ne gêne pas trop, car c'est tout plat. Sans posséder d'attrait particulier, ces îles ne ressemblent à rien de déjà connu. On dirait que c'est l'architecte des déserts africains qui a conçu les paysages. La pâleur harassante du sable dégoulinant de chaleur solaire est bien adoucie par une végétation certes pas luxuriante, mais cependant vivace et largement bienvenue pour humaniser un peu l'écrasante fournaise équatoriale (nous sommes par moins d'un degré de latitude).

Chemin faisant, se présente une nouvelle fois une improbable construction navale: un genre de gros yacht inachevé, trente cinq mètres de long, sur quatre étages. Le chantier semble à l'abandon. Un type nous convie à le visiter. Le meilleur côtoie le pire: la construction à bordé classique est de belle facture, avec ses œuvres vives entièrement doublées en feuilles de cuivre. Les trois étages de superstructure sont en contreplaqué, convenablement réalisé, mais, hélas, stratifié au polyester et mat de verre. Et, trois fois hélas, les enduits sont mal faits et donc en voie de décrépitude prématurée... C'est un métier... Cependant l'ensemble possède une certaine majesté, et je me réjouis de cette visite.

Itadoo

Cette "ville" n'en semble pas une. Ses rues y sont larges, rectilignes, et parallèles entre elles. Quelques boutiques clairsemées semblent à jamais dépourvues de client. L'alternance, une boutique vide, une ruine, une maison, une boutique vide, une ruine, une maison, peine à conférer un caractère festif à ce bourg sans bar... et sans restau non plus. Ce qui tombe mal, car nous avons un peu les crocs. Bref, remonter les deux kilomètres de la rue "principale", soleil au zénith, sous les encouragements monocordes du muezzin appelant à la prière, voilà un beau moment de voyage exotique... et même exothermique.

Le repas que nous prenons après encore une bonne demi-heure de pédalage nous semble un festin de roi. Modeste restau sans touriste, terrasse ombragée, un délicieux jus d'oranges pressées! Massoud appelle au téléphone. Il a nos permis de croisière. Une semaine précisément après notre arrivée. C'est sans doute pour cette raison que les premiers sept jours sont "gratuits": les autorités locales sont probablement incapables de délivrer un permis de séjour en moins d'une semaine.

Mercredi. Mode "refit". Mise entre parenthèses des balades et autres flâneries jusqu'à nouvel ordre, car le chantier sensible est commencé: remise à neuf de la salle de bains de l'armateur, celle de la coque tribord. Le plan-vasque en bois verni a mal vieilli et va être remplacé par du bon vieux formica blanc sur contreplaqué, pas très original, mais, pas lourd, pas cher, et, oh combien efficace. Le mieux, ça serait du "corian". Mais personne n'a pensé à planter des arbres à *Corian* par ici... Question Coran, d'accord, y a ce qu'il faut, mais, pour faire un plan-vasque, désolé, ça ne convient pas. Y a des fois, on s'demande ce que fait la mairie...

Vendredi. Petite virée du soir à l'épicerie pour terminer en beauté cette nouvelle journée laborieuse. Passant devant le port, un majestueux bateau de charter, venu là pour faire le plein de carburant, nous attire comme un aimant. C'est un sister-ship de l'"inachevé" d'Itadoo, mais, un peu plus petit. Il est rempli d'amateurs de plongée, et poursuit un périple de six semaines dans les différents atolls, accompagné par son "rémora" technique qui transporte tout le bazar nécessaire à cette activité. Un couple de français fait partie de l'actuelle expédition. Nous faisons connaissance. Bernard et Florence sont des habitués, qui plongent aux Maldives depuis une vingtaine d'années. Ils nous convient à une intéressante visite commentée du bateau, que nous terminons dans leur cabine, spacieuse comme une chambre d'hôtel. Cependant que nous discutons dans la plus grande insouciance, un bruit familier me titille les tympans, et me fait bondir dans la coursive: l'hélice tourne! Le bateau va appareiller, et nous sommes encore à bord. Ruée vers la poupe: trop tard! Nous avons quitté le quai, la manœuvre est largement entamée et nous sommes déjà à une cinquantaine de mètres du bord... Oups! Nous voilà partis en croisière/plongée, et nos biclous sont restés sur le quai avec les saucisses congelées dans le panier à provisions... "No problem". Le *superyôte* possède un vigoureux dinghy confortablement motorisé qui nous ramène à terre en quelques minutes, après avoir quitté nos nouveaux amis un peu précipitamment. Dommage.

Samedi: une fin de journée comme je n'en souhaite pas à mon pire ennemi. Par contre, à mes amis, oui: une merveille! La faible brise s'est totalement volatilisée, emportant avec elle la ligne d'horizon, gommée! Le ciel se confond parfaitement avec la surface lisse du lagon, et seul le sillage d'une vedette rapide raye cette uniformité. L'astre brûlant, positionné à hauteur d'yeux, chauffe encore comme un diable, descendant mollement à la rencontre du bouquet de cocotiers qui lui servira bientôt de paravent. Après, ensuite, plus tard... Son propre reflet dans l'eau semble le défier en un magistral concours de "la plus belle lumière". Dans le contrejour, les promeneurs jouent prématurément aux ombres chinoises, mais pas Pim-Pim, car elle est au boulot. La sérénité est telle que les bruits de la vie courante semblent une douce musique: ces éclats de voix, ces ronronnements de mobylettes, un volatile qui vient de trouver un réveil... Quelques poissons, en compétition avec leurs prédateurs, jaillissent du miroir de l'onde pour en briser la perfection en mille éclats. Ca y est! La chaleur mollit. Les rayons sont devenus oranges et lèchent à présent les cocotiers, cependant que le reflet de concours s'est esquivé sous la route. "Monseigneur l'Astre solaire" prépare sa révérence... Toute cette beauté! Et le pêcheur à la ligne, là, sur le pont, qui s'en fout complètement, n'ayant d'yeux que pour son bout de fil de nylon qui barbote... à présent, le disque orange est exactement en mode "carte postale", à cheval sur les cocotiers, un îlot en dessous, deux nuages gris au dessus. Après son "naufrage", il laissera en souvenir de son passage, quelques minutes de son plus bel orange, par amitié pour les nuages gris. Ça les met bien en valeur...

Vendredi. Avec cette chaleur, on ne sait plus comment s'habiller. Même à poil, on aimerait encore enlever quelque chose... Mais quoi? Les poils, justement?... Bof... Depuis déjà quelques jours, il n'y a plus du tout de vent, et on commence à se liquéfier dès huit heures du matin. En conséquence, j'ai adopté un rythme équatorial approprié: travaux de bricolage seulement le matin, et, après déjeuner, immobile jusqu'à 16 heures. Pour autant, je ne fais pas rien. Je travaille sur mon ordinateur à des rangements et classements divers des plus nécessaires, à commencer par les 120 giga de musique, dossier dans lequel un bon tri devrait largement me débrouiller l'écoute... En fin d'après-midi, quand la chaleur est moins torride, nous allons souvent fouler un peu le sol, à pied ou en vélo, avec une préférence pour le deux-roues à cause du vent apparent.

Nous ne sommes plus le seul yacht à Gan. Deux autres catas font escale ici. L'un battant pavillon sud-africain, et l'autre anglais. Bien que nous soyons isolés au bout du monde, nous avons peu de contact avec ces "yachties" anglo-saxons. Tout de même, il n'y a pas comme les latins pour se retrouver à boire des coups à tous bouts de lagons.

Certains français et même des bretons, j'en ai déjà rencontrés, sont farouchement anglophobes. Personnellement, je trouve ça moche d'être comme ça. C'est une forme de racisme... Bon, je sais bien qu'il y a eu, dans le passé, quelques regrettables incidents, dont celui avec l'autre sainteté là... Qu'y *z'ont* fini par incinérer, et *c'est pas* des façons, tout de même. Mais bon, faut pas jeter la pierre à briquet; si ça se trouve, c'était un incendie accidentel... Et, puis, l'histoire commence à dater. Va falloir penser à passer l'éponge. Cependant, il faut aussi reconnaitre que nos voisins d'outre Channel, ont le petit défaut d'enfanter parfois de fabuleux crétins, malpolis de surcroit... Tenez, pas plus tard qu'il y a seulement une poignée d'heures, une paire de *glaouches*, ceux-là mêmes qui transportent leur suffisance avec un *cata* nommé "Morue percée"[13]... (tu parles d'un nom!), nous tenait lieu de voisins. Il se trouve que le port de Gan est ridiculement exigu. L'espace pour y mouiller est si compté, que le gros Catafjord occupe, à lui seul, une grande partie de la zone laissée disponible par les embarcations locales. Nos deux bedonnants, au sans-gêne inoxydable, campés sur leurs certitudes d'ex-colonisateurs des lieux, se sont trouvé une solution magistrale et imparable à cette crise du logement en amarrant leur bourrier à couple de la vedette à passagers de l'hôtel! Ils y resteront ventousés durant tout leur séjour, malgré la désapprobation des responsables de l'établissement. Nous n'avions pas sympathisé avec ces bipèdes, nous contentant de maintenir une courtoise relation de bon voisinage. Jusqu'à hier soir, où les choses se sont un peu gâtées. A la faveur d'une saute de vent, la poupe bâbord de Catafjord s'approche à un mètre des importuns. Panique à bord! Hélas, Miss Piggy la mégère se trouve pourvue d'une dose de sang-froid inversement proportionnelle à son volume, qui la fait instantanément entrer dans une colère insensée, pestant à grand cris contre ces "Fucking frenchies", nous donc, et évoquant l'idée de nous "apprendre à naviguer" ! Rien de moins!!! Rire gras... et je décline poliment l'offre, en proposant un deal: vous reculez votre bourrier de quatre mètres et nous avançons Catafjord d'autant, en réduisant, à regret, une longueur de chaine que j'estime déjà insuffisante. Amis navigateurs, vous voilà renseignés: si vous avez des doutes quand à la méthode appropriée pour mouiller votre canote, n'hésitez pas à vous faire connaitre auprès de Miss « morue percée », elle connait le sujet. Par contre, pour des conseils de savoir-vivre... passez plutôt votre chemin.

Ce lundi, ainsi que mon ami Jean-Luc m'en avait averti, est un autre jour, et c'est tant mieux. Non seulement les malotrus se sont

---

[13] Traduction approximative…, je ne suis pas très fort

esbignés, mais ils sont remplacés illico par un *cata* français, ironiquement nommé "Pirates.com", équipé de gens charmants. En une dizaine de minutes, ceux-ci posent leur pelle à l'autre extrémité du port, précisément à l'endroit qui convient le mieux (et que j'avais conseillé aux deux guignols de sa majesté). Etonnant, non? Hélas leur vocabulaire anglais est aussi limité que le notre, et, eux non plus, ne savent pas ce que signifie "Fucking frenchies"...

De curieux volatiles occupent l'espace aérien de nos alentours. De loin, on pourrait croire au résultat de l'improbable coït entre un corbeau et une *goélande*. De couleur brun foncé, leur approche révèle une voilure "full batten" tout-à-fait caractéristique qui trahit leur identité: des "bats", sorte de chauves-souris hypertrophiées, de plus d'un mètre d'envergure. Nous en avions déjà rencontrées en Australie, où elles se font appeler abusivement "flying fox", alors qu'elles n'ont même pas la queue en panache. Ces bestioles habitent dans les arbres; mais elles ne s'y posent pas comme des piafs standards, elles se suspendent. Parfois, elles laissent pendre leurs ailes, ce qui leur donne l'air ridicule de celles qui sèchent leurs parapluies en guenilles. Là où elles sont super-rusées, c'est dans le choix de la branche. Les palmes de cocotiers sont composées d'un renfort structurel central, de part et d'autre duquel partent de longues feuilles, qui déterminent ainsi un genre de tunnel en "V" inversé, ombragé et aéré, dont au sujet duquel c'est là qu'elles se planquent bien à l'abri des regards... Fortiches, non?

Jeudi, coup d'envoi des préparatifs de départ. Les prévisions météo annoncent une dizaine de nœuds de vent en début de semaine prochaine. J'aimerais bien qu'on ne rate pas ça, même si ça comprime un peu notre planning. Première expédition à la superette, laquelle s'enorgueillit d'un astucieux système de livraison immédiate à domicile. Nous nous y rendons à vélo. Au moment de l'addition, deux jeunes gars attrapent nos victuailles et les conditionnent méthodiquement dans des caisses en carton, qu'ils assurent avec de l'adhésif bien costaud, comme si les colis partaient par cargo à l'autre bout du monde. Puis, ils s'informent du lieu de livraison. Alors, tout est paré, et on y va. Et donc, nos deux gaillards empoignent les caisses, chacun la sienne, pour les arrimer... sur le guidon de leur vélo... Et nous suivre, cependant que nous ne portons rien... alors que nos vélos sont équipés de superbes porte-bagages, à l'avant et à l'arrière... Et voilà le tableau cocasse.

Nous nous entendons bien avec nos voisins pirates, Magalie, Cyril et Jonathan. C'est sympa de renouer avec ces petites soirées conviviales entre vagabonds. Echanger quelques infos, des films, des livres, de la musique, l'apéro...

Nettoyer les coques en plongée est presque une distraction dans ces eaux chaudes et claires.

Et, puis, les coques ne sont pas très sales, malgré les seize mois écoulés depuis le dernier carénage. L'antifouling Jotun est, de loin, le plus efficace que nous ayons jamais utilisé. Hier, nous avons remplacé les deux cent vingt litres de gas-oil consommés depuis Phuket. Ainsi, nous quitterons Gan avec quasiment le plein, soit 1300 milles d'autonomie au moteur. De quoi affronter pas mal de petit temps.

Samedi, excursion en annexe, en compagnie des « Pirates ». Nous prenons les deux dinghys pour nous rendre rapidement de l'autre côté du lagon, à quatre milles d'ici vers le nord. La plongée du matin n'est pas décevante. Le dernier tsunami a détruit une grande partie du corail, mais il en repousse beaucoup. Les poissons, peu visités ne sont pas farouches et se laissent approcher de près. Pique-nique sur l'atoll... Les filles fouillent le sable de la plage pour ramasser des "clovis", que Magalie cuisinera ce soir, et Malou fera une bonne salade de fruit. Avant la plongée de l'après-midi, nous faisons un crochet à l'intérieur du lagon, avec les dinghys, dans la cour de récréation d'une colonie de dauphins. Ils ne s'intéressent pas beaucoup à nous, dommage. Cependant, ils poursuivent leurs ébats et nous régalent du spectacle de leurs sauts acrobatiques. Quelques perfectionnistes exécutent même sous notre nez des vrilles triples. Les appareils photos se déchainent. Une vrai bonne journée de Robinson.

Dimanche. Nous remettons les documents nécessaires à Massoud afin qu'il procède à notre "clear out" auprès des autorités. Demain matin, nous devrions lever l'ancre pour quelques jours de mer qui nous mèneront aux Iles Chagos, si tout va bien. Les « Pirates » nous y rejoindront dans deux ou trois semaines...

Le temps est instable, avec des grains; mais nous sommes chanceux, et la traversée démarre dans une grande sérénité, avec quelques heures de beau temps et la mer magnifique.

Mercredi. Notre deuxième nuit en mer a été bien merdique. Ciel chargé, peu de vent, et qui change tout le temps. Pas moyen d'être peinard! Vivement la navigation au moteur. Puis, la récompense se pointe à l'horizon sous la forme d'une frange de cocotiers portés par les Iles de l'atoll Peros Banhos. La passe nord nous a réservé un comité d'accueil original: une colonie de fous de Bassan qui virevoltent gracieusement autour de nos mâts, lorgnant avec gourmandise les leurres de nos lignes de pêche.

LES ILES CHAGOS

L'archipel des Chagos, composé d'une cinquantaine d'îles, est administré par la marine britannique depuis 1965. Coïncidence: c'est à peu près l'époque où les intrépides militaires anglais installés à Gan ont été invités par les musulmans des Maldives à aller faire du camping ailleurs... Du coup, les autorités Mauriciennes, histoire sans doute de se faire un peu d'argent de poche, ont commencé à louer leurs îles Chagos aux Anglais... Qui les ont eux-mêmes sous-louées aux américains à dessein d'y installer une base militaire. Le deal était assorti d'une condition : que l'endroit soit purgé de toute vie humaine non-américaine. Et donc, actuellement, plus personne ne vit dans les Iles de l'archipel, à l'exception des militaires américains qui se cantonnent à Diego Garcia. Interdiction absolue de s'approcher à moins de trois milles. Seuls quelques voiliers de passage sont encore autorisés à faire escale à Peros Banhos ou à Salomon, dans des zones bien limitées, pour une durée maximum de 28 jours, et après avoir satisfait à une belle brochette de conditions,.dont le paiement d'une taxe de plusieurs centaines de livres anglaises. Quand aux Chagossiens de souche, sournoisement éloignés de leur pays natal, ils croupissent dans le ghetto "doré" qui leur a été attribué à Maurice, à l'abri du besoin, mais déracinés, sans espoir et sans avenir.

Jeudi . Nous sommes mouillés sous le vent de l'île "Diamant". La basse mer y découvre une "bande piétonnière" de sable blanc, que nous abordons en kayak. Nous sommes seuls. C'est magique. Ambiance Robinson de luxe. Un petit triangle noir découpe l'onde lisse à l'intérieur du *reef*, dans trente centimètres d'eau: l'aileron d'un requin pointe noire. Ils sont très nombreux dans les parages.

La faune est exubérante. Plein de piafs et de poissons et de crustacés. Malou photographie à tout va. A l'extrémité de l'île, une importante communauté de fous de Bassan a établi son camp de base. C'est un régal d'observer les jeunes dans leurs nids, semblables à des pompons de "pom-pom girls", avec un bec et des yeux. Le bleu de leur bec est si tendre qu'on dirait une couleur pour chambre d'enfant.

"C'est quoi comme sorte de fous les becs bleus?". "Je n'en sais rien, mais je ne crois pas que ce soit des fous normaux...". La Miloude se marre. C'est la notion de "fou normal" qui l'amuse.

Les quelques déchets plastiques qui polluent cette belle plage m'inspirent une mission *humanoécolodivertissante*. Parmi les merdasses que l'on rencontre fréquemment, y compris dans les lieux les plus isolés, il en est certaines qui pourraient bien rendre encore service aux quelques démunis qu'on ne trouve plus guère que dans 80% de l'humanité, pas plus... C'est le cas de ces flotteurs en plastique, pour la majorité fabriqués en Chine, et qui servent à relier à la surface de la mer toutes sortes d'engins de pêche dont sont friands les besogneux, avides du fretin nécessaire à nourrir les hordes de mioches qu'ils ont eu l'imprudence de commettre, alors même que le « coïtus interruptus » est à la portée de n'importe quel étalon, aussi miséreux soit-il, faut juste s'entraîner un peu... mais où m'égare-je encore????

Bref, j'ai décidé de collecter les flotteurs en bon état pour les donner à des péchous pauvres qui remplissent cette fonction avec des bidons en plastique, lesquels finissent toujours par couler, et les mecs perdent leur bazar... ça prend un peu de place, mais, bon, le canote est grand, et ça ne pèse pas lourd. J'appellerais bien ça "la pêche aux boules"... Imagé, non ?

18h: j'ai fait un thé pour Malou. Le sachet est mal foutu et laisse échapper des *miettes* ; ça lui déplait. Compte tenu de l'heure qu'il est, ça sera un passe-thé pour elle et un pastis pour moi.

Nous sommes bien tranquillement installés à regarder un petit film quand survient un vilain moment pour nous. Une saloperie de perturbation, sorte de gros grain qui durera deux heures nous envoie un vigoureux vent de sud qui lève sans tarder un méchant clapot. Même que ça devient vite des vrais vagues, poussant les poupes de Catafjord à quelques dizaines de mètres seulement du *reef*. La nuit est noire, l'anémomètre est rivé à trente nœuds, et la frange d'écume blanche semble prête à nous déchirer à la moindre défaillance... Brrrrrr. Heureusement, Saint Christophe veille toujours et la « Rocna » est une ancre fantastique. Mais *ça fait pas* rigoler sur le moment. Aussi, à partir de dorénavant, c'est surveillance attentive de la météo chaque matin, et déménagement vers l'endroit le plus approprié.

Samedi. Ainsi, c'est lors d'un déménagement vers " l'île du coin" que notre ligne de pêche consent enfin à convier un invité: un jeune requin d'un peu plus d'un mètre, au large sourire acéré, svelte et vigoureux, qui habite en ce moment même dans notre frigo. Malou l'a débuté au court-bouillon, accompagné par cette mayonnaise que le monde entier lui jalouse: un festin!!! Il en reste encore pour sept ou huit repas…Par contre, j'ai préféré relâcher celui que nous avons capturé ce matin, en sectionnant mon hameçon à la cisaille. Le gamin s'est éloigné sans demander son reste avec une grâce ondulante genre "même pas mal".

Les prévisions météo sont moches. Une dépression se creuse dans le sud, apportant vent fort et ciel chargé. Cette fois, nous sommes bien positionnés. Ça devrait bien se passer.

Lundi de Pâques. Aucune différence notoire par rapport à un lundi qui ne serait pas "de Pâques", ni même par rapport à un autre jour d'ailleurs. Nous avons adopté le kayak comme mode de transport principal, car c'est bien commode pour franchir les *reefs* et faire un peu de pêche aux boules. J'ai la chance de récolter aussi deux merveilles de technologie, rejetées là par la mer: des balises électroniques munies de GPS utilisées pour la pêche. Je suis certain qu'elles fonctionnent, provisoirement empêchées d'émettre par l'épuisement du parc de piles alcalines qu'elles recèlent.

Malou poursuit inlassablement sa moisson d'images.

Dans cet univers sauvage, la vie s'écoule au naturel. Chaque instant est pleinement occupé à toutes ces petites choses que l'on néglige dans la trépidante agitation d'une vie moderne. Ici, les détails sont l'essentiel.

Nous ne sommes pas totalement isolés, grâce à notre radiotéléphone satellite, qui permet d'envoyer et recevoir quelques mails. Nous l'avons peu diffusé, car le débit est faible et le coût des minutes de connexion élevé.

Mercredi. Ambiance un peu étrange. Le centre dépressionnaire qui s'est établi dans le sud des Chagos est en train de se muer en tempête tropicale, et va probablement évoluer jusqu'au statut envié de cyclone... Plafond bas, gris, beaucoup de pluie, du vent (mais pas en tempête, ici). Nous sommes cantonnés à l'intérieur. Un gros bateau rouge, le "Pacific marlin", arrive et nous tient compagnie 24 heures. Ce sont les autorités britanniques. Ils viennent nous rendre visite à bord d'un gros semi-rigide et contrôlent notre autorisation de séjour. Ils sont sympas, et nous leur offrons un petit expresso.

Enfin le temps s'améliore et nous pouvons reprendre les excursions. Le requin de la semaine dernière a presque entièrement déserté le freezer. Il faut envisager une nouvelle campagne de pêche. C'est l'annexe qui traîne les lignes cette fois. La ressource est si abondante dans les parages que ça mord en quelques minutes seulement... Hélas trop gros, et notre bas de ligne est emporté instantanément. Qu'à cela ne tienne, nous retournons à bord pour gréer plus fort: un très beau leurre avec un hameçon de dix centimètres que mon pote Quiquin m'avait offert à Huahine quand j'ai réparé son canote en alu. En moins d'une minute, un barracuda de dix repas grimpe à bord. Et voyez l'admirable coordination: je m'occupe d'ôter les glaçons du frigo pour lui faire de la place et c'est pile poil l'heure de l'apéro... Ce n'est pas bien calculé tout ça?

La dépression s'éloigne en devenant le cyclone Imelda, mais ses effets restent limités ici, et nous pouvons envisager un petit voyage vers Salomon, l'autre atoll autorisé. Petite plongée avant de quitter les lieux tout de même, mais avec tous ces requins, je ne suis pas très motivé pour chasser, surtout que la pêche donne bien. Pourtant, un beau mérou moucheté se pavane devant la caméra de Malou. Et moi, je n'en ai pas attrapé des tas, de mérous, alors que c'est plutôt gouleyant. Je me décide à plonger, pour lui loger ma flèche bien au milieu du crâne, et, bingo, la bestiole ne frétille pas plus qu'une motte de beurre au soleil, et ne verse pas une goutte de sang, ce qui me permet de la ramener à bord sans attirer les requins.

C'est décidé, demain nous partons pour Salomon.

Première vraie belle journée à Boddam où nous sommes depuis deux jours. Imelda nous a envoyé pluie et vent, retardant notre découverte des charmes de cette île. Le fond est tapissé de corail et rares sont les endroits où poser une ancre. Par contre, les voyageurs passés ici avant nous, les années précédentes, ont ceinturé quelques belles patates de corail avec des chaines, créant de solides "moorings".

Didier nous a aidés en à en attraper un hier matin, et nous sommes parés pour un séjour cinq étoiles maintenant.

Programme du jour: réparation d'un coulisseau de grand' voile, sieste, massage de Malou, découverte de Boddam et apéro à bord de "Sea lance" avec dégustation de mérou frais. Je vais apporter une bassine de punch planteur, c'est un petit produit qui plait toujours.

Autrefois, Boddam abritait toute une communauté, vivant dans un fort joli village, principalement de l'exploitation du coprah. Il en reste encore de nombreux vestiges, qui sont mangés années après années par la végétation. Des plaisanciers de passage ont érigé sur ces ruines de rudimentaires installations hors la loi (le règlement anglais l'interdit formellement...), afin de faciliter les soirées *barbeuc*, lesquelles réjouissent aussi des escadrilles de moustiques. Les crabes de cocotier prolifèrent à leur aise et atteignent des proportions respectables ici. Hélas, il est interdit de les prendre comme animal de compagnie et de les loger dans une bassine d'eau avec le feu dessous, ce qui est bien dommage car il se dit que c'est drôlement bon... *On peut pas* savoir vraiment puisque c'est interdit, mais disons que ça semble super bon... Mais, bon, *on peut pas* savoir...

Depuis que s'est installé le beau temps, la vie s'écoule comme en rêve. Un tout petit peu de travaux d'entretien, pas mal de plongée, quelques excursions en kayak pour visiter d'autres motus, un peu de pêche à la traîne en Newmatic... Plus une pincée de dépannage chez les potes qui pataugent dans leurs soucis électriques ou informatiques. Et travailler un peu le diato aussi.

De retour d'une partie de pêche hors lagon, il faut bien nettoyer les dix kilos de poissons capturés, ce que Malou entreprend de faire à l'arrière, comme d'hab, installée dans le dinghy remonté sur ses bossoirs. L'opération attire rapidement une douzaine de requins, et trois ou quatre "red snappers", de belle taille ma foi, qui disputent les abats aux squales, un peu moins vifs qu'eux. Malgré la bonne pêche du jour, me vient l'idée d'en capturer un sans me mouiller. Bien tapi dans la jupe, mon arbalète à la main, la digue, la digue... Un gourmand se pointe. Je lui décoche immédiatement ma flèche qui le transperce de part en part! Yesss! Un instant, le goût suave de la victoire me monte aux lèvres... Alors que l'instant suivant m'apporte en pleine tronche et à grand fracas, la claque retentissante allouée au gosse qu'a énervé *manman*. La bestiole, courroucée de se retrouver décorée de cette encombrante pince à cravate, vient de filer à toute force vers le fond, me déséquilibrant au point de me faire lâcher le fusil!!! Et je reste là comme un crétin, sans poisson, sans flèche, sans fusil…Juste l'air d'un gros naze...

Dimanche matin, Malou est motivée pour retrouver le fusil... et la flèche. Et de fait, après avoir scruté le fond durant quelques minutes, elle finit par repérer les deux. Impossible de me soustraire à ma partie de la mission: descendre à huit mètres chercher ces deux bazars... Je n'ai pas du tout l'habitude de descendre en dessous de cinq mètres, et c'est au prix d'un effort considérable que je parviens, la tête dans un étau, à m'emparer de mon matériel. Pas de nouvelle du poisson par contre. Ça ne s'intéresse à rien ces bestioles.

Séquence "retrouvailles". Un fier *cata* nommé "Rackam" approche prudemment, et vient s'amarrer au "mooring/patate" le plus proche de nous. Les marins qui l'équipent sont des copains, rencontrés à St Nazaire en 1975, quand nous construisions "Ti Moun". Nous nous sommes perdus de vue depuis une vingtaine d'années. Hervé et Bertrand sont totalement abasourdis de nous revoir ici, mouillés devant une île déserte, au milieu de l'océan Indien, où passent seulement une quinzaine de bateaux par an. Tout-à-fait improbable. Bon, ben ça nous fait l'occasion de partager l'apéro. Et lundi, c'est au tour de nos "Pirates" de pointer leurs étraves pour de nouveaux délicieux moments de convivialité.

Déjà les préparatifs du départ prochain occupent nos esprits: une intéressante fenêtre météo s'ouvre devant nous avec l'essoufflement et l'éloignement d'Imelda, et je suis bien tenté de nous y engouffrer.

Mercredi Nous avons quitté notre "patate" hier après-midi, pour venir passer notre dernière nuit de Chagos au mouillage, juste en face de la passe. Ainsi, nous pouvons appareiller de bonne heure, sans attendre que le soleil soit haut.

Le temps est magnifique, le vent faible, un moteur ronronne gentiment dans sa boite. C'est reparti.

En mer

Dimanche, quatrième jour en mer. Cette fin de journée est superbe. Le ciel, d'un bleu un peu délavé, est moucheté de petits cumulus épars qui semblent se multiplier vers l'horizon. Question de perspective. Catafjord file neuf nœuds, ses étraves éparpillant au ciel des panaches d'écume d'argent. La mer est agitée... Belle navigation, pas très confortable, forcément. Rodrigues est à moins de trois cent milles, et le vent devrait nous accompagner jusqu'au bout.

Après un début de traversée peinard, au moteur dans des brises légères, les choses sérieuses n'ont pas tardé à rappliquer ; le vent s'est renforcé, est venu dans le pif, avec des grains déversant des déluges d'eau et des bourrasques, pour finir pas s'établir à 20/25 nœuds à 70% de notre route. La mer est devenue forte, et quelques vagues bien abruptes sont venues déferler en torrents sur nos superstructures, cependant que le mec qui martèle le dessous de nacelle avec son marteau-pilon depuis trois jours n'a pas molli une seule seconde... Quelle santé! Mais, ce soir, ne boudons pas notre plaisir: le vent a adonné et un peu diminué, le ciel est dégagé, le soleil se couche en carte postale, et la lune est déjà là pour nous accompagner... C'est cool; la nuit se présente bien.

Mardi 3h du mat. Catafjord a bien taillé sa route, et nous voici devant la passe d'entrée de la baie Mathurin, après une traversée mouvementée et humide, mais plutôt rapide, de cinq jours et vingt heures. Dernière facétie des éléments, un grain survient au moment précis où j'amène le canote sur l'alignement d'atterrissage... Pas envie de faire le malin. Demi-tour vers le large, et on recommence après, dans l'accalmie. C'est vers les quatre heures que l'ancre descend s'enfouir dans le sable de Mathurin. Repos!

RODRIGUES

Après quelques heures de sommeil, il est temps de remonter l'ancre pour entamer l'ultime opération: embouquer l'étroit chenal qui mène au quai de commerce. Hélas, c'est le moment que choisit le guindeau pour faire son intéressant: son interrupteur de commande a pris l'eau pendant la traversée et refuse tout service... Démontage, réparation provisoire au rythme du solide clapot qui agite la baie. Et puis on y va...

10h, à quai, arrive enfin la récompense de tous nos efforts. Les différentes autorités défilent à bord, chacune à son tour, servies par des gens aimables et courtois. L'officier d'immigration est un amateur de musique. Il nous invite à la prochaine répétition d'un groupe local. Et je dois apporter mon diato.

Les nombreux bobos subis durant la traversée ont tôt fait de générer une liste de "travaux à faire tout de suite", si copieuse qu'il faut une page neuve pour l'établir. Notre séjour débute donc par plein de boulot et pas beaucoup de tourisme. Pas grave. Nos amis Michèle et Patrick seront là dans deux semaines, et nous aurons alors tout loisir de déambuler dans cet endroit délicieux.

Voilà aujourd'hui une dizaine de jours que Rodrigues nous héberge, et nous n'en avons toujours quasiment rien vu. Il faut dire que la navigation un peu rude qui nous a menés ici a un peu martyrisé le matériel, et les réparations réputées "indispensables" sont légion. Heureusement rien de grave. Des fuites principalement. Mais ça génère beaucoup de boulot, car en plus de devoir refaire l'étanchéité elle-même, il faut aussi prendre en charge les dommages causés par la flotte qui est rentrée.

Cependant, nous avons tout de même pris le temps d'honorer l'invitation qui m'avait été faite de me joindre à un groupe local pour jouer de l'accordéon, lors d'une de leur répétition. Sympa. Ce groupe s'est produit à Brest lors de la dernière grande fête nautique.

Chaque dimanche après-midi, le night-club consacre sa scène et sa piste aux danses de société. Ambiance bal populaire. On s'y trémousse aux rythmes de la scottish, des valses, et autres mazurka. Bon, la moyenne d'âge, ce n'est pas le style concert de Bruel... Mais un peu tous les âges sont représentés. Surtout des pas très jeunes, genre, un peu comme nous...

Raressont les équipages qui font escale à Rodrigues. Ce qui tombe bien car il y a peu de place pour les bateaux de passage. Le capitaine du port convie gentiment les bateaux de plaisance à s'amarrer au quai de commerce. Question sécurité, c'est super. Mais il y a quelques petits désagréments. C'est un espace de travail, donc un peu bruyant et poussiéreux, durant les heures ouvrables, à cause du va-et-vient des engins de manutention. Et puis, environ tous les huit jours, on est "viré" pendant vingt-quatre heures pour laisser la place au cargo qui approvisionne l'île. Comme il occupe tout le quai, on mouille dans l'avant-port jusqu'à son départ, le lendemain matin. Mais c'est quand même très bien ainsi. On fait tourner les moteurs et ça retarde l'encrassement des hélices...

Contrairement à ce qu'on peut habituellement lire, ou entendre, je ne trouve pas les autochtones particulièrement avenants, de prime abord. Désolé... Peut-être sont-ce seulement les citadins de la "capitale" qui donnent cette image de morosité, mais je ne trouve pas les gens très enjoués, ni joviaux, ni rigolards.... Presque on dirait qu'ils font la gueule. Bon, dans la feuille de choux locale, menée par un gars de l'opposition, il est écrit que tout va mal. Mais aussi, à quoi bon être dans l'opposition si c'est pour trouver que tout va bien? Alors, comment savoir vraiment? Les gens n'ont pas l'air miséreux. Nous avons approché des paquets d'endroits beaucoup moins bien lotis. La semaine prochaine, nous prendrons le temps d'aller visiter le pays plus en profondeur, lorsque Michelle et Patrick seront ici. Alors on se fera sans doute une meilleure idée.

Comparativement à nos dernières escales "équatoriales", ici, le climat est plutôt "tempéré".

Hier, après un boulot cradingue de ponçage dans le *peak* avant, je me jette dans l'eau pour me décrasser. Comme je le fais fréquemment.

Ouille, ouille, ouille, la surprise: saisi! L'eau à peine à 25°c... Je n'ai pas traîné. Définitivement, mon standard de température d'eau de baignade c'est 30°c. En dessous, j'ai le sentiment de me faire gruger.

Depuis quelques jours, nous avons retrouvé "Morue percée", comme voisins de quai. La Madame qui m'avait proposé de m'apprendre à mouiller (le bateau, je veux dire...) n'en parle plus... De mon côté, je ne relance pas... On s'ignore prudemment. Je crois que je vais devoir rester encore un certain temps ignare sur le sujet "comment mouiller à l'anglaise?". C'est bien notre veine: seulement deux canotes en visite dans le port et on tombe sur eux! Par chance, ils partent demain. Je crois deviner la cause de leur éloignement hâtif: ils ont dû entendre parler que nous recevons bientôt un couple d'amis. Et Michelle est d'origine corse...! Ça calme. Tout le monde sait qu'il faut se méfier du Corse qui dort (il aurait la gâchette encore plus chatouilleuse que le Corse éveillé...), mais bon, c'est des "zondy" tout ça... Aussi, leur canote a énormément souffert, structurellement de la dernière traversée (Morue persée, pas la Corse bien sûr.

Petite boutade à deux balles pour faire mousser les amis qui ont des bateaux lestés. Je viens juste de capter l'explication d'un phénomène qui m'avait échappé jusqu'alors. J'ai cru remarquer que les monocoques de croisière équipés d'une machine à laver sont plutôt un peu rares… Moi, bêtement, je me disais: "y z'ont pas la place, les pauvres"... En fait, la raison, la vrai raison est ailleurs, et a tout simplement une origine technique. Ces canotes remuent tellement, non seulement en mer, mais même et surtout au mouillage, qu'il leur suffit de laisser leur linge sale une nuit dans un seau avec un peu de lessive, et au petit matin, c'est clean.... Reste plus qu'à changer l'eau pour un petit rinçage, disons la matinée, et voilà, à midi, on peut faire sécher. Ça tombe bien, le soleil est au zénith… Malins et économiques les mono-flotteurs! Bravo!

Comme par enchantement, à peine tournée la page "laborieuse" du séjour, la magie du voyage opère de nouveau et c'est la rencontre, prévisible, de Monsieur Ben Gontran. Un personnage âgé, mais à l'esprit toujours vif, qui a été un artisan majeur du développement musical et culturel de Rodrigues. C'est l'officier d'immigration, devenu notre ami par l'intermédiaire du groupe folklorique, qui nous amène dans sa jolie maison de style colonial, encore plus ancienne que lui

(120 ans la baraque!). A cause de sévères problèmes osseux, Ben n'a plus aucune mobilité. Cependant, il a encore des montagnes de souvenirs et c'est un conteur intarissable. Quel plaisir de l'écouter narrer ses anecdotes savoureuses avec son charmant accent créole. Il demande à voir et entendre mon diato. Nous rencontrons aussi son frère Tino, un fameux accordéoniste. Ben ne peut plus jouer car ses doigts l'ont trahi, mais il me prête gentiment son bel accordéon, un instrument de fabrication allemande produisant un très joli son. J'en suis tout ému.

Michèle et Patrick sont à bord, à présent. Poursuivons le voyage... Nous avons loué un pick-up Toyota, « Guy Lux », ou un truc du genre... La guimbarde affiche un kilométrage gériatrique. Et conduite à droite! Donc petite période d'adaptation à prévoir avant de pouvoir rouler normalement, soit à 50 km/h maximum. C'est curieux, ici, la langue officielle est l'anglais, et les autos roulent à gauche, mais les gens parlent français (mais plutôt créole), et n'aiment pas beaucoup les angliches. Bon, le premier jour de vacances, il nous faut environ deux heures et demie pour parcourir les quinze kilomètres qui nous séparent de la réserve Leguat où deux mille tortues terrestres glandouillent à longueur de journée. On n'imagine pas comme c'est câlin ces petites bêtes-là. Et coquettes avec ça. Qui s'ingénient à maintenir un épais mystère autour de leur âge. Ainsi telle femelle, profondément ridée (B.B. fait nourrisson à côté, c'est vous dire...) affiche un petit 95 ans, ce qui en fait une gamine en regard de ses 250 ans d'espérance de vie (alors que BB, c'est moins...). La visite de la réserve de tortues (on n'y pense pas toujours, mais c'est assez rusé de se constituer une réserve de tortues), est couplée à la découverte commentée d'une caverne pleine d'intérêt et agréablement aménagée. Les explications de notre guide, à l'humour préhistorique, nous ravissent et nous procurent un bien-être « *bonne d'enfant* ».

Nos invités sont émerveillés par la beauté de l'île et de son lagon. Il est vrai que, sillonnant le territoire en tous sens à bord du pick-up rouge, nous avons maintes fois le souffle coupé, non pas à cause de l'altitude (même pas 400m), mais par la majesté du spectacle qui nous saisit au détour d'un virage sur huit (j'ai compté). Derrière une colline verdoyante comme savent si bien verdoyer les collines de Rodrigues, le lagon turquoise avec tâches de sable doré sur fond de ciel bleu, ça fait toujours son petit effet (principalement au sortir d'un hiver vendéen... si vous voyez ce que je veux dire...).

« J'aperçois des ruches là-bas, dans le champ » dit Patrick... « Ah, non, c'est des vaches ». Il était temps qu'y prenne un peu de vacances mon copain... Bon, je sens que ça ne va pas être triste.

Lundi, randonnée côtière. Nous cahotons en pick-up rouge jusqu'au petit bourg de St Nicolas, point de départ de notre virée pédestre. Un type propre sur lui nous dépasse en faisant de grands signes pour que nous stoppions... Sitot garés sur le bas-coté, le voilà qui entreprend de bricoler le haillon arrière de notre brave guimbarde, en nous signalant que celle-ci fait un bruit "anormal" comme il dit. Devant nos yeux hagards, le bipède ramasse sur la route un bout de caoutchouc merdique genre morceau de pneu déchiqueté et le coince habilement dans la charnière du haillon, avant de le verrouiller... Puis de revenir se présenter: "Bonjour, je suis Marcel Duchmol, propriétaire de la bagnole rouge". Tout s'explique. C'est le patron de la boutique de location. Mais, nous ne l'avons jamais vu. Nous, on ne connaît que la mignonne qui, derrière son bureau, affiche un sourire enchanteur et un décolleté qui n'incite pas à s'attarder sur le sourire…

Déjeuner cuisine locale, au bord de la route, dans un boui-boui bien typique en tôle et bambou, juste comme on aime, avant d'attaquer l'épreuve de marche. Le chemin côtier, en partie ombragé, mène à des anses magnifiques aux noms évocateurs... "Trou d'argent" que je surnomme immédiatement "anse sécu", "anse bouteille", que je ne surnomme pas car l'après-midi s'avance, et avec elle, l'heure de l'apéro... que l'on risque d'aborder avec un peu de retard. Moi, ça ne me gêne pas, mais c'est pour les autres... Promenade tonifiante (d'oiseau de mer...). L'air est chargé d'embruns et d'iode, et je médite à ce bon vieux dicton que je viens juste de pondre: "Il est préférable d'avoir l'air iodé que l'air idiot... encore qu'il ne soit pas exclu d'avoir les deux".

Mardi. Expédition "Ile aux cocos". Nos voisins de bateau, un couple de canadiens flanqués de deux rejetons, se sont joints à notre petit groupe. Un quart d'heure de *Toy* rouge et nous voici tous embarqués à bord de la pirogue de Joe Cool, direction le paradis des oiseaux. Se faire appeler "coule" quand on trimballe des passagers en canote, faut être un peu taquin, je trouve. Joe mène l'esquif habilement, slalomant entre les patates de corail avec pas plus de quelques centimètres de flotte sous la quille. Pas de cocotier sur l'Ile aux cocos. En revanche, les piafs pullulent et sont ici chez eux. Ce sont leurs œufs, en grand nombre dans les arbres et même au sol qui ont donné son nom à cette langue de sable arborée, aujourd'hui classée "réserve naturelle".

Le repas, pris en commun à l'ombre d'un arbre majestueux jouxtant la plage, apporte à nos invités le petit supplément de décontraction qui ne fait jamais de mal... Nos canadiens partagent la grande table avec nous. L'aîné des gamins entreprend de nous divertir en racontant des histoires supposément drôles, avant de réclamer un échantillon des miennes en retour... Hors, il se trouve que mon répertoire n'est pas directement issu des mêmes sources que le sien... Tant s'en faut. Et donc, forcément, le dérapage est frôlé maintes fois, sous l'œil réprobateur des parents. Et pourtant, ça aurait pu être bien pire.

Les jours défilent, apportant chacun son lot de rencontres sympas et de promenades agréables. Parfois sans grande originalité, juste du bien-être, parfois plus "instructive", comme la visite du jardin botanique, mais toujours dans la bonne humeur, car nos invités sont de fort agréable compagnie.

Les conditions météo ne nous permettent pas de convoyer Catafjord jusqu'à port Sud-est et c'est bien dommage. Aussi, les seules navigations que nous pourrons offrir à nos amis se limitent à une balade en Newmatic dans le lagon et un virée hors du port de commerce pour laisser place au cargo. Ce qui fait que nous ignorons toujours si Michelle a réellement le pied marin d'eau douce ou pas. C'est au pied du mur qu'on voit... qu'on ne peut pas aller plus loin.

Lundi. Ambiance italo-rodriguaise pour cette soirée apéro. C'est l'anniversaire de Raphaëlla. Elle a bouclé sa table d'hôte, "Mamie chérie", pour l'occasion, et arrive en scooter avec Roland, son compagnon. Bruneto et sa famille ne tardent pas à suivre et l'atmosphère s'anime bientôt. Raphaëlla s'envole dans des tirades agrémentées d'une gestuelle bien ritale, nous racontant ses débuts parfois râpeux avec l'apprentissage de notre langue. En particulier, le jour où, Roland, travaillant à faire une clôture en bambou, lui demande si elle a un sabre (une machette), et qu'elle lui répond passablement énervée:" tou mé démand si yé dou sab? Ma sé incroybl! Tou n'a pa vou qué y'en a set ton' dan' la cour?». Dommage qu'on ne les a pas rencontrés plus tôt, car Roland nous aurait amenés à la pêche avec sa pirogue à voile. Elles sont superbes les pirogues de Rodrigues. Pointues des deux bouts, avec une quille non lestée à faible tirant d'eau sur toute leur longueur, et une voile latine. Élégantes et efficaces, elles savent très bien remonter au vent par dessus les platiers.

Mardi. Mélancolie de fin de vacances en préparant les valises. Nos amis s'envolent ce soir, retrouver leurs trépidantes vies *maulevrettes* (mais est-ce bien comme ça qu'on appelle les habitants de Maulévrier?... Je n'en suis plus certain.), cependant que Miloud et moi, préparons l'appareillage pour demain matin, direction Maurice, trois cents trente milles dans l'ouest.

Un dernier restau cuisine locale, une dernière *rando* pick-up rouge, menant à un ultime endroit très particulier: un genre de terminal sablier du tiers-monde, où quelques besogneux trimballent, dans des épaves de chaland en polyester, le sable/coquilles brisées/corail mort qu'ils extirpent du fond, pelle à pelle, à deux pas de l'aéroport... Rodrigues, recèle aussi sans doute, quelques mal-nantis de peu enviable condition.

21h. Nos invités sont dans leur avion, la sono du carré diffuse "HLM", de Renaud, c'est marée haute, l'alizé plein Est pousse sa houle par dessus le *reef*, secouant Catafjord comme pour lui dire: "Remue-toi pépère. Demain on danse ensemble...".

La page Rodrigues est tournée

Mercredi 10h. Les amarres sont larguées. L'alizé est au rendez-vous, avec sa vingtaine de nœuds de vent portant. Rodrigues nous laisse de bien jolis souvenirs. Par bonheur, nous emportons avec nous le livre dédicacé de Ben Gontran que nos amis nous ont offert pour raviver à loisir le souvenir des bons moments passés sur ce merveilleux caillou.

Samedi. La traversée Rodrigues/Maurice est précisément du genre à nous réconcilier avec l'Indien, même si on n'était pas fâchés vraiment. Le ciel limpide parsemé de rares cumulus donne à l'océan ce ton azur profond qui ravit l'œil tout en inspirant admiration et respect.

La nuit, d'une quiétude exemplaire, a sorti le grand jeu avec sa pleine lune. J'aime cet astre. Elle m'enchante toujours cette lune. Sa présence, en mer, a, pour moi, quelque chose de rassurant... Sa rondeur féminine, sa lumière douce et subtile, sa générosité [14]... Bref, une traversée bien sympa, moitié voile moitié moteur car le vent s'est "aboli à la mi-route" (j'en *contrepète* de joie...).

---

[14] Ben oui. Elle éclaire gratos...

MAURICE

Port Louis

Contrastant sévèrement avec l'indolence de Rodrigues, Port-Louis nous assaille avec sa trépidation citadine. En plein centre ville, les terrasses bétonnées d'un chapelet de restaurants contigus font office de quai d'accueil. Pas une bitte d'amarrage, pas un taquet... On se débrouille à accoster tout seul, on s'amarre aux rambardes, et on les enjambe gracieusement, si on a des grandes jambes. L'officier d'immigration ne tarde pas à pointer ses tampons, et officie à une table de restau, après en avoir essuyé l'eau de condensation nocturne d'un revers de manche. Pour la douane et les "coast-guards", il faudra se rendre à l'extrémité du quai; disons cinquante mètres plus loin. Le passage au stand des "coast-guards" nous révèle une particularité insolite. Dès mon arrivée, le fonctionnaire me tend un formulaire à remplir: une enquête de satisfaction!... Que l'on remplit, ici, avant de commencer à causer... Astucieux, non? Moi, je réponds "extrêmement satisfait" partout, ponctué par une belle signature et un coup de tampon, moyennant quoi, l'ensemble des formalités est accompli en une heure, avec le sourire et c'est cool! De véritables "créateurs de satisfaction", ces astucieux fonctionnaires.

Le pavillon mauricien comporte quatre bandes horizontales de couleurs différentes symbolisant les quatre communautés religieuses les plus représentées dans le pays: Hindou, Chrétien, Musulman, Tamoul (ça me fait toujours marrer comme nom de religion ça, je ne sais pas pourquoi...). Tout ce petit monde cohabite en apparente harmonie, mais les mélanges ne sont pas la règle.

L'immense halle du marché abrite des centaines d'échoppes, organisées par quartiers à thèmes: légumes, fruits, épices, viandes, etc... Ce qui ne décourage en rien l'impressionnante quantité de petits vendeurs de rues, aux stands si réduits que certains n'atteignent pas la largeur des hanches de leurs tenancières... c'est vous dire. Un magma humain ininterrompu serpente au milieu de ce bazar, en chenilles processionnaires acheteuses, dans le brouhaha des camelots vantant à tue-tête leurs débardeurs à un euro et demi ou leurs vingt mandarines à un demi-euro le lot.

Catafjord a pris place pour quelques jours le long du quai extérieur de la marina Caudan; le temps pour nous de lui trouver un lieu de villégiature adapté pour le mois de juin, cependant que nous le délaisserons pour notre tournée annuelle des amis métropolitains.

Samedi. Le canote glisse tranquillement sur un lac de plomb. A notre gauche, défile la côte Mauricienne, plate, verdoyante. Quelques bosses montagneuses animent en arrière-plan ce relief paresseux. Le labour incessant des flots a mis a nu la roche volcanique noire, donnant au littoral un aspect presque lugubre. Un fier phare rouge et blanc, comme en Bretagne, vient égayer un peu la mélancolie qu'imprime au tableau le ciel voilé (alors que nous, sommes au moteur...). L'absence d'alizé laisse à la mécanique le loisir de s'exprimer, et c'est pourquoi je l'entends ronronner d'aise. Pendant qu'il nous mène gentiment à Rivière Noire, nous avons décidé d'offrir à Catafjord ses quatre semaines de vacances. Il a eu droit à une grande toilette à l'eau douce, ce matin, avant de quitter la marina. Alors que c'est un luxe auquel il ne goûte habituellement que par temps de grande pluie.

Bien que la semaine passée à St Louis ait été fort remplie en tâches diverses préalables à notre voyage en France, nous avons tout de même un peu sillonné ses rues. C'est une ville moderne, pas spécialement charmante, avec, cependant, quelques attraits: la pierre de lave noire, assemblée en imposants et austères bâtiments, murets, ou trottoirs, la place d'armes, bordée d'élégants palmiers-bouteilles, le quartier Caudan, de belle facture, agréable à fréquenter malgré son côté décalé et son caractère indéniable de temple de la consommation effrénée, ainsi que quelques jolies maisons créoles.

Samedi soir. Voilà, notre Catafjord a enfoui son ancre dans le sable de la baie. Demain, Xavier, son nouveau parrain, va venir prendre les consignes, et nous pourrons nous consacrer posément aux préparatifs de départ en espérant ne rien oublier.

Nous possédons une jolie brochette d'amis, y compris dans la famille, qui s'ingénient, chacun à son tour, à faire de notre séjour en France, une suite ininterrompue de moments délicieux, où l'intensité de l'amitié le dispute âprement à la convivialité des agapes, c'est vous dire... Chacun, avec ses moyens et sa sensibilité propre, s'applique à agrémenter pour nous une villégiature que les caprices d'une météo morose et glaciale auraient volontiers pourrie "grave".

Escale bretonne

La Bretagne, pays magnifique au charme envoûtant, présente, en ce mois de juin, un avantage majeur: on y use ni les lunettes de soleil ni les shorts et autres vêtements légers. On n'en parle pas de ça, mais dans le contexte actuel, toute économie est bonne à prendre, et je me fais un devoir de mettre l'accent sur les côtés positifs, aussi menus soient-ils...

Et puis, ça me rappelle qu'il y a seulement quelques semaines, j'étais courroucé après notre voilier breton de Brest même, un des plus fameux de la planète, pourtant. Nous avons dû passer des heures, Malou et moi, à recoudre la bande anti-UV du génois, dont le fil était totalement déguenillé à cause du soleil. Comment leur en vouloir? Malgré le prix pharaonique de cet instrument à vent, on peut comprendre que, pour des Brestois, la protection contre les attaques du soleil ne soit pas une priorité absolue.

Petite anecdote:

A la cafète du Leclerc du Folgoët, un type commande un café allongé… ça ne me regarde pas, bien sûr, mais je me suis tout de même permis de lui faire remarquer que c'est nettement plus ergonomique "assis"... Les gens ne sont pas raisonnables parfois.

Notre pèlerinage gaulois tire à sa fin. Confortablement installés aux Landes, notre adresse officielle, nous continuons à être choyés encore quelques heures par nos *colocs*, Thérèse et Hubert, tout en nous affairant à régler quelques ultimes bricoles administratives, et, avant d'attaquer l'agencement méticuleux des valoches. Les shorts qui en tapissent le fond, n'ont pas bougé de là de tout le séjour. Of course.

Contrairement au col roulé qui, lui, ne m'a pas quitté une seule journée.

Je ne suis pas mécontent de mon nouvel investissement : le remplacement de mon accordéon d'étude par un modèle trois voies beaucoup plus agréable qui a déjà commencé à me combler de satisfactions. Comme dimanche dernier, lorsque j'ai pu jouer en duo avec ma sœur Janine, toujours fidèle à son violon. Un régal! Tout de même, la musique, quel plaisir. (Faut juste bosser un million d'heures avant de se faire plaisir...).

Hélas, le temps nous étant compté, il n'a pas été possible de rencontrer tous les gens auxquels nous aurions souhaité rendre visite. Mais ce n'est que partie remise (en cette période de soldes, même les parties font l'objet de remises... Incroyables, non?... En même temps, quoi de pire que de devoir remiser les parties?). Souhaitons que l'avenir nous offre l'opportunité de sillonner le pays un peu plus largement de manière à nous permettre d'aller importuner également ceux qui se croient hors de portée car excentrés (géographiquement, j'entends...).

Retour à Maurice

L'avion qui nous ramène vers Catafjord n'a même pas encore atterri que la douceur tropicale est déjà palpable. "C'est l'hiver; il fait froid" nous dit-on. Sans doute; cependant, il fait juste dix degrés de plus qu'à Brest... où c'est l'été.

Xavier est là, à nous attendre, même pas agacé par notre demi-heure de retard.

De son côté, notre brave Catafjord s'est, lui aussi, bien tenu, et nous nous y installons avec délectation. L'île nous a semblé très belle vue du ciel. Nous la visiterons pendant quelques jours avant de reprendre notre vagabondage vers l'Ouest.

Samedi. Balade en vélo... sans batterie. Ouille, ouille, ouille! Leurs moteurs électriques pervers avaient fini par nous habituer à l'idée que nous sommes des cyclistes émérites. Alors que non. Et mes rides, surtout! Le retour aux dures lois de la pédale se charge de nous ramener à la réalité. En même temps, monter les côtes à pied en poussant les vélos, ça permet de mieux admirer le paysage, en particulier ces salines en pierre de lave curieusement situées sur une hauteur. Case Noyale nous offre une halte originale avec ses bancs ombragés par des banians somptueux. Ils me font vraiment délirer ces arbres. Pour moi, ce sont les rastas de la canopée, avec leurs lianes en dreadlocks et leurs troncs multiples et enchevêtrés qu'on croirait un tableau électrique exotique: c'est plein de câbles végétaux de diamètres différents emberlificotés les uns dans les autres, torsadés n'importe comment... ça ne peut pas marcher! Ceci dit, ce sont juste des arbres. Ça n'a pas à marcher non plus... Franchement, comparativement à des pins, par exemple, à la rectitude quasi-militaire (et vaguement inquiétante, il faut bien le dire), le banian fait figure de dévergondé... avec cependant (comme ses lianes...) un côté "poète" toujours sympa.

Cette partie de la côte ne possède pas de plage. Ainsi, le jusant dépose les barques de pêche négligemment sur la vase, leurs filets débordant en vrac comme la chantilly sur le capuccino que je viens juste de faire pour Malou. Pour la remercier d'avoir nettoyé les coques hier, en snorkeling. Ce matin, c'est mon tour, avec le narguilé, pour les hélices et les safrans.

L'anse de rivière noire était autrefois protégée d'hypothétiques agressions extérieures par deux tours dites "tours Martello", dont l'une est devenue musée. Il se trouve que chaque dernier samedi du mois, on peut se *culturer* gratos en visitant le massif édifice, et surtout, en écoutant, attentivement et sans faire le pitre, la jolie guide créole qui nous en livre tous les secrets... S'agissant de secrets militaires, je ne peux vous en faire part dans le cadre de cet opuscule... Désolé. Qu'il vous suffise de savoir que ces empilements de cailloux ont été édifiés par les Anglais qui en avaient perfidement pompé le principe sur certaines tours génoises sises en Corse et dont au sujet desquelles, nos amis d'outre-manche en avaient baillé quatre coups après avoir capté l'ampleur de leur perspicacité. Donc, pas la peine de nous prendre pour des truffes et de se permettre d'incinérer nos vierges orléanaises... (Je me comprends...). Un peu de retenue messieurs les voisins *outremanchois*.

Sinon, à part ça, la journée se conclut sur un punch planteur au rhum de Guadeloupe, à l'attention de quelques amis. Outre l'équipage de "Néos", deux autochtone amenés là par Olivier, puisent activement dans la bassine centrale, dont un, alors là, je vous le donne en huit cents (Vingt pour cent de remise le samedi soir ! C'est aussi ça les tropiques...): un certain Jean-Pierre LABAT!!!, qui affirme descendre en plus ou moins droite ligne (à cause du rhum forcément...) du saint homme déjà évoqué dans ce site, et ailleurs! Elle n'est pas banale celle-là tout de même! Bon, le garnement essaie de me bourrer le mou en m'expliquant que c'est ici, à Maurice, qu'on fait le meilleur rhum du monde. Je ne suis pas un gars impulsif. Mais là, honnêtement, je suis obligé de puiser dans mes réserves de sagesse pour parvenir à me retenir de lui verser la bassine sur la tronche. En même temps, je n'aime pas gâcher, et en plus, Jean-Pierre est un gars exquis.

Lundi. Excursion "Pamplemousse", avec la visite de l'ancienne usine sucrière, aujourd'hui transformée en musée. Deux heures de bus depuis rivière noire! Et ce n'est pas le style "pullman" comme bus... Disons qu'on entend bien le moteur et que les ralentisseurs, qui n'impressionnent pas du tout notre chauffeur, ne nous laissent pas le derrière indifférent. Bref, le musée, sis à l'intérieur même de l'usine, où tout est en place comme au temps de l'exploitation, nous captive littéralement. Outre la description scrupuleuse du délicat "process" de cristallisation, les explications prennent la forme d'un historique de l'île à travers son passé sucrier (et quand le sucre y est, c'est plus suave...). La visite se termine par une originale dégustation de sucres différents, dont il existe une douzaine de variantes obtenues à partir des mêmes cannes, en modifiant uniquement les paramètres de cuisson du sirop. Mais oserai-je clore mon récit en passant sous silence l'ultime instant de grâce préalable au retour vers Cataf?... Non, bien sûr! Vous êtes évidemment à mille lieues de vous en douter, mais la dégustation n'est pas que sucrière... Car, qui dit sucre, dit mélasse, qui dit mélasse dit "stillation"... Hélas, la distillation de la mélasse, ça donne une boisson alcoolisée que d'aucuns appellent "rhum", alors que... Là, je dis attention: il est essentiel de ne surtout pas confondre le rhum de mélasse et le rhum obtenu à partir du jus de canne, lequel peut s'enorgueillir de l'appellation de "rhum agricole". Ces deux breuvages sont aussi différents l'un de l'autre que peuvent l'être le "Champomy" et le cidre de chez Hubert[15]. Disons que le rhum de mélasse de Maurice est au rhum agricole de Marie-Galante ce que le curé de Camaret est au père Labat, ici même.

Bref, le sous-produit de la mélasse étant un breuvage aux qualités gustatives modestes, les marketings boys locaux ont eu l'ingénieuse idée d'en commercialiser des versions "arrangées" qui trouvent grâce auprès du bon peuple, lequel reste le meilleur représentant du bon sens "de terrain", surtout de terrain agricole.

Ici, la petite dame de la dégustation applique à la lettre les consignes de sa direction, en nous servant des rations qui garnissent juste juste le fond du dé à coudre... Ce n'est certes pas cette dégustation-là qui risque de me faire perdre la tête au point de louper l'heure de l'apéro. Par contre, la lenteur du trajet retour... déjà plus.

Jeudi. Visite des salines de Tamarin. Nous nous y rendons à vélo, l'après-midi, alors que le soleil a commencé sa descente vers l'horizon, et que donc la température est douce et la lumière *chaudasse*. Une jolie mauricienne nous fait la visite guidée pour dix euros. Ces salines qui comportent environ 1500 bassins dont les trois-quarts sont en glaise et les autres en pierre de lave, ont été construites il y a 75ans... Mais elles font beaucoup moins... Et produisent vingt tonnes de sel par jour, entièrement transportées sur la tête par de vaillantes paludières. Ces dames œuvrent au petit jour, avant que les rayons du soleil ne soient trop entreprenants. La plupart embarquent quarante kilos sur le haut de leurs crânes, mais quelques costaudes déambulent gracieusement avec un couvre-chef en sel massif de soixante kilos… Manquerait plus que ces colossales transporteuses soient aussi des génies de la galipette, et alors, que resterait-il aux autres???? Mais où m'égare-je encore?

Donc, le site de Tamarin a été choisi pour cette activité car l'endroit bénéficie d'un ensoleillement exceptionnel et d'une ventilation qui ne l'est pas moins, car l'alizé parvient à se faufiler entre les différents sommets pour venir accomplir en ces lieux son œuvre d'évaporation indispensable à l'obtention d'une suave floraison saline.

---

[15] Ceux qui ignorent ce qu'est le Champomy peuvent obtenir des explications supplémentaires en me les demandant par e-mail, accompagné d'un timbre pour la réponse

L'eau pompée à la mer, est envoyée dans les bassins supérieurs. De là, grâce à un jeu de pinoches[16], manipulées manuellement pour boucher certaines buses, on règle le débit d'eau dans les bassins de plus en plus inférieurs, dans lesquels la salinité augmente tant et si bien qu'arrivé en bas, dans les bassins en pierre avec les dames bottées dedans, c'est quasiment plus que du sel avec presque pas d'eau. Et ça tombe bien car c'est justement le but recherché. On ratisse... Hop sur les têtes, direction les hangars de stockage, et voilà le travail!

Poussant la visite jusqu'à l'usine, à l'autre extrémité de la propriété, nous avons la chance de nous entretenir avec Jean-Jacques, son sympathique manager, qui nous livre quelques précisions très instructives. C'est ici que le sel est séché, broyé en sel fin, et conditionné pour la vente. La totalité de la production est consommée sur Maurice même. Ce qui n'est pas très étonnant car, le sel chinois étant incomparablement moins cher, cette activité bénéficie d'un petit coup de pouce de l'état... au titre du patrimoine culturel.

Notre ami Olly est un personnage captivant et bien singulier. Comme tout un chacun, il ne dédaigne pas de tourner en dérision moult bêtises humaines, alimentant ainsi joyeusement les conciliabules apéritives, voire digestives. Avec ses récits truculents, il amuse beaucoup son auditoire, et jusqu'à sa charmante épouse Calinepass qui n'est pas la dernière à se poiler. Quoi de particulier dans tout ça m'objectera-t-on, et pas seulement laveur... Voici donc: il se trouve que les bévues qu'Olly affectionne particulièrement de détailler par le menu, sont souvent les siennes propres, qu'il ne néglige cependant pas d'accompagner de force détails, et parfois même de quelques lapsus savoureux dont il est un genre de champion du monde. Ainsi donc, le mât de son canote serait équipé de barres de flèches "repoussantes"! Fantastique, non? Probablement elles ont dû pousser, comme leurs consœurs, lors de la première navigation, et donc, par la suite, bien sûr, elles re-poussent. Normal. Au sujet de je ne sais plus quel équipement nautique de première importance, notre ami ne craint pas d'affirmer haut et clair: "J'ai toujours demandé à en avoir deux!". On peut le

---

[16]Pièce de bois conique servant à boucher un trou

comprendre. Dix années pour apprendre à utiliser son hélice, en découvrant le mode d'emploi sur un forum d'internet, ça ne lui fait pas un brin de peur à lui. Délicieux Olly. C'est le seul gars que je connaisse à se foutre de lui-même avec une telle délectation. Un vrai bonheur! Fasse le ciel qu'ils ne changent rien car leur compagnie nous est tout-à-fait agréable ainsi.

Malou s'est donné pour mission de raviver les inox, fort nombreux à bord de Catafjord. Et, bien sur, elle en vient à bout. C'est vrai que ça améliore nettement le look du canote. Tellement brillants maintenant qu'il faut des lunettes de soleil... Même la nuit.

Dimanche. Retour à Port-Louis, au moteur. Pas de vent. Notre séjour à Maurice approche de son terme, c'est pourquoi nous rejoignons la ville afin de préparer l'appareillage vers La Réunion. Quelques emplettes, puis les formalités de sortie... La météo laisse entrevoir un départ possible mercredi.

LA REUNION

Saint Denis

L'atterrissage, de nuit, sur La Réunion est féerique. Les lumières, scintillantes et surnuméraires, de Saint Denis, posées comme un diadème à flancs de collines, illuminent le firmament depuis le début de la nuit. Nous en étions pourtant encore éloignés de quatre-vingt milles. Heureux pays, qui peut se permettre cette débauche de lumens. Ici non plus, les gens qui en ont en charge la gestion ne sont pas pingres avec les deniers publics. Peinardement installé dans la confortable timonerie de Catafjord, je savoure le spectacle de ce décor des milles et unes centrales nucléaires, à travers une douce torpeur due au déficit de sommeil. La nuit a été superbe, et la traversée depuis Maurice tout autant. Une douzaine de nœuds de vent par notre travers, c'est suffisant pour atteindre les huit nœuds nécessaires à une arrivée au petit jour. Plus rapides, on arriverait de nuit, ce que je préfère éviter. Aussi, nous avons réduit la voilure en conséquence, juste pour le confort. Et c'est drôlement plaisant.

Dans quelques instants, Malou sera réveillée par l'apparition du soleil, et nous aborderons bientôt une nouvelle île à visiter.

10 heures du matin: le rêve prend un tour *cauchemerdique*. Alors que tout s'était déroulé sans encombre jusqu'à présent, là, présentement, les choses sont un peu en train de se gâter. Le douanier qui campe, altier, dans le carré, droit dans ses godillots noirs impeccables, est en train de nous expliquer que nous sommes en infraction avec la loi française, et que deux choix s'offrent à nous dans l'immédiat: soit nous acquitter séance tenante de la TVA sur le canote (disons quarante mille euros... amende comprise), ou alors appareiller immédiatement pour des contrées moins françaises! Malou est au

désespoir: cinq membres de la famille ont déjà acheté leurs billets d'avion pour venir nous rejoindre pendant leurs vacances. Pourtant, malgré la vilaine tournure des évènements, ses larmes et sa bonne foi, combinés avec une remarquable humanité et un professionnalisme sans faille de la brigade des douanes locale, permettront d'arrondir la difficulté, et de s'acheminer gentiment vers une sortie de brouille acceptable par les deux parties. Moyennant le paiement d'une amende "raisonnable", à pas plus tard que 17 heures du même jour, tout est réglé et Catafjord a obtenu l'autorisation de stationner dans le port jusqu'à septembre, sans toutefois en bouger. *Oufff*!!! Notre brave pavillon canadien a bien failli nous jouer un sale tour cette fois.

La ville voisine, originalement nommée "Le Port", se présente comme une ordinaire bourgade de province. Centre ville moderne et propret, mais alentours plus négligés, le tout situé à un bon kilomètre du quai qui retient Catafjord. De quoi satisfaire notre désir de marche quotidienne minimum. Pierre, le maitre de port, est un type avenant, qui nous offre un accueil des plus souriants.

Dimanche. L'ambiance n'est pas à la fête, ni nationale, ni même locale. La ville est morne, sans entrain, sale même, et le ciel est gris comme un bâtiment de la Royale. Par bonheur, une gargote locale, fréquentée uniquement par des gens à la peau plus sombre que la notre, nous offre l'opportunité d'un déjeuner poulet-frites, souriant et sans manière, avec juste la gentillesse spontanée comme on aime. Puis, un peu plus loin, un joli parc de verdure avec cascade reçoit nos déambulations dominicales et digestives. Immondices omniprésents encore, dommage.

Sur le chemin du retour, de l'autre côté du port, trois guitaristes font le bœuf, dans le parking de la marina, leurs amplis branchés sur une borne électrique pour bateaux... Sympa.

Mercredi ; merci Pierre! Les consignes douanières reçues lors de notre épique arrivée stipulent bien clairement qu'il nous est interdit de quitter le port, excepté pour déguerpir d'ici, et rien d'autre. Pourtant, grâce à la gentillesse et à l'inventivité de notre maitre de port, depuis six jours que nous sommes à La Réunion, il nous a déjà été donné d'effectuer cinq croisières, pas moins!

En effet, le bassin de l'avant-port qui nous accueille, est en ce moment même l'objet d'un dragage, impromptu nous dit-on, et qui jette un grand trouble dans l'organisation du "plan de table". Ainsi donc, d'une manière quasi-quotidienne, nous recevons de nouvelles consignes d'amarrage, nous donnant alors une occasion unique de réaliser une mini-croisière d'environ deux cent mètres à chaque fois. Et, attention, tous les ingrédients qui font la saveur d'une croisière réussie sont présents: découverte de nos nouveaux voisins, apprentissage du mode de vie locale, adaptation au *contesque* technico-domestique: un coup, pas d'électricité, un coup, le quai est un étang, un coup, pas de réception wifi, un coup, le voisin nous informe dans la minute de ne pas laisser nos vélos visibles sur le pont car lui-même s'est déjà fait dérober une dizaine de deux-roues (vingt roues, tout de même!!!). Y a pas à dire, la France, c'est vraiment le pays ou tout est possible. Ceci dit, les meilleures choses ayant invariablement une fin, voici qu'en ce beau mercredi ensoleillé, nous est alloué un emplacement où tout est OK! Pourvu que ça dure.

Mais alors, allons-nous alors sombrer dans le désœuvrement et l'ennui? Que nenni, car la liste des travaux d'entretien comporte encore quelques jolies lignes, en tête desquelles pointe le remplacement des membranes du dessalinisateur qui ont largement fait leur temps... Et justement, leurs remplaçantes ne vont plus tarder à arriver.

Vendredi. Après une matinée d'un labeur somme toute plutôt peinard, le *dessal* est paré à produire sa centaine de litres d'eau douce à l'heure, pour peu qu'on ait pris, au préalable, la précaution de l'alimenter des quelques centaines de watts que réclame sa machine électrique. Elle n'est pas belle la technologie moderne? Inch allah, Bouddha est grand, et Jésus est son pote ad vitam internet.

Dimanche. Ce n'est pas rien de se réveiller avec une sexagénaire dans son lit! Bon, en même temps, dans "sexagénaire", il y a un petit vocable significatif. Ça n'aura échappé à personne. Je vous laisse deviner la nature du cadeau d'anniversaire. Mais je resterai coi quand à la position. Inutile d'insister.

Un bonheur en appelant un autre, c'est en compagnie de notre amie Magalie, de passage à La Réunion, plus une équipe de joyeux lurons de rencontre que nous écluserons quelques verres de blanc en l'honneur de notre vaillante *sexigénère*.

La voiture de location est garée sur le quai devant Catafjord. Le frigo et la cave sont remplis, les outils sont rangés, tout est en place, et les invitées peuvent pointer le bout de leurs valises (pas sous les yeux... si possible). A nous les excursions et autres découvertes de paysages époustouflants.

Nos passagères étant, à présent, acclimatées, à nous les excursions pédestres et lointaines, à la découverte de la côte ouest. Une belle journée s'annonce. La pointe La Houssaye accueille nos premières déambulations. Son architecture rappelle un peu la "côte de granit rose", en Bretagne nord, sauf qu'ici le rose est noir et le granit est en pierre de lave. J'éprouve une grande sympathie pour ces minéraux sombres, criblés de trous comme de monstrueuses éponges rigides, sorte de pierre-ponce pour orteils de géants. Les trous d'eau d'alentour, recèlent mille merveilles puantes qui retiennent Malou et Thérèse pendant "un certain temps".

Pêcheurs d'aiguillettes et plongeurs embouteillés se partagent le territoire, au prix d'une épreuve de franchissement nettement plus ardue pour ces derniers, tant leur matériel est lourd et volumineux. Leurs déambulations au milieu des rochers constituent un spectacle cocasse: les palmipèdes malins ne chaussent leurs nageoires qu'arrivés près de l'eau, rivalisant ainsi de finesse avec les rusés *canapéchous*, qui, eux, ne déploient leurs gaules qu'après avoir mouillé leurs tongs.

Après avoir dévasté le quartier du dernier coquillage, notre fine équipe remonte dans la Clio pour une nouvelle étape motorisée, propice aux échanges verbaux dénués de morosité. Je choisis de m'abstenir de commentaire sur la qualité du "co-pilotage".... à la question, "Là, maintenant, vous voulez que j'aille à droite ou à gauche?", je ne reçois pas moins de trois réponses différentes!!! Pas facile. Ah oui ! J'ai omis de préciser que ces dames m'ont attribué la fonction de « chauffeur exclusif du véhicule de location ». Un honneur…

Déjeuner cuisine créole. On se régale, avant l'escale suivante au lieu dit "le gouffre" qui nous procure, encore, de belles images. La houle du large, gonflée par les petits fonds, vient exploser sur la roche en gerbes majestueuses, inlassables feux d'artifice liquide et mousseux. La Réunion est truffée de chemins de randonnée, côtiers ou montagneux, faciles ou ardus, mais toujours pleins de charme. En bordure de côte, quelques mini-édifices, voire de simples croix ou plaques gravées, commémorent la disparition d'êtres avalés par les eaux, dont on n'a pas retrouvé les os... (comme qui diraient, des gens qui ont subi un dégât des os...)

Le cimetière marin de St Paul mérite bien le détour. D'autant que, situé sur la route côtière, il n'y a pas besoin d'en faire, de détour; automatiquement, on tombe dans le cimetière. Donc, visite. Evidemment, s'agissant d'un cimetière, les tombes sont nombreuses et, déclinées en une étonnante variété de styles différents. Modeste "niche à chien" bétonnée, basilique entièrement vitrée style "véranda alu", casemate genre transfo EDF, cabane de jardin, ou encore représentant en ferronnerie qu'aurait pas repeint l'enseigne depuis bien longtemps. Tout à fait hétéroclite, mais doté d'une forte charge émotionnelle. On y ressent, ou croit ressentir, l'interminable vol lourd des âmes ayant habité, dans le passé, les quelques restes enfouis dans cette agglomération muette.

Vendredi. Première vraie excursion: le cirque de Cilaos. Levés dès 7 heures, la journée débute inévitablement par un long trajet en auto. *Tranquilou* au début avec la voie rapide, puis nettement plus "rauque and drôle" sur les trente derniers kilomètres: quatre cent vingt virages dont plus de la moitié en épingle!!! Ça monte, ça descend, ça remonte, dans une féérie de paysages époustouflants. La première danse s'achève à Cilaos, altitude 1100 mètres, température ambiante 18°c. On se couvre un peu plus chaudement avant d'aborder la *rando*, en sous-bois, à flanc de montagne. C'est toujours sympa ces balades-là. Celle-ci est classée "facile"... Bon, n'empêche, six kilomètres à monter et descendre sur un chemin caillouteux, même facile, on est plus fatigué après qu'avant. Le pique-nique, assis sur les rochers de la cascade, sans fourmi, est apprécié de tous. Retour silencieux... La digestion sûrement... Une reposante halte au bistrot, à l'arrivée, complète cette excursion tonique, et donne la pêche au chauffeur pour aborder la descente, tant il est manifeste qu'après une petite mousse, la vie est d'suit' plus douce. Passant devant un boulodrome où les "pète en cœur" taquinent la bouboule, je songe que, moi aussi j'ai un "boulot d'rhum", avec la préparation quotidienne du planteur de ces dames.

Comme un point d'orgue à cette belle journée, le soleil descend au lit avec un joli rayon vert juste au moment où la Clio de loc. arrive en haut de la marina, avec nous encore dedans... C'est t'y pas bien organisé ça? Allez, apéro.

Samedi. Lever comme hier, à 7h. Direction la côte Est cette fois, pour la visite guidée de l'usine sucrière de Bois-rouge, en groupes organisés d'une vingtaine de *clampins*. Le hasard nous intègre à un joli spécimen de famille de bourgeois cul-pincés qui se poilent chaque fois qu'il leur tombe un œil. Du coup, je remballe mes pitreries à deux balles, et je me réserve pour une prochaine fois. Quand j'aurai un public de connaisseurs.

L'usine ronfle à plein régime, et ça rend la visite très vivante. Chaque zone de production réserve son lot de sensations. Au départ, un incessant ballet de remorques agricoles reconstitue la montagne de cannes fraîchement coupées au fur et à mesure que d'impressionnantes mâchoires de métal en saisissent des fagots de plusieurs centaines de kilos pour alimenter le monstre. Différents tapis convoyeurs en caoutchouc noir véhiculent la canne broyée dans un tumulte de fin du monde, agrémenté de volutes de vapeur comme dans les films policiers où l'intrépide inspecteur Bénure poursuit le vilain bandit Calapone, armé jusqu'aux dents du fond d'une multitude de coupecoupes super affûtés.

Personnellement, je ne la trouve pas trop reluisante cette usine. Sollicitant l'opinion de Miss *guidounette* sur le sujet, elle me susurre une explication pourrie à base de corrosion due à la proximité de la mer. N'empêche, pour de l'agro-alimentaire, c'est un peu rouillé, que je trouve. Puis, en grande championne de la mauvaise foi, elle nous explique que le rhum fabriqué dans l'usine d'à côté, à base de mélasse, serait plutôt meilleur que du rhum agricole des Antilles!!! Là, j'ai du mal à déglutir, et manque même de m'étouffer dans une quinte de toux. Bientôt réactivée par la dégustation, laquelle confirme bien mon opinion. Pour autant, la visite de l'usine est tout-à-fait passionnante.

Rythme plus vacancier ces jour-ci. Lever tardif, *glandouillage* et pataugeage à la plage, apéro le midi... et toute cette sorte de choses. A St Pierre, dans le sud, les plus hardies (en fait, les deux petites jeunes: Gaëlle et Malou) coifferont même masques et tubas pour aller chicaner les poissons multicolores à l'intérieur du bassin corallien. Quelles aventurières intrépides !

Avant l'accueil d'un nouvel arrivage de touristes familial, nous programmons quelques promenades de bord de mer, aussi agréables que faciles, ce qui est loin d'être déplaisant. Du côté de St Joseph, en contrebas du sentier, les roches noires calcinées, organisées en paysage lunaire, assaillies d'écume, semblent coiffées d'une mise en plis chantilly, et c'est beau. Le long du chemin, au dessus des filaos, les pailles-en-queues filent là-haut, cependant que les anges s'enfilent là-haut... mais cela ne nous regarde pas. En tous cas, c'est très beau.

Céline et Anne-Yvonne sont installées à bord de Catafjord depuis hier et le programme *rando-intensif* peut commencer. La Clio a fait place à un gros bourrier haut sur pattes, dans lequel mes cinq copines se trouvent chacune une place, le temps du transfert préalable, indispensable à toute excursion. Aujourd'hui c'est Bébour. Ça sonne comme une contrepèterie, et c'est justifié, car le chemin qui serpente dans la forêt primaire aurait mérité des bottes au lieu des baskets.

Piquenique, transis, puis, retour par St Paul. Ma mission de chauffeur de ces dames s'étoffe soudain de deux projets passionnants: trouver une pharmacie pour Anne-Yvonne qui s'est *torticolé* le genou dans les cailloux pleins de gadoue, et trouver une poste pour envoyer les cartes postales. C'est farci d'entrain et de ferveur que je me lance dans cet ambitieux challenge, tous les sens en éveil, surtout le sens de l'orientation, mais aussi le sens de l'humour et surtout le sens giratoire sans lequel le franchissement des ronds-points tournerait rapidement en dérision. Quelques minutes plus tard, que voient apparaitre mes passagères devant leurs yeux médusés, hagards et vitreux [17] ? "Pharmacie de la poste"... Ovation! Méritée.

Jeudi premier route[18]. Pour changer un peu du style "gadoue", la *rando* du jour est programmée dans la savane. Nous retrouvons Manu dans les hauts du cap La Houssaye, avant d'attaquer le sentier qui serpente à travers les coteaux blonds aux reflets roux... C'est vous dire si c'est beau. Le genou d'Anne-Yvonne se tient bien, autorisant notre petite procession à cheminer normalement, autrement dit « pas vite ». La majeure partie du trajet jouit d'un panorama magnifique sur la baie de St Paul. Rencontre insolite avec un husky vagabond perdu... Qui

---

[17] A cause des lunettes de soleil, bien sûr...

[18] Juste après la fin Juillet...

nous aurait volontiers adoptés, s'il n'était bientôt rattrapé par son gardien, lui-même très vite recapturé par sa copine. Au large, des groupes de baleines s'ébattent à quelques encablures du rivage, pour la plus grande joie de nos touristes qui poussent des ébahissements sonores de feux d'artifices; "Oh la belle gerbe blanche!", "Oh la belle bosse noire", "Oh la belle queue" (comme disait la jeune mariée).

L'heure du déjeuner étant largement atteinte, nous saisissons une superbe occasion de nous mêler à la masse compacte de ceux qui cherchent un endroit pour stationner la bagnole, tout près d'un endroit pour déflorer le *tuperouare* à salade. Pas fastoche avec ce vent qui souffle comme une baleine avant l'apnée, et ça décoiffe les moules. Pourtant, Malou la maline a tôt fait de nous dégotter une table de bistrot, garnie de quelques bonnes bières hors de prix (mais quelle importance, c'est Céline qui régale...), où on nous autorise à se goinfrer sous le nez des tauliers. Repus, il est temps de visiter le "super U" local en vue de refaire les niveaux de rhum et de jus de fruits, dangereusement proches de la cote d'alerte.

Samedi. Route à l'Est. Tenter de ne pas s'arrêter toutes les cinq minutes pour raisons photographiques ou *urinatoires* demande une préparation psychologique préalable que je travaille assidûment... Avec, par bonheur, quelques résultats. C'est ainsi que la première halte du jour a lieu devant l'église de Ste Anne après plus d'une heure d'auto... Yesss! Superbe édifice, récemment rénové. A deux pas de là, le fils du tourisme[19], qui fait aussi dans la carte postale et le souvenir varié, guette sournoisement le chaland avec son assortiment complet de cochonneries hors de prix et sa taulière pas aimable (Elle a un boulot garanti à vie. Alors pourquoi s'occuper de ces chieurs de clients qui l'empêchent de téléphoner à sa copine? Sur le compte de la boutique bien sûr). Heureusement, dans l'échoppe voisine, plus modeste, quelques réalisations d'artistes locaux sont présentées par deux charmantes personnes, peu avares de sourires, et c'est quand même autrement plus agréable.

---

[19] Oh, fils de tourisme !

"Notre Dame des laves". Aucun rapport avec quelque lavoir à l'eau bénite... C'est de lave volcanique dont il est question ici, car nous sommes dans cette région du sud-est où le volcan voisin, toujours en activité, a pour habitude de dégobiller de temps en temps son magma en fusion. Une de ses coulées aurait épargné la petite église en se séparant en deux flux à l'approche d'icelle, lui apportant ainsi une aura particulière, accompagnée de la notoriété qui sied aux évènements miraculeux. Ainsi démarre notre pèlerinage "traversée des coulées de la Fournaise". Celle de 1977 nous retient un long moment. Majestueux filet de bave carbonisée, ses vagues noires descendent du piton, tout là-haut, pour venir se vautrer dans la mer en un impressionnant tableau/valse à trois tons: noir, vert et bleu. L'aspect de ce fleuve de lave refroidie me fait irrésistiblement penser à une méga-bouse de vache, polymérisée à cœur, et parfumée à la vanille, par les effluves des plantations voisines. Un peu étrange. Mais quel spectacle! Et comme toujours sur une côte au vent, la mer fait son show en pulvérisant ses gerbes de mousse plus blanches que blanc sur le tapis de galets noirs. C'est beau, très beau, et c'est aussi quatorze heures, donc grandement temps de casser une petite graine. Ca tombe bien, l'aire de pique-nique attenante est un modèle du genre, avec ses kiosques en bois d'arbre et sa pelouse verte.

De paysages sublimes en "point-de-vue" saisissants, l'après-midi se consume et voilà qu'il faut un peu "bourrer la mule" pour ne pas être trop en retard à notre invitation à dîner. Une famille de Réunionnais, Brigitte, Maximin et leur ravissante nièce, Audrey, dont le décolleté vertigineux rabaisse le Piton des Neiges au rang de pauvre taupinière, se sont démenés pour nous recevoir dans la tradition créole: rhum arrangé, cari boucané, rougail saucisse et gâteau patate douce. Nous devenons rapidement des amis de longue date. On se congratule, on se photographie, on se remercie. Une super-soirée!

Dimanche, jour des baleines. Céline a réservé un petit canote de location au départ de St Gilles. Après un inconfortable *picnic*, assis sur le bord du muret, en face du ponton, à attendre le retour du client précédent en compagnie de Manu, notre petite troupe embarque, appareils photos en bandoulières. Las, la mer n'a pas décidé de se laisser mettre en boite aujourd'hui, et le convoyage vers les lieux "baleinifères" est du genre turbulent. Quelques coups de gite particulièrement vigoureux envoient valdinguer les imprudentes sans ménagement. Les boites à images retrouvent leurs étuis, cependant que les cétacés, braves bestioles, apparaissent comme par enchantement aux regards admiratifs de mes passagères. Une fois tous les visages illuminés d'un sourire satisfait, nous décidons ensemble d'un retour prématuré destiné à éviter la cohue de soirée à la pompe à carburant. Ça marche, mais avec un gros bémol, car le pompiste est un magistral bourrin qui parvient rapidement à fâcher tout le monde. Par chance, la suite est bien plus sympa, avec une bonne surprise. Une troupe de théâtre d'improvisation se donne en spectacle sur le chemin du troquet où Manu fait péter sa petite mousse...

Mardi: Jour de LA grosse *rando*: le fameux "Piton de la Fournaise". Nous avons fait la route hier, en bagnole, afin d'être en position de partir à l'assaut du volcan dès potron-minet. Manu nous a rejoints dans l'après-midi.

Le gite qui nous héberge pour la soirée et la nuit a des allures de chalet savoyard. Sympa, mais glacial, en dépit de l'original revêtement de la façade, constitué de tongs clouées. Pilou, le taulier, a jugé suffisant d'installer un petit poêle à bois dans un coin de la bibliothèque pour chauffer toute la casbah... Louable intention, mais qui s'avère largement insuffisante en regard des trois degrés de température extérieure. Heureusement, nos colocataires sont bien sympas, la cuisine est bonne, et le rhum bien arrangé. De même que cet élixir magique, servi en *dijo*, et dont la bouteille héberge un cobra et un scorpion. Qui ont dû y entrer en état d'ébriété avancée. Par contre, je ne trouve pas que ça donne un goût spécial. C'est un truc juste pour frimer, je crois. Pour faire genre « Ouais, tu verrais tous les trucs que je bois, moi ! Attention, j'suis un fou, moi ! *Z'yva* les serpents, les insectes, les araignées avec des pattes poilues, tout. Même une bouteille avec une belle-mère dedans, je la bois, moi !».

Lever à 6h, départ à 7h30, tout le monde dans la guimbarde, y compris Manu, direction "le pas de Bellecombe", aux portes du cratère Dolomieu. Plus nous approchons, plus la pluie est dense, avec une visibilité qui atteint péniblement une centaine de mètres.

Nous attendons patiemment dans le refuge qui jouxte le parking, en compagnie de la vingtaine de personnes qui, comme nous espère un éclaircissement, en sirotant des chocolats chauds hors de prix, dans les remugles des toilettes voisines, lesquelles rencontrent un vif succès. Pour finir, un peu avant la congélation définitive de nos pieds, nous décidons d'un repli stratégique, avec modification du programme de la journée. Le temps est vraiment trop dégueulasse.

Nouveau projet: "le Maïdo". Deux heures de route de montagne, avec un petit stop en chemin pour engloutir le sandwich et faire pisser ces dames (la moitié du temps pour le sandwich, l'autre moitié pour le *sitting touf-gazon*...).

Treize heures: nous voici parvenus au parking jouxtant l'aire de "point de vue" et de départ de randonnées. Cette fois, la chance est avec nous. Le spectacle est grandiose: le cirque de Mafate étale sous nos yeux ébouriffés son majestueux panorama, étincelant sous le soleil dans son étourdissante majesté! C'est un peu comme si nous étions en avion, et, la montagne qui est sous nos pieds a envie de toucher l'avion. Alors, elle monte, elle monte, elle monte, de plus en plus verticalement, jusqu'à parvenir à toucher de son doigt rocheux la queue de l'avion (ou toute autre partie de l'avion, c'est un détail qui n'a pas la moindre importance). Le plus étonnant, c'est que les quelques hameaux que nous apercevons tout là-bas dans le fond, ne sont reliés au reste du monde par aucune route. On ne peut s'y rendre qu'à pieds par des sentiers difficiles, ou alors en hélicoptère. (Mais ce n'est pas le même prix). Nous marchons une heure sur un sentier avant d'opérer le repli apéritif du soir (Je sais que certains trouvent qu'il est souvent question d'apéritif, mais c'est une illusion d'optique et d'acoustique. Quand on y est, ça se passe tout seul).

Mercredi. Nous recevons à déjeuner nos amis Réunionnais. Brigitte se demande s'il ne serait pas judicieux qu'elle vende sa maison pour acquérir Catafjord et faire le tour du monde aussi...

Notre premier flot de vacancières, Thérèse et Gaëlle, quittent le bord ce soir.

Demain, dentiste, car j'ai deux chicots sur pivots qui ont profité des sandwichs de *rando* pour se faire la paire... Franchement, se faire la paire à deux... Pas très original.

Je ne sais pour quelle obscure raison, il semble devenu indispensable, voire urgent, de baigner Céline. C'est Grande Anse qui a été élue "site de trempette" du jour. Comme il fallait s'y attendre, quelques centaines de bipèdes plus ou moins humanoïdes ont également été pénétrés de cette géniale idée, d'où quelques embarras circulatoires. Mais passons. L'après-midi ayant eu largement le temps de s'étirer depuis le traditionnel piquenique bord de route du midi, si cher aux Réunionnais, Grande Anse se trouve agrémentée de la belle lumière lorsque nous y parvenons enfin. L'endroit est superbe et possède tous les attraits attendus: les rouleaux d'écume, les palmiers qui agitent leurs branches sous la caresse de l'alizé, l'herbe rase et bien verte qui accueille les derrières en *ouikène*, et même une zone de baignade à l'abri du fracas des vagues.

Un kiosque en toile abrite une table à apéritif, garnie de verres et de boustifaille, autour d'un container de punch planteur. Au devant, quelques musiciens en costumes colorés, tentent de mettre un peu d'ambiance en soufflant dans leurs instruments de cuivre. Je me pose là pour profiter du spectacle pendant que les copines vont s'ébattre dans l'eau salée. Alentour, une multitude de petits groupes familiaux s'adonne chacun à son occupation favorite sans s'occuper des autres; les *pétanqueurs pétanquent*, les *badmingtonneurs* chassent le volant à grand coups de tapettes à mouches, les buveurs de bière caressent leurs "dodo", et les amateurs de bronzette commencent à ramasser leurs abattis car la fraîcheur arrive. Une maman entraîne gauchement son rejeton à taper dans un ballon... Les *musicos* s'essoufflent et n'émettent plus que quelques sons sporadiques... Chacun son tour, comme quand on se chauffe avant un concert... Un morveux à la trogne maculée de chocolat se pointe dans mon espace pour faire connaissance... Le son des klaxons hurlant en cœur et en s'amplifiant, annonce l'arrivée imminente d'une jeune mariée, à qui est destiné tout le bazar musico-planteur. Elle apparait. Le "little big band" se remotive immédiatement et attaque une romance rythmée qui parvient difficilement à faire trémousser trois ou quatre popotins juvéniles, devant l'objectif d'une énorme caméra, que Mr Kassowitz il n'en avait même pas une pareille pour tourner « L'ordre et la morale »[20]! Le groupe autour des mariés s'est un peu densifié, mais toujours pas le plus petit début d'ambiance festive. Etrange. Quel contraste par rapport

---

[20] Voir le tome 2 de « Mamilou et grand-père en short autour du monde ».

à nos fêtes de famille enthousiastes. Mais, après tout, pourquoi ne pas se "marier triste?". On pourra, ensuite, quelques années plus tard, divorcer dans l'allégresse...

Malou revient de la baignade avec une épine d'oursin dans le pied. Par chance, mon "Victorinox" en viendra à bout rapidement, et sans dommage aucun, ni pour le couteau, ni pour la Madame.

Le "chemin des anglais", bien mal nommé puisqu'il a été construit par des français, se nomme à présent chemin Crémont, du nom d'un gaillard qui aurait contribué activement à sa mise en œuvre. Long ruban de galets volcaniques promus à la fonction de pavés, c'est une des toutes premières voie de circulation ayant donné accès à la capitale. Elle fait, à présent, le bonheur de nombreux randonneurs avertis [21]... N'étant nous-mêmes que des baladeurs pédestres pas tellement avertis, nous commençons par nous poser sur de grosses pierres calées au fond de la ravine Magloire, afin d'y siroter notre délicieux planteur du dimanche midi, tout en commentant abondamment le défilé des vrais marcheurs qui se lancent gaillardement à l'assaut du premier raidillon. Ils nous impressionnent un peu avec leurs beaux costumes de randonneurs "qu'est chua": godasses à crampons, chaussettes jusque sous le genou, shorts *moulburn* pour les hommes et *moultouff* pour les dames, tee-shirts fluo roses et verts, gourdes à narguilé portées en soutien-gourdes, et casquettes conquérantes, de la même couleur que les chaussettes.... *Ouahhh*, le look! On se sent tout petits, nous. Et encore plus quand on les voit gravir en petites foulées ces montées que nous franchissons... en silence et en soupirs... Il n'empêche, nous finissons tout de même par avaler les douze kilomètres du calvaire en souriant... Jaune, pas fluo. Après quatre heures et demie de marche. Au final, ça fait plaisir.

Lundi. Les copines sont ambitieuses aujourd'hui: double objectif! Déjeuner créole chez Eva, et visite vanilleraie ensuite!

La table d'Eva Annibal, à Bras-Panon possède une double originalité: deux longues tables accueillent les convives les uns à côté des autres et le rhum magistralement arrangé est à volonté. Les tables

---

[21] Lesquels, comme chacun sait, sont le double des randonneurs non-avertis...

en sont garnies de dizaines de bouteilles que chacun ponctionne à sa convenance! En compagnie de mes copines, peu de dérive probable. Mais je m'imagine atterrir ici en compagnie de mon Maxsou d'un côté, et de mon neveu Alain de l'autre...!!! La catastrophe serait au coin du goulot, pour sûr. Grâce au ciel, nous quittons les lieux vers 14h avec guère plus de quatre grammes... Pas de quoi avaler son permis de conduire.

Petite recette de rhum arrangé fournie par un voisin de table: cannelle, vanille, feuilles de Faham, écorce de benjoin, sucre, fruits. Laisser macérer six mois (c'est ça le plus difficile...).

Puis, nous zigzaguons gentiment vers la vanilleraie prévue. Nous y parvenons avec trois quart d'heures d'avance... Largement suffisant pour digérer paisiblement, en attendant de connaitre tous les secrets de l'orchidée odoriférante. Celle-ci pousse sous *ombrière* chez les Rouloff. Toutes les étapes, depuis la pollinisation, jusqu'au conditionnement ultime, nous sont décrites avec force détails passionnants! Où il est question de pollinisation manuelle car aucun insecte local ne s'en occupe personnellement. Et, donc, c'est le taulier, sa femme et son fils qui doivent retrousser à la main le pistil de chaque fleur afin que le contact se fasse entre ses deux organes reproducteurs, générant ainsi l'érection d'une gousse. *C'est pas* un métier torride, ça? Ca devrait s'appeler "branleur d'orchidée", mais, ici, c'est "marieur" ou "marieuse" qu'on dit. La vanilleraie Rouloff est la seule de La Réunion qui vend toute sa production directement, sur place, sans intermédiaire.

Cap méchant, soit une énorme coulée de lave qui ne date pas d'hier. Déchiquetées sous les assauts des vagues, les grandes murailles noires s'enfoncent dans la mer, en devenant roses à leurs bases, par dépigmentation et hébergement de micro-organismes marins. Le chemin côtier cahote sous les filaos, et surtout les pandanus, ici nommés "vacoas". Un tapis d'herbes "pique-fesses", endémiques, a colonisé la roche poreuse pour offrir à nos pieds une épaisse moquette verte qui confère un grand confort à notre promenade. L'alizé souffle vigoureusement et fait gerber la mer en explosions d'écumes. Deux pailles-en-queues apparaissent dans le ciel à l'instant précis où Anne-Yvonne et Céline les réclament pour leurs photos. Tous ces spectacles naturels permanents enchantent nos deux vacancières qui en gloussent de satisfaction, alors que, bon ! Si on regarde bien, c'est rien de piafs et de l'herbe.

Poussant la balade jusqu'à la cale des pêcheurs, au lieu-dit "Langevin", nous avons la chance d'assister au retour de pêche d'une barque locale. Quel rodéo! L'étroite cale, enchâssée entre deux murailles rocheuses, accueille le flux et le reflux de chaque vague arrivant du large. La barque stoppe son erre à une vingtaine de mètres, ballotée comme un moucheron tombé dans ma bassine de punch au moment où je touille (c'est une image). Un des hommes d'équipage s'affaire à déposer le moteur hors-bord et le range dans le fond de l'esquif pour lui éviter un mauvais coup. Un autre costaud se met aux avirons et approche la barque des rochers, cependant qu'un bout' est frappé à l'arrière et envoyé à un compère qui attend, perché contre la muraille, à proximité de l'entrée du goulet. Les hommes d'équipage débarquent alors prestement, de l'eau jusqu'à la taille lors d'un flux de ressac. Le dernier débarquant reste perché sur le caillou afin de tenir son canote éloigné du danger et donner, au moment opportun, l'ordre de hâler dessus. Tractée par cinq ou six gaillards vigoureux, la barque monte alors d'une dizaine de mètres dans l'étroit boyau de pierre, aidée par le flux, puis s'échoue en douceur, fermement maintenue par quelques paires de bras. On recommence la manœuvre à la faveur d'une prochaine grosse vague, gagnant encore quelques mètres. Enfin, c'est un treuil électrique, fermement scellé dans sa cabane en haut de la cale, qui prend le relais. L'ensemble de l'opération ne prend que quelques minutes, dont certaines sont bien intenses... Et, gare aux maladroits. Quand la mer est trop forte, les canotes restent sur le terre-plein, et sont alors l'objet des nécessaires travaux d'entretien.

Dimanche. Nos invitées ont rejoint leurs contrées bretonnantes. Sept ans, déjà, que nous avons quitté leur monde conventionnel... Quelques heures après leur départ, nous revoilà installés dans notre mode de vie habituel, tellement différent.

J'ai repris mes travaux sur le substitut de lattage bois destiné au plancher de cockpit, ainsi que ma mission d'accompagnateur de Malou dans ses œuvres d'approvisionnement en vivres avant de partir pour "Mada".

Nos amis Jean et Sonia nous ont conviés à une petite sortie en mer, à bord de leur canote à moteur, histoire de nous joindre au troupeau de curieux qui agacent quotidiennement les placides cétacés (qui pensent sans doute que c'en est trop!), avant d'aller ensuite grossir les rangs des "trop-nourris" qui font prospérer les auberges du port de Saint-Gilles. Un groupe de leurs amis sont de la fête, aussi. La journée se passe, agréable et indolente, jusqu'à la naturelle conclusion apéritive du soir, où, là, c'est nous qui invitons. Nos convives sont un couple de canadiens sympas, Jennifer et Nick, qui viennent de Vancouver à bord de leur monocoque vert, "Green Ghost". Ils sont nos voisins du moment. C'est une bonne occasion de nous remettre un peu à l'anglais, que nous avons bien négligé ces derniers temps...

Ce matin, je me rends, en vélo, chez PSI, modeste boutique, sise dans la zone industrielle qui jouxte la marina, à dessein d'y acquérir un ébulleur et une boite de cire de démoulage. En l'absence du patron, c'est son employée réunionnaise qui a la charge de s'occuper des clients. A mon humble avis, elle s'en acquitte fort médiocrement. Non contente d'avoir l'amabilité et la chaleur humaine d'une porte de prison (même pas en composites), la saucisse peine à répondre aux deux ou trois questions basiques que je lui pose, me pressant lourdement vers la sortie à coups de "ce sera tout?", et autres "vous cherchez autre chose?", peu engageants. Pour se désennuyer un peu de la présence de clients, qui viennent lui péter sa quiétude dès le lundi matin, cette employée modèle entame alors, avec une de ses copines, une interminable communication téléphonique, entièrement sponsorisée par la boite, sur le thème majeur: "la rentrée scolaire des ch'tites n'enfants"... "et pia, pia, pia, le p'tit a pleuré... et pia pia pia, c'est t'y pas malheureux... et pia pia pia, pôv gamin... et pia pia pia... ", Tout en encaissant mon bifton. "Au revoir", et "merci", ne font pas partie de son baratin. Heureux pays où les subventions françaises pleuvent si dru que l'on peut aisément se permettre de négliger le peu de clients qui franchissent le seuil de la boutique, et où l'on s'appesantit longuement sur la dure vie des mômes qui vont en classe. Cependant qu'à une poignée de kilomètres d'ici, d'autres enfants ne disposent même pas d'un crayon pour apprendre à écrire et ne bouffent pas à leur faim, vêtus de leur unique tee-shirt troué pendant plusieurs années.

Les essais de lattage de cockpit en polyester que je mène en ce moment s'avèrent plutôt concluants. Du coup, nous filons, de nouveau, chez l'approvisionneur local, afin d'y acquérir les matériaux nécessaires à l'avancement du chantier.

La doudou revêche de l'autre jour, s'avère beaucoup plus avenante cette fois-ci. Est-ce la présence de Malou, ou alors elle s'est habituée à mon humour, toujours est-il qu'elle est devenue bien aimable et même carrément volubile. Comme quoi, il n'y a pas de règle... (Ou alors... ça serait ça l'explication, pour l'autre jour... Mais, ne nous égarons pas). Du coup, je révise totalement le jugement que je portais sur elle en début de semaine.

Hier soir, nos amis canadiens de "Green ghost" ont organisé une petite "party" informelle, sur le quai. D'un genre que nous autres, latins, ne pratiquons pas couramment, mais qui possède pourtant une indéniable efficacité. Le principe est de réunir dans un endroit "neutre" (le quai, par exemple), une brochette de relations amicales, qui apportent chacun un peu à boire et un peu à manger. On pose tout ça sur une table improvisée (en l'occurrence, une palette en bois), et voilà le théâtre de notre apéro-dinatoire. Le principe fonctionne correctement, sans offrir toutefois la petite touche de délire supplémentaire qui affecte souvent ce genre de réunion lorsqu'elle se déroule à bord de Catafjord.

Vendredi. Encore une bonne journée, un tantinet laborieuse, qui tire à sa fin. La troisième tournée de moulage de lattes vient de recevoir sa coupe-en-gel, et les outils sont nettoyés. Malou est partie acheter un peu de catalyseur, pendant que je range les bandes de mat coupées au format.

Une bagnole s'immobilise sur le quai, de laquelle jaillissent deux personnes qui s'avancent en m'interpellant. Bonne surprise, c'est Sylvain, le dentiste qui s'est penché récemment sur mon problème de chicot de façade. Il vient aux renseignements, accompagné de sa pétillante compagne Julie: "Comment qu'on fait pour devenir *tourdumondisse* en bateau?". Voilà un couple de jeunes qui porte à l'optimisme, avec leur joie de vivre, leur curiosité, leur ouverture d'esprit, leur simplicité charmante. L'avenir nous permettra peut-être de les retrouver, car ils envisagent de massacrer quelques dentitions du côté des Caraïbes, dans un futur proche.

Fin provisoire du chantier de résine. Le stock de lattes de presque deux mètres carrés est stocké, avec les moules, dans une cabine inoccupée. Les outils sont propres et rangés. Un bon coup d'aspi pour éliminer les fibres de verre qui ont envahi les planchers comme un chiendent synthétique, et l'atelier de moulage disparait jusqu'à la prochaine escale propice. J'ai mis l'annexe à l'eau pour gratter les coques à l'aide de ma spatule à long manche. C'est beaucoup moins bien qu'en plongée, avec le narguilé, mais la présence occasionnelle de requins dans le port, et la fraicheur de l'eau m'invite à me contenter de cette rustique toilette. Et, puis, seulement quatre cent milles nous séparent de Sainte Marie, notre prochaine escale.

Ce matin, Malou est passée à deux doigts d'inventer le "drive-in" en vélo. La Réunion est certes une île superbe, mais elle est, hélas, infestée de voleurs. Pour vous dire, n'y perdez pas de vue votre belle-mère, on vous la piquerait à coup sûr. Hors donc, en ce jour de veille de départ, la Miloud se rend chez Leader Price afin d'y quérir quelques denrées, sans aucun doute indispensables à la suite de notre périple. Afin de ne pas exposer son vélo en alu à la cupidité des chapardeurs, elle s'est vue invitée par le gardien à introduire son biclou à l'intérieur même du magasin, soit, à proximité immédiate de la caisse. Ce qui lui a permis de charrier ses *appros*, direct du caddy aux paniers du vélo. De là à imaginer la phase suivante, où elle serait autorisée à faire ses emplettes en bécane dans le magasin, et, à passer ensuite à la caisse, carte bancaire à la main, le popotin fermement soudé à la selle, il n'y a qu'un tour de pédale, que je n'hésite pas à donner ici même, afin, peut-être d'apporter ma petite contribution à l'amélioration de l'efficacité et du confort, de la ménagère aux commissions. Ne me remerciez pas, c'est tout naturel, quand on a une idée géniale, d'en faire profiter ses contemporaines.

Mercredi en mer. Belle traversée depuis La Réunion. Peut-être un peu trop speed au début, avec une bonne trentaine de nœuds de vent durant les premières 24 heures, et la mer qui va avec, bien sûr, alors même que nous sommes totalement *désamarinés* par un mois et demi scotchés à quai. La deuxième moitié du trajet est plus paisible, tout en restant tout de même tonique.

MADAGASCAR

Sainte Marie

Et voici que l'île est maintenant toute proche, apportant avec elle la promesse de nouvelles rencontres. Après la franchouillardise tropicale de La Réunion, nul doute que Mada nous apportera son lot de dépaysement.

Justement, ça démarre fort. Le chenal qui sépare Sainte-Marie de la grande terre est un havre d'accueil pour les baleines, qui viennent s'y reproduire, mettre bas, ou sevrer leur progéniture de l'année précédente. Un genre d'immense bordel pour mammifères marins, quoi! La gestation dure onze mois et demi. En conséquence, chez miss Cétacé, une année on baise, une année on pond. Personnellement je trouve que ce n'est pas du tout assez. Mais bon, ceci ne nous regarde pas. Ces grosses bestioles, présentes par centaines en ce moment, nous offrent, dès notre arrivée, un festival de bienvenue, jaillissant de la mer jusqu'à mi-corps pour retomber lourdement en projetant deux magistrales gerbes d'écume de dix tonnes chacune!, qui les signalent de loin. Parfois, un rejeton imite maman baleine. Plus agile, il surgit en chandelle, à la verticale, et se maintient ainsi quelques brefs instants, en une sorte de "wheeling" nautique, style caniche à l'assaut du *susucre*. Soudain, l'une d'elle, pas gênée par notre présence, croise Catafjord à contrebord, à moins de dix mètres, émergeant sa nageoire dorsale et sa queue juste le temps d'imprégner durablement nos mémoires. Parvenant au mouillage, derrière l'îlot Madame, une autre, qui s'y prélassait, déménage lentement, semblant nous indiquer l'endroit où poser notre ancre.

L'après-midi est consacrée aux formalités d'entrée, comme il se doit. Un grand moment! Un bâtiment désuet et sobre, à la façade garnie d'une pauvre pancarte: «recette des douanes". Les volets en bois sont grossièrement réparés avec des planches clouées. La porte est ouverte. Nous entrons, dans la pièce sombre et dépouillée, seulement garnie de deux bureaux de bois sur lesquels trônent deux machines à écrire d'un modèle ancestral, aux côtés de quelques dossiers papiers, empêchés de s'envoler par les tampons et encreurs posés dessus. Pas l'ombre d'une présence humaine. Cependant, de la pièce d'à côté, nous parviennent les hordes de décibels produits par un téléviseur bas de gamme diffusant à volume maximum les crétineries d'une lénifiante série à deux balles. Pour nos instincts de limiers, ce détail a valeur d'indice. Nous appelons: «Y a quelqu'un?". Bingo! Un gars se pointe, torse nu, son ticheurte à la main, chaussé de tongs du même millésime que la machine d'écriture, et illumine la pièce de son sourire aussi jovial que non-incisif!... Pourquoi "non-incisif"? Parce que le gus n'arbore pas un seul chicot en façade (mais on aperçoit des canines sur les côtés, un peu en retrait...). Optimiste, je me dis qu'un douanier comme ça, ça ne doit pas trop mordre. Si tant est que ce gars, au look si peu martial, soit réellement un douanier. Rien ne l'indique, pour le moment. Mais voici que, sitôt chaussé le ticheurte, notre homme s'installe derrière un des bureaux et réclame "le papier". Cette fois, c'est sûr, c'est lui le préposé (sauf que là, il est plutôt "postposé"... Mais bref). Je lui tends la clearance de sortie de La Réunion, qu'il retourne illico sur son bureau. Puis, saisissant d'un geste professionnel et décidé, un des tampons, il se met en devoir de l'apposer sur le verso vierge du document...Hélas, le succès de la manip est assez mitigé, car, l'encreur, est aussi du même millésime que le reste, et donc, il encre sensiblement moins qu'au siècle précédent. Notre bipède est un opiniâtre. Il va chercher quelques particules d'encre élémentaires dans des endroits *ousque* le tampon n'a pas dû y aller trop souvent (pense-t-il), genre dans les coins, travaillant son instrument avec application dans un mouvement de balancier appuyé, propre à extraire encore peut-être un millième de milligramme d'encre, laquelle lui permettrait d'apposer enfin sur notre document la marque indispensable au passage à l'étape suivante: "ça nous fait 80000 ariarys!" (Avec un euro, on obtient pas loin de trois mille ariarys). Sachant que le salaire moyen, ici, est de deux à trois euros par jour, ça fait une somme! Des quantités de millionnaires en ariarys Je me demande s'il n'est pas, tout de même préférable d'être « pauvre » en euros que riche en ariarys.

Malencontreusement, dans son zèle fébrile au service du client, pépère gabelou s'est gouré de tampon, et donc, se voit contraint, sur le métier, de "remettre son ouvrage".

Après avoir copieusement maculé notre document de ses errements *tamponatoires*, notre brave préposé se décide, avec une timidité de jeune premier, à réclamer la fameuse taxe, nous justifiant l'existence d'icelle par cette délicieuse formule:"C'est ça qu'on a demandé aux autres" (les "autres" désignant les trois bateaux présents dans le mouillage depuis quelques jours). Ceci étant, qu'elle soit légitime ou pas, nous aurions mauvaise grâce de tenter de nous soustraire à ce "don", car, les affaires du pays étant ce qu'elles sont, les fonctionnaires ne perçoivent plus leur salaire régulièrement depuis belle lurette... et, cependant, il faut bien vivre... Sachant qu'il est très néfaste de payer n'importe quoi sans sourciller, car ça encourage les pratiques illégales et la corruption, il est de notre devoir de nous rebiffer (un peu) avant d'allonger l'oseille. Nous réclamons donc, un reçu. Aucun problème. Le gars nous en rédige un immédiatement sur papier libre avec sa signature et le tampon du poste de douane. « Pour ces messieurs/dames, ce sera tout? »

L'étape suivante, la visite au bureau de la police pour obtention des visas, est du même tonneau. Toujours la machine à écrire moyenâgeuse, le bureau en bois avec personne derrière, sauf qu'ici, la téloche n'est pas dans la pièce contiguë, elle est dans le bâtiment d'à côté, et donc on ne l'entend pas. Côté tampon encreur, on est dans le même registre; tellement sec, que le gars en a deux à sa disposition. Et, donc, au lieu de traquer le milliardième de goutte dans les angles, le fonctionnaire passe convulsivement de l'un à l'autre, comme si la gougoutte allait se barrer furtivement d'un encreur pendant que le tampon est sur l'autre, et que le gars cherche à la capturer par surprise avant qu'elle ne sorte du bocal.

Le visa pour trente jours est gratuit. Mais il faut donner 500 ariarys pour financer les photocopies, et notre homme nous signale qu'un petit cadeau ne saurait être refusé. *Faudrait pas* être vexant. Et puis c'est vrai que refuser, c'est dégouter d'offrir...

En cours d'entrevue, son collègue apparait (la fin de l'épisode du feuilleton, peut-être…), expliquant que le grand chef désire visiter le bateau et que c'est à nous de payer son transport en taxi! Devant notre ferme refus, le type lâche l'affaire sans autre forme de procès et nous nous quittons fort courtoisement, après un petit cadeau de 500 bourriers (soit grosso modo quinze centimes d'euros).

Ainsi, nous voici, en règle, et prêts à partir à la découverte de cette île qui semble bien agréable.

Premier jour de la fête des baleines: la "Tsulabé". Le grand espace gazonné servant habituellement de terrain de sport aux écoliers, a été réquisitionné pour l'occasion. Une scène occupe un des côtés, composée d'une estrade posée sur des bidons en acier, et d'un toit de tôles ondulées supporté par des poteaux de bois d'arbre. Les trois autres côtés sont garnis de stands contigus, la plupart dédiés à la restauration. Ces échoppes éphémères sont constituées de parois en branches d'eucalyptus, avec les feuilles encore vertes, d'une charpente en bois et bambous, et d'une toiture de palmes d'arbres du voyageur. Ambiance "koh lanta", un peu... Ces gargotes offrent aux visiteurs un confort très relatif, une cuisine locale simple, de la bière "three horse beer" (alors qu'elle fait cinq degrés...) à moins d'un euro la bouteille de 65cl, et du rhum arrangé qui serait bien capable d'en arranger plus d'un. Un auvent composé d'une simple bâche permet de s'abriter de la pluie (un peu comme lors de certains retours de noce en Finistère...). La fête accueille un public très cosmopolite et bigarré. Quelques bourgeoises locales arrivent en "touk-touk" (triporteur motorisé à deux places, accueillant fréquemment cinq personnes...), vêtues de leurs meilleurs atours. Hélas, les averses de la nuit dernière ont crée quelques zones marécageuses dans lesquelles leurs hauts talons s'enfoncent sans grâce. Le contraste est saisissant avec ces pauvresses, pieds nus, qui promènent nonchalamment leurs élégances naturelles, altières autant que dépouillées. Les enfants jouent, seuls ou à plusieurs, comme jouent tous les enfants du monde, se déhanchant en cadence, au rythme de la sono. C'est attendrissant de voir ces petiots sachant à peine marcher et que la musique fait déjà danser, comme malgré eux, mécaniquement, par reflexe.

De petits groupes de personnes, toutes habillées pareil, font la fête entre eux, frappant du tambour, agitant des maracas faites de boites de conserve et de graines, et dansent avec entrain.

Les officiels, trônant sur la scène pour la cérémonie d'inauguration, emmerdent le monde avec des discours monotones et trop longs..., comme partout. Pendant ce temps, la baleine, à bosse...

Samedi. Déjeuner dans un des stands de "Tsulabé", avec viande du zébu qui a été sacrifié ce matin même pour l'occasion. Curieuse coutume que de sacrifier un zébu pour la fête de la baleine. Un petit rhum arrangé par là-dessus, et nous voici prêts à partir à la visite du cimetière des pirates. Pas tellement entretenu. Les pierres y sont brisées, disloquées, pour la plupart, et les inscriptions qui y figurent sont rarement lisibles. Cependant, l'endroit est charmant, perché sur une hauteur, et ombragé par un grand nombre d'arbres du voyageur qui déploient avec élégance leurs majestueuses palmes en éventail. Sur le chemin du retour, une improbable course de motocross regroupe une poignée d'amateurs de gadoue, crottés des pieds à la tête, et qui ne risquent certes pas de serrer leurs moteurs avec leurs cadences de chauffeurs/livreurs.

Dimanche. Au stand de bouffe de notre pote Armel, l'occasion m'est offerte de goûter de la chauve-souris. Le goût me plait bien, mais question consistance, c'est un peu de la semelle ; ça doit être bien musclée comme bestiole une chauve-souris. On comprend mieux le mérite qu'elles ont à se maintenir en l'air. Il doit leur falloir pédaler dur pour y parvenir!

Assis à l'ombre d'un palmier sur un parapet de béton bordant la route, nous attendons un taxi-brousse, en compagnie de quelques dames du village voisin, afin de nous rendre à la pointe sud de Sainte Marie. Le temps est magnifique. L'air du matin se chauffe lentement grâce à une légère brise. Tout est parfait... ou presque... car, un "détail" nous fâche un peu: nous avons été volés la nuit dernière. À bord du bateau, pendant notre sommeil! Les deux portes étant verrouillées de l'intérieur, les escrocs se sont contentés de chaparder la radio VHF et le GPS traceur de cartes qui étaient dans la timonerie extérieure, et facilement démontables, ainsi qu'une paire de chaussures que j'avais laissées dehors afin qu'elles bénéficient d'une toilette gratuite en cas d'averse nocturne. C'est cet incident désagréable qui donne un goût amer à notre randonnée du jour. Nous apprenons que d'autres larcins ont eu lieu à la ville, probablement commis par des voyous venus de Tananarive à l'occasion de la fête, et repartis ce matin même, par bateau.

J'avais écrit, dans ma liste de travaux à faire, «monter l'alarme"... C'est cette ligne qui devient immédiatement prioritaire.

Le taxi brousse tardant à se montrer, nous reprenons la marche à pied. La route est en assez bon état, et les habitations et échoppes diverses plutôt coquettes, quoique sans luxe aucun. Nous sommes en territoire "touristique". Un *taxi-co* s'arrête enfin, qui nous emmène bientôt jusqu'à la pointe sud de l'île.

Là, une armée de piroguiers harangue le "vaza" (nous), pour proposer leurs services: le franchissement du bras de mer d'environ 300 mètres qui nous sépare de l'Ile aux nattes, notre but. Notre chauffeur de taxi-brousse a négocié pour nous un tarif acceptable, avec un rasta très motivé venu nous accueillir deux cent mètres avant le terminus. Le gars nous accompagne en petite foulée, tout en discutant avec notre taximan (de sa com., sans doute...), afin de s'assurer de ne pas se faire griller par un de ses potes en arrivant. Le tarif doit être compétitif, car aucun moins-disant ne s'interpose. Notre embarcation est une pirogue en bois équipée de deux flotteurs, comme qui dirait un trimaran, quoi! Je propose d'aider en maniant la pagaie, cependant que notre piroguier pousse le fond avec sa *pigouille*. Notre "association" provoque les railleries de ses camarades: je ne comprends pas le malgache, mais j'ai bien cru comprendre: "Bravo Bob Marley! Tu te fais transporter par tes clients blancs toi; très fort!!!".

L'Ile aux nattes est ravissante. Forcément un peu trop orientée "tourisme". Les habitants, dont une grande partie vit de cette manne touristique, se sont regroupés dans un village, sobre, mais coquet. On y trouve des rizières, et des cases construites sur de courts pilotis, entièrement à l'aide de matériaux locaux. Les "murs" sont assemblés par une technique particulière que je n'ai pas encore observée ailleurs. Constitués d'une sorte de roseaux rectilignes, montés verticalement, avec l'intérieur un peu mou. Les tiges sont réunies entre elles par des barres transversales de bois dur qui les transpercent de part en part. Ainsi, cette structure est invisible, et ne laisse apparaitre que les roseaux juxtaposés côte-à-côte. Les toitures sont de palmes et durent environ trois ans, sauf si un cyclone provoque un remplacement prématuré. L'île est ceinte de plages de sable blanc, protégée, par endroits, par des récifs coralliens. Quelques lémuriens se prélassent dans les arbres, et ne réclament pas de "cadeau" pour se laisser photographier. On peut se restaurer pour trois ou quatre euros dans des gargotes sans prétention (mais on peut aussi, dans des établissements à touristes, gaspiller largement sous le nez des malgaches qui vivent par familles entières avec deux euros par jour). On a l'impression de payer son repas avec des cartes postales car les billets d'ariarys ne sont point ornés de la tronche de je ne sais quel illustre bipède, mais de lémuriens, d'arbres du voyageur, de baobabs, de pirogues, et... de bulldozers (plus louche déjà...).

Mardi. Je vous le prédisais: l'alarme est en place, et nous dormons, de nouveau, avec sérénité.

Nous quittons Ambodifotatra en début d'après-midi, route au nord, sous génois seul, de manière à être suffisamment lents et évolutifs pour pouvoir observer les baleines, fort nombreuses dans le quartier. L'une d'elle nous suit à notre insu, et se décide à faire demi-tour au raz de notre poupe tribord alors même que nous avons stoppé le canote en vue d'immerger l'ancre pour la nuit au mouillage de Lokintsy.

La nuit tombe. Plusieurs pirogues quittent la baie, lamparo allumé, s'enfonçant dans les ténèbres à la quête de la nourriture pour demain. Nous ne pouvons retenir un furtif sentiment de suspicion à leur égard: "et s'il leur prenait d'idée de nous "visiter" au retour. Pourtant, il semble difficile d'imaginer que ces braves gars, ballotés toute la nuit au raz des flots, pour nourrir leur famille, sur une frêle embarcation de quatre ou cinq mètres de long, creusée à la main dans un tronc d'arbre, puissent être des malfrats. J'en doute.

Jeudi. Nouvelle navigation sous génois seul, pour approcher les baleines, puis, vers 16h, l'ancre descend dans la jolie baie d'Antanambe. Paysage verdoyant, belle plage, les cases à peine visibles dans la végétation, et quelques pirogues de bois équipées de braves pêcheurs. Tableau serein et touchant. Pourtant, encore vexés de nous être fait dérober une partie de l'électronique, nous restons sur nos gardes et ne mettons pas pied à terre.

Vendredi, le temps est idéal pour avancer encore un peu vers le Nord. Après le petit grain du matin qui rince le pont, le ciel se dégage et c'est une gentille brise d'une douzaine de nœuds qui nous pousse, toutes voiles dehors vers notre prochaine escale. J'ai tout de même pris le temps de préparer une bouteille de rhum-gingembre avant de partir, car l'élixir doit macérer un mois avant qu'on puisse le consommer. Il relève donc de la plus élémentaire (et alimentaire) des prudences de s'y prendre un peu à l'avance.

Masoala

Nous marchons bien, et Masoala est atteinte vers 15h après une séance de slalom entre les patates de corail pour entrer dans le mouillage paisible, juste dans l'ouest du cap Antsirikira (dont la devise est: "Antsirikira bien Antsirikira le dernier". C'est du malgache, intraduisible...). Un immense récif casse efficacement la houle du large et permet de savourer pleinement la beauté sauvage de cette côte située en plein parc national et accessible presque uniquement par bateau (on peut aussi le faire à pied par une piste qui nécessite un guide et plusieurs jours de marche). Le littoral, alternant plages de sable blanc ou noir et roches volcaniques est totalement investi par une forêt primaire. Pas étonnant quand on sait qu'il pleut ici six mètres d'eau par an. Par chance, notre court séjour se déroule sous le soleil.

Au premier abord, l'endroit semble désert. Mais il ne se passe pas bien longtemps avant que des pirogues ne s'approchent de Catafjord, pour nous proposer.des langoustes pêchées du jour. Ce sont, en fait, des cigales, que nous troquons contre des ticheurtes usagés, ainsi que des bananes et des œufs de canne, (dont le gars affirme que ce sont des œufs de coq!!!). Hélas, nous ne parvenons pas à converser car presque personne ne parle français, ni anglais ici.

Samedi. Le vent étant faible, nous décidons d'une journée sans navigation, avec visite au village de Masoala. Grand dénuement. Pas d'électricité, modestes cases en bois et palmes, pirogues monoxyles à pagaies et quelques rares voiles faites avec du plastique d'emballage. Le troc se fait souvent avec des vêtements, ce qui se conçoit aisément car presque tout le monde est en haillons. Le pauvre fait volontiers montre de négligence vestimentaire. Je l'ai remarqué maintes fois. Le contact est difficile avec cette barrière de la langue, et aussi du fait de l'immense différence de niveau de vie qui nous sépare. Un groupe de deux ou trois charpentiers construit, à ciel ouvert, un canote à moteur, ponté, avec une timonerie à l'arrière, d'une dizaine de mètres de long. Ils ne sont équipés que d'outils manuels (et d'une tronçonneuse à chaine). Les femmes lavent le linge dans la rivière, en le frottant contre une grosse pierre émergente, usant à tour de rôle d'un seul misérable bout de savon pour tout le monde. Certaines cases, vides, sises à l'intérieur d'un enclos, portent un écriteau: « Hôtel ». Un gars mal luné invective Malou, parce qu'il s'est retrouvé dans le champ de son objectif pendant qu'elle prenait une photo d'ensemble. Nous décidons de ne pas moisir ici. De retour à bord, une nouvelle séance de troc avec des pêcheurs en pirogue permet de remplir le freezer d'un beau calamar et de deux langoustes, en échange de quelques fringues et d'une revue en français.

Dimanche 8 septembre. Festival de galipettes baleinières. Elles jaillissent de la mer comme des exocets, mais, avec un vol nettement plus bref, et un amerrissage plus écumant, dont les gerbes se repèrent à plusieurs milles. Malou peine un peu à les attraper dans son objectif.

La baie d'Angonsty

Elle héberge déjà deux bateaux lorsque nous y pénétrons, en milieu d'après-midi: un remorqueur et le voilier de nos copains canadiens Joe et Janet. La large barrière corallienne ne parvient pas à casser totalement la houle du large, dont une composante résiduelle imprime à Catafjord un mouvement de roulis qui nous dissuade de mettre le newmatic à l'eau. Une nouvelle fois, nous nous contenterons d'admirer le paysage à distance.

Janet et Joe ont quitté la baie dès six heures ce matin. La côte n'offrant aucun abri avant des dizaines de milles, nous en serons quittes pour une nouvelle nuit en mer. Sur la plage, les villageois hâlent un filet, autour duquel se forme bientôt un attroupement, à l'heure du partage. Nous appareillons vers neuf heures, tirant aussitôt vers le large pour bénéficier d'un vent plus fort qu'à la côte. La mer est formée, et le ciel un peu chargé, mais ça reste des conditions météo sympas. Dès la sortie de la baie, les baleines nous émerveillent à nouveau, en extirpant leurs vingt-cinq tonnes de la mer, à la verticale, pour retomber lourdement sur le dos. C'est leur méthode de carénage. Elles font ça pour se débarrasser des parasites qui les envahissent et les freinent dans leur nage. A quand un antifouling spécifique pour baleines? (n'importe quoi....). Mais, en achèteraient-elles au moins? (n'importe quoi...), rien ne permet de le savoir (encore n'importe quoi...[22])

PS: Ceux qui n'apprécient pas ces intermèdes délirants peuvent se rendre immédiatement, non pas à la police, mais au chapitre suivant, qui est, lui, d'un grand sérieux, et d'un intérêt majeur, index, annulaire, etc...

Diego Suarez

Mardi au matin, en mer, pour une belle navigation! Depuis notre départ, hier, le vent a fraichi graduellement, en parfaite conformité avec les prévisions météos, atteignant un agréable quinze nœuds en début de nuit, comme pour assurer une honnête moyenne sans fatiguer son monde. Du coup, nous avons décidé de viser directement Diego Suarez, menant Catafjord vent arrière, voiles en ciseaux. Le nord de Mada est une région très venteuse, spécialement en période d'alizé bien établi, et donc, l'anémomètre s'énerve de plus en plus au fur et à mesure que la nuit s'avance. Tant est si bien qu'à quatre heures du matin, après mon quart de six heures d'affilée, je profite de la relève pour crocher un ris dans la grand-voile avec l'aide de mon matelot de charme. Vers midi, nous sommes devant la passe d'entrée de Diego Suarez. Entretemps, nous avons empanné deux fois et croché le deuxième ris. Le vent est maintenant établi à trente nœuds avec des accès convulsifs à trente-cinq, et même l'intérieur de cette immense baie est blanc d'écume. Il est treize heures trente quand la pelle descend immobiliser le canote, sous le vent de la ville, bien à l'abri. Et ça, c'est bon!

---

[22] Cette dernière phrase, c'est un peu n'importe quoi, non ?

Hélas, nous sommes dans une zone militaire (mais comment le deviner?...). Un remorqueur moyenâgeux version "tas de rouille" (même militaire, le pauvre se complait dans la négligence, je vous le disais...) pointe son étrave afin de nous informer, de vive voix, de notre nouveau projet de déménagement immédiat. Ainsi, un peu avant que la nuit ne vienne envelopper de son voile noir notre nouveau havre bien peu exotique, la fidèle Rocna va se blottir dans la vase du port de commerce, à proximité immédiate d'un cargo à quai et de l'usine à poissons, ce qui est parfait, vu que, les cocotiers, ça va cinq minutes, mais ça finit par lasser... Alors que là... Bref, pour dormir, ça ira très bien.

18h: Il est temps que je martyrise un peu mon diato, cependant que s'évapore insidieusement de sa chope mon petit rhum arrangé apéritif, dont je lape le contenu avec une parcimonie papale et qui pourtant se vide à vitesse épiscopale, comme un calice en période post-élévation, donnant ainsi à penser qu'il s'agit bien d'un phénomène évaporatoire. Ou alors, c'est un miracle, mais ça, ça m'étonnerait. *C'est pas* le pays. Conclusion: c'est forcément la chaleur! Ce qui prouve s'il en était besoin, que les tropiques, ça n'a pas que des avantages!

Mercredi débute une journée que nous redoutons un peu. Il nous faut, en effet, quitter Catafjord, dans cet endroit réputé infesté de voleurs, afin d'aller quérir notre extension de visas, auprès d'une administration qu'on nous affirme versatile et corrompue. Nous préparons soigneusement "l'expédition": aucun bagage sur nous, pas de sac à dos, pas d'appareil photo, le fric réparti dans les poches du short délavé, en compagnie des passeports et d'une collection de photocopies variées.

Dix heures: c'est parti! Un certain David, nous accueille, en proposant son aide pour hâler le newmatic sur la grève, et ensuite en assurer la garde, car «faut faire gaffe aux voleurs ici..." dit-il. Question de sa rémunération, "c'est comme on voudra", à notre retour. David a une bonne tronche. Nous restons un moment sur place, à deviser de choses et d'autres, puis, envahis par une réconfortante confiance plus ou moins fondée, nous lui confions notre super dinghy. "Un moteur comme ça, ça intéresse plein de monde ici", nous lance son pote rasta, pour nous rassurer... ça marche moyen (pas le moteur; le rassurement). Faut y aller, on verra bien. (Aller où? à jacta Est...).

La Renault 4L est incontestablement le véhicule emblématique de Madagascar. Tous les taxis de Diego Suarez sont des 4L jaunes! Celui dans lequel nous embarquons en compagnie de quatre autres personnes!!!, peine à vouloir franchir le raidillon qui mène à la ville. Faut dire, avec ses trois cent mille kilomètres, le véhicule est du genre "bien amorti", même si, question "amortisseurs", y aurait à redire... Mais, bon, *c'est pas* le sujet. Très rapidement, nous nous retrouvons devant Monsieur le Directeur de l'Immigration, personne très digne, siégeant derrière un bureau propre, ordonné, et *modernement* équipé. Nous lui expliquons le motif de notre requête en extension de visas. Avec un professionnalisme qu'on souhaiterait volontiers dans toutes les administrations du monde (riches et pauvres confondues), cet homme, à la stature imposante, met en place en quelques minutes tous les éléments nécessaires à la réussite de notre projet. Tant et si bien, qu'avant la fin de la matinée, nous nous sommes acquittés du règlement des sommes dues, directement auprès de la recette des impôts, et, le préposé aux passeports a recouvert une page entière du précieux document d'une multitude de tampons, soigneusement alignés bien parallèles aux bords, à l'aide d'un tampon encreur, certes du siècle dernier, mais cependant recelant encore un peu d'encre en son sein. La preuve: nul besoin de traquer la goutte sur les bords. Au contraire, notre hôte appuie son tampon bien en son milieu, là où le tissu mouillé est un peu en creux, et donc également « encreux », et ça, c'est un signe! Ça veut dire qu'il a confiance, et qu'il maitrise parfaitement le degré d'humidité de son encreur. Et c'est ce qui remplit d'aise le touriste en mal d'extension de visa, qu'une sécheresse d'encreur n'aurait pas manqué d'inquiéter. Y a pas à dire, le professionnalisme, ça paye toujours!

Midi n'a pas encore sonné au beffroi de mon minuteur à œuf dur, lorsque nous sortons dans la rue, les précieux documents en poche. Bingo!!! Pour fêter ça, nous nous offrons une pizza à 2,7 euros, bière comprise. Une bonne surprise n'arrivant jamais sur une patte, tout s'est passé à merveille également du côté du *nioumatik* et de son gardien, lequel se voit voter illico une grasse rémunération pour son service: 1,7 euros. Il est très content! Ses potes nous aident à tracter les deux cents kilos du bazar sur le gravier. Ça y est: Diego Suarez est en train d'être promu, de l'exécrable statut de "coupe-jarret" au rang convoité d'"escale de rêve"...

Jeudi. L'examen météo des prévisions à court terme laisse entrevoir une accalmie vendredi matin. On dit qu'on part à cinq heures et demie.

Vendredi 13 Septembre. Jolie date pour se lancer dans le franchissement du redouté cap d'Ambre. Nous appareillons au lever du jour: 5h15. Le vent souffle une quinzaine de nœuds de sud-sud-est. Ça se présente plutôt bien. Sitôt hors de l'abri de la baie, une méchante houle transforme Catafjord en shaker, cependant que deux nœuds de courant contraire achèvent de freiner notre progression. Je garde un moteur en service, combiné aux voiles, pour conserver une moyenne élevée. Ainsi que c'était prévisible, la brise augmente au fur et à mesure que la journée s'avance et que nous nous approchons du cap. Une baleine bondit hors de l'eau verticalement à une cinquantaine de mètres de l'étrave bâbord: très impressionnant! Quand on la voit jaillir, comme ça, presque avec facilité, comme un genre d'envolée, on perdrait un peu la notion de sa masse. Par contre, quand elle retombe lourdement dans une double gerbe de cinq mètres de haut, on comprend tout de suite que, si la bestiole est gonflée, *c'est pas* à l'hélium en tous cas... Et ça serait aussi bien qu'elle ne retombe pas dans le trampoline. Bref, nous y voilà, et c'est maintenant une trentaine de nœuds de vent qui propulse le canote à douze nœuds sous voiles en ciseaux. Le paysage du cap, un brin aride, n'en possède pas moins une grande beauté, avantageusement rehaussée par un ciel d'azur, et arrosé de cette lumière joyeuse du soleil matinal. Derrière le cap, après le virage à gauche, évidemment, la mer est plate. Le vent, lui, reste très soutenu, flirtant fréquemment avec les trente-cinq nœuds, et ce pendant encore un couple d'heures. Les terres septentrionales de Mada sont peu élevées, et ne freinent donc pas la vigueur de l'alizé, jusqu'à quelques dizaines de milles dans le sud. Moment de navigation magique, Catafjord filant ses dix nœuds dans un confort d'Orient *expresso* (c'est quand on boit un bon café dans un train luxueux...). Le bonheur ne sachant être qu'éphémère, en ce bas monde maritime, l'alizé s'essouffle bientôt pour céder la place à un régime, non pas de banane, ça serait vraiment n'importe quoi, mais de brises thermiques, qui nous provient, à présent, exactement de la direction opposée...

Et c'est un joli poisson de trois kilos qui répond favorablement à notre invitation. Présentement, il réside, peinard, à l'intérieur du compartiment "friseur" de la boite blanche, et ce n'est pas pour une mise en plis.

Hélas, trois fois hélas, notre quota de petits bonheurs étant momentanément épuisé, la drisse de grand-voile se met en arrêt de travail par rupture de sa gaine (est-ce très syndical comme motif, ça?...), et nous terminons l'étape du jour sous génois et moteur, jusqu'à la douillette et charmante baie Andranoaombi... *C'est pas* pour dire, mais, la voile, c'est vachement sur le déclin, tout de même. En même temps, comme la moitié du temps ça ne marche carrément pas, ça fait toujours autant de milles parcourus au moteur, *tranquilou* et pas cher...

Samedi. Petit carénage en plongée avant de faire route vers le sud, sous artimon et génois, direction Mitsio.

Mitsio

Suivant l'humeur du moment, la couleur du ciel où l'espace temps qui me sépare de ma dernière frayeur, j'ai tendance à mouiller plus ou moins long de chaine. Cette notion de "plus ou moins long " va de "juste assez prudent", à "ceinture et bretelles" (ces deux accessoires étant, je vous le dis tout net, d'une navrante inutilité pour maintenir un objet flottant accroché au fond de l'eau). Hors donc, dans cette baie de Mitsio, mon verdict se fixe sur le raisonnable chiffre de trente cinq mètres (pour huit mètres de fond), fort de ce que le vent prévu pour la nuit prochaine ne devrait pas dépasser dix nœuds. Las, dès la tombée de la nuit, le ciel se charge de grosses balles de coton sale et vingt cinq nœuds de vent font bientôt ronfler l'éolienne et chanter les haubans. Pas de malaise. Mais que n'ai-je respecté ma règle de base: "Ne jamais mouiller moins de cinquante mètres, quand il y a la place. Ne serait-ce que pour être tranquille". On a beau prendre des baffes, dès le rose aux joues disparu, on est prêt à recommencer les mêmes sottises. C'est juste « humain ».

L'ancre a très bien tenu, et le jour apporte un nouvel éclairage sur la jolie baie, long ruban de sable clair, enchâssé entre deux zones de galets noirs, sur un arrière plan de latérite rouge, vaguement aride, mais tout de même arboré de cocotiers, palmiers, palétuviers, arbres du voyageur et aussi de plein d'autres arbres du non-voyageur dont j'ignore les noms, sans que cela ne me cause le moindre souci. Plusieurs villages de quelques dizaines de cases en bois sont tapis derrière la dune de sable, abritant une population au mode de vie d'un genre "dépouillé". Des poissons, ouverts en deux, sèchent au soleil et au vent sur de simples installations faites de branches. Un gars, perché sur la gracile charpente d'une case, en refait le toit de palme, avec l'aide de sa "cliente" qui lui tend une palme neuve, chaque fois qu'il en démonte une vieille. Tout est fait avec des matériaux de la forêt, y compris les liens, tirés de l'écorce d'un arbre. Les villageois sont plutôt gentils, et polis, mais peu enjoués. Au point que je m'interroge si ça ne les gonfle pas un peu d'être pauvres. Je répare le ballon de foot du village avec une rustine de vélo, histoire de solliciter un commencement d'élan d'optimisme (Mais, peut-être que vivre avec deux euros par jour, ça ne déclanche pas des élans d'optimisme démonstratifs…).

Ce sont souvent de petits riens qui remplissent le cœur de joie et transforment une journée ordinaire en journée heureuse. Nous quittons Mitsio dès 7h30, car le vent est parfois faible et erratique dans ce quartier, alors, vu que "j'économise" la drisse de grand-voile blessée en naviguant sous génois et artimon seulement, of course, ça ne va pas bien vite (Comme dit Enzo, qui trouve que notre canote ne va "pas vite du tout", à son goût, et que c'est pour ça que nous mettons si longtemps à revenir...). Mais bon, le soleil brille, le ciel est bleu, la mer est calme et Mada est une île superbe, alors... alors c'est quoi les cerises sur ce "paris-brest" en bateau? Doucement amis travailleurs, doucement, j'y arrive. Ce n'est pas une cerise, *ç'en est* deux! *Premio*, mon ami Nicolas Lancelin a répondu fissa à mon appel à l'aide, deuxio, sa réponse, elle me plait bien, car il m'*espique* comment procéder pour me désembourber tout seul de mon problème de drisse, et *troisertio*, qui c'est qu'arrive au mouillage de Nosy Komba en même temps que nous et qui dit en passant: «Génial, vous êtes là. Ce soir, apéro à bord de Rackam"? Alors? C'est Bertrand évidemment, le propriétaire de Rackam (C'était facile pourtant... J'avais mis un indice). *Et c'est* pas tout. Je ne vous ai pas encore parlé du petit thazar affectueux qui a eu le bon goût de se jeter comme un gros goulu sur mon leurre, passant en quelques minutes du statut de jeune prédateur redouté et plein d'avenir, à celui de filets congelés résidant momentanément dans le freezer (Et ce n'est toujours pas en attente d'une indéfrisable). En plus, le leurre, c'est un que j'avais trouvé sur une plage et qui était tout bousillé, et que j'ai rafistolé avec des morceaux d'autres leurres défunts. Alors, *c'est pas* une belle journée ça? Je n'exagère pas tout de même.

Nosy Komba

Visite de Nosy Komba. Un vrai bijou! En particulier ce village, certes un peu typé "touristes", mais tellement simple et coloré et vivant. On y admire les artistes à l'œuvre. Qui peignant ses tableaux naïfs, qui sculptant, assis à même le sol sur un tapis de copeaux, maintenant son œuvre en cours entre ses orteils, les dents rouges et la joue enflée par la chique de cola qui favorise son inspiration... Marc, un jeune gars sympathique, actuellement en vacances scolaires, fait le guide à notre profit pour quelques euros. Il nous emmène dans la montagne, à la rencontre d'une famille de lémuriens peu farouches. Un festival! Les bestioles nous montent sur les épaules et sur la tête en quête des bananes que Marc a apportées à leur attention. Moment de communion délicat avec ces peluches hirsutes au regard perpétuellement interrogateur et à la longue queue diaphane. "T'es qui toi?" semblent demander ces petite êtres vaguement humains. Un petit cramponne sa mère par les poils du bide (nettement moins humain déjà...), les bras en croix dans sa posture d'araignée. Marc dit que si le gamin lâche et tombe au sol, il est condamné. Sa mère n'ira pas le récupérer... Pas viable. "Bourreau d'enfant" disait Fernand Reynaud, qui s'en battait bien la calvitie, des lémuriens. Marc fait son show, avec délicatesse. Et je me retrouve bientôt avec un boa constrictor autour du cou. Je fais le mec qu'a l'habitude en espérant ferme que le serpent, l'ai, lui, l'habitude, alors que moi, mon habitude serait plutôt de me méfier de ce genre de bestiau. Malou photographie, avant de recevoir, à son tour, le tuyau ondulant, en sautoir. Et là, c'est elle qui fait moins la maline. Marc connait son affaire. Ça marche à tous les coups ce truc du boa !

L'île abrite également toutes sortes de caméléons de marques différentes, ainsi que des tortues terrestres, que Marc s'amuse à nous coller systématiquement dans les pattes pour la photo touristique classique.

Je prends en charge une hache ébréchée, et un rabot cassé... Pour réparations... à dessein de restituer le tout, demain, dûment remis en état par "Domi gratos repairs and co".

Chemin faisant, le soleil est sournoisement descendu, ainsi qu'il se plait à le faire d'une manière quasi-quotidienne. Il est, à présent, grand temps de regagner le bord afin de nous préparer à honorer l'invitation de Catherine à partager un carry de mouton à bord de Rackam. J'ai tout juste le temps de mijoter une mixture apéritive à offrir, et déjà, une passionnante discussion sur les mérites comparés de la navigation à voile et de la navigation à moteurs se profile à l'horizon, lequel, je vous le dis tout net, est beaucoup moins éloigné pour les adeptes de la mécanique.

Journée laborieuse, mais, question drisses "dyneema", journée fructueuse: la balancine et la drisse de grand-voile ont toutes deux subi leurs lifting avec succès, et ressemblent maintenant à ces manœuvres sophistiquées qu'arborent souvent les bateaux performants. Les outils pris en charge hier ont également été remis en état, mais le temps me manque pour les restituer ce soir à leurs propriétaires respectifs, et nous ne le ferons donc que demain.

NOSY BE

Vendredi. Grave décision. Mais, nous assumerons. Nous ne participerons pas à la régate annuelle du "yacht club de Nosy bé". Malgré la portée internationale évidente de l'évènement. Pourtant, notre ami Bertrand, homme de bon sens s'il en est, raisonnablement épicurien, et déraisonnablement régatier, n'a pas ménagé ses efforts pour nous pousser à l'inscription, mais bon! Au final, dépenser l'équivalent de vingt jours de salaire d'un brave malgache pour se tirer la bourre entre nantis, sous leur nez, afin de déterminer qui c'est qui pisse le plus vite... Je n'ai plus la foi. Et nous optons pour un programme qui ne manquera pas de charme non plus : quelques jours de vagabondage en compagnie de Cyril, Jo l'étudiant, et tonton Cristobal en vedette américaine. J'ai la faiblesse de penser que ce ne sera pas pire.

Samedi. Délaissant les régatiers du samedi après-midi, "Pirates.com", et "Catafjord" naviguent "de conserve" (comme on dit chez William le saurien), donnant matière à des échanges photographiques fructueux, en mer, et à d'autres échanges, à caractères plus roboratifs à l'escale de Mamoko.

Mamoko

Dimanche à Mamoko. Cette île est un joyau. Sa baie, protégée de tous les vents, abrite un village, pauvre, comme partout à Mada, mais serein. Les habitants en sont peu pressants, et ne viennent pas harceler le vagabond maritime pour lui fourguer des trucs hors de prix (par exemple un kilo de langouste à trois euros au lieu de deux! Quel culot!!!). Le newmatic accueille sans broncher notre petite troupe pour une ballade à terre. Moyennant une raisonnable poignée d'ariarys, le chef du village, haleine chargée et chicots délabrés, nous promène dans son royaume, afin que nos appareils photos y crépitassent en paix devant les habituels lémuriens, baobabs, tortues, tellement communs en ce pays que nous devons sûrement passer pour de fameux originaux d'y porter un tel intérêt. Les gamins s'initient prématurément à ruiner leur ressource naturelle en s'amusant, avec un filet, à capturer des poissons d'un ou deux centimètres à ras du bord de la plage.

Lundi. Debout à sept heures. Surprise, les "pirates" sont déjà partis! Afin, sans doute, de profiter de la fin de la brise nocturne qui est portante pour la prochaine destination. Nous appareillons à huit heures, et, malgré la faiblesse du vent, je m'applique à faire avancer le canote uniquement à la voile, pour la beauté du geste, et aussi pour, peut-être les rattraper lorsque le vent tournera et qu'il faudra alors louvoyer. Ainsi, nous tirons deux bords pour atteindre l'escale prévue, cependant que nos "ratepi" affalent leur spi dès que ça refuse, et font la moitié du chemin au moteur! Je vous le disais: la navigation au moteur, c'est l'avenir de la voile...

Les côtes malgaches regorgent d'habiles constructeurs de bateaux en tous genres et de sacrés *voileux* pour les faire avancer à belle vitesse, chargés de toile sous une immense voile latine en coton déguenillé. La plupart de ces canotes sont de constructions remarquables. Composés de nombreuses "planches" assemblées entre elles par des chevilles en acier galvanisé et calfatées avec toutes sortes de mixtures allant du traditionnel brai de houille à l'enduit époxy, en passant par la cire d'abeille... Tout est permis. Le balancier des pirogues est un simple tronc d'arbre, effilé aux deux extrémités, et solidarisé aux bras de liaison par des assemblages à tenons et mortaises, plus quelques bouts de ficelles. Ces graciles libellules portent un mâtereau à quête inversée (vers l'avant), qui permet d'établir l'antenne sur laquelle la voile est enverguée. Ces canotes sont très rapides. Mais, revers de la médaille de bois, c'est vite fait de mettre la cabane *su'l'chien*, si une survente assassine n'est pas immédiatement compensée par un vigoureux rappel de quelque lourd équipier (sauf que, chez les pauvres, les lourds sont rares), ou par un filage immédiat de l'écoute...

Baie des Russes

Mercredi. C'est ce matin que nous lançons officiellement l'opération secrète répondant au nom de code, incompréhensible par le néophyte de "lattage copique". Elle devrait durer une bonne dizaine de jours au moins, et il est fort probable que ça en soit plutôt quinze. Nous avons posé l'ancre dans la tranquille baie des Russes, laquelle nous fournit deux aides (dont aucun n'est russe. Paul et Paulin, qui sont comme qui diraient des ennemis héréditaires... bien qu'ils habitent à quatre cent mètres l'un de l'autre). Nous avons tranché en partageant l'affaire entre nos deux "concurrents": l'un opère le matin, et l'autre œuvre l'après-midi. Malou fait sa chef d'équipe et manage avec fermeté ces deux sympathiques lascars, cependant que je produis mes quatre tournées de lattes. Bilan positif pour cette première journée. Pourvu que ça dure....

Jeudi. Deuxième journée de déconstruction effrénée pour Malou et ses arpettes, qui ôtent les lattes de bois toutes cassées et bouchent ensuite les trois mille trous de vis à l'aide de baguettes de bois provenant de tiges de bambou pour brochettes... Un peu fatiguant, tout ça. L'opération, je vous le rappelle, consiste à ôter le lattage bois du cockpit qui est devenu hideux et parfaitement déguenillé, pour le remplacer par des éléments en polyester de ma conception et de ma fabrication. Ce faisant, nous apprenons peu à peu les manières malgaches au contact de nos compagnons, ce qui est très intéressant.

Samedi. Mon sujet d'étonnement du moment: comment se fait-ce qu'aucun poète n'ait, à ce jour, encensé de ses vers dépolis, la majesté, que dis-je "la majesté", la grandeur, la magnificence même, du chant mélodieux de la *disqueuse* au petit matin, chargeant la quiétude d'un mouillage tranquille de ses *stridulances*, tellement évocatrices à l'oreille de l'amateur averti (averti qu'il a fini de dormir surtout...). Telle montée dans les aigus signifiant clairement que le disque prédateur, s'étant éloigné de sa proie, la machine s'emballe (et on sait bien qu'une *disqueuse* à cent balles, c'est pas cher...), alors qu'immédiatement après, cette descente vertigineuse et brutale dans les graves les plus graves est, bien évidemment, le résultat d'un mouvement un tantinet trop appuyé, destiné à, enfin, arracher de son support, cette *batarde* surépaisseur de colle qui s'évertue à emmerder encore un peu son monde, avant de finalement retourner en poussière ainsi qu'il est écrit dans... Le manuel de la *disqueuse*. Bref, alors que d'aucuns s'extasient (comme on dit dans les *fesses-noses*) sur le mélodieux chant de quelques piafs ordinaires, je prétends, pour ma part, que ce sont les vociférations passionnées de ma machine faisant jaillir un feu d'artifice de poussières composites qui me mettent en joie! Pour être franc, je dois, tout de même, avouer que mon plaisir est encore décuplé par dix quand ça s'arrête... et que, la corvée achevée, un autre chant des plus mélodieux celui-là aussi s'installe dans le *copique*: le feulement de l'aspirateur, picorant fébrilement, grain à grain, les kilos de poussière blanche répartis à peu près partout, en dépit des nombreuses bâches en plastiques disposées pour éviter ça (mais ça ne marche jamais...). Mais, on cause, on cause, et voilà t'y pas qu'il est déjà 18 heures de l'après-midi, et que donc, je sens les glaçons frétiller d'impatience dans le freezer, tout excités à l'idée d'apporter leur touche personnelle à une conclusion positive et optimiste à cet harassant samedi. Paulin vient rendre visite à Malou pour lui vendre ses langoustes: trois euros les deux kilos... Bon, il nous reste du poisson, mais, tant pis; on prend les langoustes quand même... Quand on peut rendre service...

Le dimanche, c'est fait pour se faire plaisir. Même le papa du petit Jésus s'est, parait-il, autorisé à glander ce jour-là. C'est vous dire. Aussi, terminé les tâches *destructristes*, et place à la nouveauté. Les premières lattes en polyester sont posées et laissent déjà augurer d'un résultat sympa. La production se poursuit régulièrement au rythme de 1,2 m2 de plancher produit par jour. Le niveau de résine et de gel-coat descend dans les bidons respectifs, et la boite de cire elle-même s'allège inexorablement. A ce rythme, le moulage devrait être terminé pour la fin de la semaine prochaine. On devine aussi que la peinture des interstices entre les lattes ne va pas être des plus rapides...

Un requin-baleine s'approche de Catafjord de sa nage ultra-lente, et vire à droite au dernier moment. Un peu impressionnante la bestiole... Mais pas dangereuse.

Lundi. Boulot, boulot, toujours boulot, mais l'amitié ramène sa fraise. L'équipage de la majestueuse goélette "Antsiva", venue mouiller près de Catafjord hier soir, vient nous rendre visite à la pause du matin, pour faire connaissance et nous inviter à dîner ce soir. Anne et Nicolas écument les environs depuis huit ans à bord de leur superbe canote en alu, et ont forcément des tas de choses passionnantes à nous apprendre. Puis, en fin de matinée, ce sont nos piratous des familles qui rappliquent, équipage au complet cette fois, car Magalie est de retour de Nouméa, et rapporte dans ses bagages, la bouteille de champagne que Cyril a imprudemment perdue en pariant contre moi à propos du "Golden globe", lorsque nous étions en escale aux Chagos.

Dîner à bord d'"Antsiva". Vingt huit mètres de long, soixante dix tonnes de déplacement, dont vingt cinq de plomb. La goélette est joliment équipée, et possède toutes les installations nécessaires à la réalisation d'expéditions longues pour une dizaine de personnes (plus l'équipage). Anne et Nicolas sont des hôtes merveilleux, racontant avec passion de croustillantes anecdotes glanées au cours de leurs navigations. Les pirates sont de la fête. Voilà encore une sacrée bonne soirée. Et un ample coup de chapeau à Anne et Nicolas d'assumer à deux un tel canote d'exception.

Fabriquer des lattes, poser des lattes, peindre entre les lattes. Le chantier se poursuit assidûment bien que la fatigue commence à se faire sentir. Courage! Dans quelques jours, nous en verrons le bout. Malou a attaqué ce matin la fameuse finition inter lattes en peinture polyuréthane. C'est un travail de fourmi qui demande patience et opiniâtreté. Ça tombe bien, elle a les deux.

Nous nous octroyons une demi-journée de relâche, occupée à suivre Paul à travers les chemins de montagne qui mènent au village voisin. Accompagnés de Christian (tonton Cristobal) et Jonathan, nous prenons notre petite leçon de botanique malgache grâce à Paul qui s'avère un guide hors pair, érudit et passionné. L'arbre du voyageur, très répandu à Mada, m'épate particulièrement. Les habitations indigènes en utilisent presque exclusivement les différents éléments. En plus, ce palmier merveilleux est capable de désaltérer le bipède forestier, simplement en y pratiquant une incision, à la machette, à l'endroit adéquat.

Les malgaches sont fort habiles à exploiter les nombreuses ressources que la nature leur fournit, que ce soit pour se nourrir, s'abriter, ou se déplacer. Ça m'épate beaucoup!

Une jolie surprise nous attend au bout du chemin. Un "vasa[23]" de 84 ans!!!, installé ici, en brousse, depuis quelques années, y vit avec sa compagne. Ils construisent leur prochain bateau, un canote en bois local, du très beau bois, et résine époxy (importée des USA) de quatorze mètres de long, à moteur. Le chantier est en route depuis deux mois. Toute l'ossature est en place et le bordage est bien entamé. La construction est prévue durer deux ans. Bon pied bon œil le gars! Et sa copine n'a pas l'air manche non plus. J'en suis tout ébahi.

Retour au camp de base en fin de matinée, de manière à assurer une après-midi de boulot "normale", avant de recevoir nos "pirates" pour une soirée entre forbans.

Jeudi. Nouvelle bonne grosse journée "lattage". Les "pirates" sont repartis à Nosy Bé en vue de "livrer" tonton à l'aéroport de bonne heure demain matin.

Malou a terminé la finition de la zone timonerie. Le résultat est très sympa. J'ai attaqué le cockpit proprement dit. Les lattes sont plus longues et plus larges que les autres et ça va assez vite... Mais, il faut rester tout le temps à quatre pattes au sol, et ça, c'est moyen. Mais je sens que la pose va avancer rapidement. Par contre, se profile dès demain, une interruption de trois jours, pour cause d'apéro/anniversaire, samedi prochain, à l'occasion de mon franchissement du cap donnant accès au monde merveilleux de la *séxagénération*... Une quinzaine d'invités sont prévus. Il faudra donc préparer un peu le coup.

Evènements sordides

Pourtant, ça ne semble pas être le meilleur moment pour traîner du côté de Nosy Bé, car de graves évènements sont survenus ces derniers jours. Un enfant de huit ans a été retrouvé mort, son corps mutilé sur une plage de l'île. Il s'en est suivi des émeutes et affrontements avec les forces de l'ordre, ainsi que quelques règlements de compte à

---

[23] Un blanc non originaire de Madagascar

l'ancienne. Trois personnes (dont deux "vasas") ont été lynchées par la foule, brulées dans des pneus, en place publique!

Samedi 5 octobre. Bingo! Soixante piges! Et pas un brin de jeux... Quelle belle fête à bord de Catafjord ! Punch planteur, diato, saxo et fendage de gueule. Malou et les amis me gâtent. L'ambiance est aimable. "Bienvenue au club" me glissent quelques anciens.

Dimanche. Objectif de la matinée: faire le plein de gas-oil, en taxi, avec des bidons de vingt litres. La révolte couve à Nosy bé. Mieux vaut ne pas traîner par ici. Plusieurs européens ont déjà été évacués. Dès demain matin, nous filerons, avec Olivier, à Hellville faire nos formalités de sortie du pays, même si nos routes vont encore rester Malgaches plusieurs semaines (si tout va bien...).

Mardi. Nosy bé, haut-lieu notoire de prostitution infantile. Tout porte à penser que les récents soulèvements populaires aient été motivés par cette triste référence. Il semble bien que les "victimes" de la colère sauvage de quelques-uns soient des trafiquants de "chair fraiche" parfaitement connus et identifiés, ayant quasiment pignon sur rue et qui retiraient, de leurs sordides activités, de substantiels bénéfices, à leur usage exclusif. La corruption étant ici une institution, point n'est besoin d'être fin stratège pour savoir graisser à droite et à gauche les pattes qui devraient normalement se dresser contre ces pratiques dégueulasses. Puisse la nouvelle recette de *barbeuc*, "le vasa flambé au caoutchouc", participer à protéger un peu les enfants Malgaches. Je sais, la méthode est barbare, mais l'est-elle plus que ce qu'elle cherche à réprimer?

Le chemin de terre qui mène du yacht-club de la baie du cratère à la petite ville de « Dar El Salam » mérite amplement qu'on le parcoure à pieds. On y vit une immersion intime dans le quotidien de ses habitants, propre à appréhender un peu mieux ce que peuvent être leurs vies. On y croise des charrettes rudimentaires, en bois sur châssis métallique, équipées de roues de Renault 4L, et tractées par un zébu à l'accélérateur fort original. Le pilote de l'engin, dès lors qu'il commence à ressentir un peu d'agacement à se faire doubler par des piétons du troisième âge, attrape à pleine main la queue du quadrupède, et s'en sert pour lui titiller nerveusement le trou de balle d'un mouvement qui signifie clairement: "Tu vas te bouger l'oignon sinon t'auras pas à bouffer". Et bizarrement, ça marche! Sauf qu'il faut recommencer souvent. En même temps, si on veut essayer de comprendre le principe en se mettant, virtuellement, bien sûr, à la place du ruminant, trouver une motivation pour accélérer le pas, lorsque l'on trime sous le soleil, une ficelle dans le nez en guise de piercing, un joug qui vous laboure le cou, et un guignol derrière, qui vous irrite les sphincters à longueur de journée en prenant votre appendice caudal pour un câble d'accélérateur. *C'est pas* gagné. Peut-être que le zébu, dans une vie antérieure, il était nazi, et qu'il aurait été réincarné en zébu pour expier un peu. Mais je me demande si je ne suis pas encore un peu en train de sortir du sujet... (Comme disait le jeune marié).

Le début de la rue est occupé par des commerces de matériaux de construction d'habitations. Mais ici, rien à voir avec un Pinault ou un Leroy Merlin. Quatre poteaux et un toit de tôle ondulée abritent sommairement une pile de branches de palmiers, séchées, ligaturées et empilées, qui sont le matériau de couverture de base, ainsi que des éléments de "murs" et "cloisons" composés de branches d'arbre du voyageur assemblées entre elles par des tiges de bois effilées qui les traversent de part en part. Un espace est réservé aux bambous, et un autre aux planches de bois, débitées à la tronçonneuse à chaine. Un peu plus loin, quelques bacs grossièrement bétonnés contiennent du sable, lequel peut être déversé en contrebas à travers des orifices obturés par des portes en bois. Derrière, nous sommes dans une fabrique de parpaings. Des dizaines de moules en ferraille sont alignés au sol et remplis un à un, manuellement. On peut se procurer, dans cette zone, tous les ingrédients nécessaires à la fabrication d'une case traditionnelle. La seule différence par rapport à ce que Paul nous a montré la semaine dernière, c'est qu'ici, nous sommes en ville. Aussi, il semble difficile d'aller chercher son bois et ses palmes dans la forêt, et donc, il faut acheter. La rue est une succession d'échoppes hétéroclites, parfois de deux ou trois mètres-carrés seulement, où on trouve presque tout. La population est dense. Les gens sont parfois réservés, mais aussi, souvent, prompts à converser ou à sourire en réponse à un simple salut. Mais, on sent aussi quelques attitudes hostiles. Nombre de femmes sont très belles ici; dont certaines font, à l'évidence, commerce de leurs appâts. Ce qui conduit à croiser dans la rue, à trente secondes d'intervalle, Cosette, avec son seau de linge sur la tête et un morveux en bandoulière, et Naomi Campbell, perchée sur des talons aiguilles d'échassière (même aujourd'hui...), tortillant des rondeurs pour énerver le passant. Toute cette société semble très organisée, et je ressens confusément la difficulté qu'il y a à apporter notre grain de sel européen, sans rien faire d'autre que perturber un équilibre subtil et fragile.

Le chantier de lattage du *coquepite* tire à sa fin. "Qui tire à sa faim, tire sans fin" proverbe *malgaché*...

Ampandran

Grâce à la présence de nos amis Pascaline et Olivier, nous votons pour une journée de vacances. Mené par notre guide "officiel", Paul, notre groupe de joyeux découvreurs de contrées inconnues de nous, embarque dans sa pirogue, toilée comme une intégriste Allah voile. Le torchon, de belle facture, a été taillé dans une épave de spi, cédé probablement par un vagabond des mers, soucieux de gagner quelques kilos avant d'attaquer des contrées moins tolérantes qu'ici. L'embarcation n'est pas particulièrement légère. Par contre, sa coque en est effilée comme un couteau, et, avec son balancier, longue et fine torpille en bois d'arbre, l'ensemble est plutôt véloce. C'est un régal de naviguer de cette manière. On a l'impression d'être aspiré quelques centaines d'années dans le passé (le tissu aspi, sans doute...). Paul mène l'esquif jusqu'à la berge, à travers la mangrove, et la randonnée se poursuit à pieds, gravissant d'abord une colline de latérite, puis cheminant à l'ombre d'un sous-bois rafraîchissant. Nous parvenons bientôt au village d'Ampandran, où pas le plus petit début de modernisme ne trahit notre vingt et unième siècle. Les maisons sur pilotis sont toutes issues de l'arbre du voyageur (mais pas toutes du même, forcément...). Les cocotiers, décapités par le dernier cyclone, laissent le soleil écraser librement de sa chaleur les larges espaces sablonneux qui séparent les habitations. Dans chaque foyer, le riz mijote sur un feu de bois, dans des marmites en alu. Les villageois sont avenants et souriants. Peut-être grâce à Paul, qui, étant ici dans le village de sa femme, connait tout le monde, et glisse probablement de petits commentaires favorables.

Un charpentier de marine, installé à l'ombre d'un tamarin (le tamarin de la marine, donc...), taille à la machette, non pas une pipe, car il ne fume pas, mais une pièce de remplacement (spare part, en anglais...) pour réparer une pirogue, rompue par les outrages du temps. Ce faisant, il discute pépère avec un autre indigène, guère plus énervé que lui. Son client peut-être... Ce n'est pas une ambiance « cadences infernales » en tous cas!

Pour leurs besoins en eau, les villageois disposent d'un puits, auquel les femmes viennent quérir le liquide marron, passablement "chargé", qu'elles filtrent ensuite dans un linge, avant de le mettre, non pas dans le pastis, car, d'une manière générale, le pauvre est peu amateur de pastis par ici, et, d'ailleurs je ne connais pas l'explication de cet étrange phénomène... mais tout simplement pour faire cuire le riz, ou pire, la boire cul-sec! (Le pauvre n'est pas toujours très raffiné dans le choix de ses breuvages, même le samedi soir...). L'ambiance est très sereine, sans animosité ni tension palpable. Un genre de paradis sans pastis (mais on ne peut pas tout avoir non plus, comme disait l'eunuque...).

Le vent a tourné, et le retour se fait promptement, au portant. Le déjeuner, préparé par la femme de Paul, et servi sous un abri de palme, face à la plage et au mouillage, est apprécié de tous: riz au coco et poisson grillé, arrosé d'eau citronnée. Des plaisirs simples. J'ai promis à Paul de réparer son aviron et sa machette à la résine époxy.

Dernière journée de boulot intensif, avant de reprendre notre vagabondage, sur côtes et entrecôtes... Le menu reste copieux pour aujourd'hui: nouvelle intervention sur la drisse de grand' voile, et carénage complet avec l'aide de Malou, qui a terminé la finition du lattage de cockpit (le résultat est superbe, et nous pourrions même commercialiser ce nouveau produit).

Mon copain Paul va pouvoir frimer avec sa pagaie et sa machette renforcés carbone/époxy (avec les chutes d'un safran que j'avais fait pour le "Ville de Paris" de Marc Pajot, au siècle dernier...). Clin d'œil de dérision au cœur de cet environnement moyenâgeux.

Mireille et Pascal nous ont rejoints à bord de leur joli Marquise56 "Island coyote", alors que Neos a repris sa route ce matin, ce que nous ferons, nous aussi, dès demain.

Dimanche, avant d'appareiller, nous tenons à aller faire la connaissance de Clarisse, la maitresse d'école qui ouvre demain matin cette école maternelle pour laquelle elle se démène depuis des mois. Ce n'est pas une mince affaire, car les gens sont fort démunis et loin de tout ici. Malou a rassemblé diverses petites choses que Clarisse pourra mettre à disposition de ses sept écoliers ayant de quatre à sept ans. Le charpentier du village est affairé à fabriquer la table et les bancs qui constitueront le seul mobilier de la classe.

Aux vagabonds des îles qui passeront par ici, je dis, faites présent à Clarisse de tout ce que pouvez trouver d'utile pour son école, y compris des fringues, car la plupart des mômes sont plus vêtus de trous que de tissus. D'ailleurs, n'importe qui peut envoyer quelque chose à l'adresse:"Clarisse, maitresse d'école, Baie des Russes, Madagascar", elle affirme que ça arrivera à destination (sans doute beaucoup mieux qu'avec certaines ONG fourbes dont on dit que seulement 10% de ce qui est envoyé ici parvient au petit peuple, le reste étant massivement détourné à des fins lucratives personnelles).

Baramahamay. Au soir de cette agréable journée, Catafjord tire sans conviction sur son mouillage, dans l'estuaire de la rivière de Baramahamay, à un jet de chique d'un village ordinaire d'une centaine d'âmes. La spécialité du bled, c'est le miel sauvage, que les indigènes vont récolter dans les collines alentour, après avoir disposé à cet effet quelques ruches sommaires, faites de l'écorce d'un vieux cocotier. Les eaux environnantes apportent aux filets des pêcheurs quantité de sardines, qui, une fois séchées, seront entassées dans des sacs, puis acheminées à Nosy bé par boutres, pour y être vendues.

Un des nombreux quémandeurs *empirogués* est venu proposer à Olivier une excursion en brousse, pour y voir le crocodile in situ... Aussi, lundi matin, tout le troupeau de *plaisancionautes* présents est-il sur le pied de guerre dès l'aube, en vue de jouer les premiers rôles dans la nouvelle série: "Traque du croco malgache, en tong et chapeau de brousse"... Las, à l'heure supposée, le guide n'ayant pas eu le bon goût de pointer son groin, notre bataillon de vasas, grave motivés, part en excursion, comme qui dirait, en autarcie... Mireille et Pascal, en parents rusés, se débrouillent rapidement pour nous fourguer leur gamin, Swann, qui se joint à Pascaline et Olivier pour constituer l'équipage du Newmatic. Direction la mangrove, pour une exploration en profondeur des sites infestés de crocodiles... C'est beau la mangrove, très beau même, mais, au bout d'un moment, ça lasse son monde... Et avec ça, question croco, pas la queue d'un! Par bonheur, le petit coyote se tient bien. Pascaline et Olivier aussi, et donc, quatre litres d'essence plus tard, après une votation démocratique et forestière, il est décidé à l'unanimité de se replier sur nos canotes respectifs et d'appareiller illico, car, ce n'est pas tout ça, mais il reste encore du chemin à parcourir, et la brise de mer ne va pas tarder à s'établir.

Le temps de préparer le camion, le guindeau avale sa chaine vers midi, et nous appareillons, bientôt suivis par Neos et Coyote. Je ne saurais relater la suite sans faire un brin mon intéressant, histoire d'énerver encore un peu mon ami Olivier... Bref, c'est vers 16 heures que Catafjord mouille son ancre à l'endroit que nous avions convenu, et il s'y trouve bien seul. Car les bateaux amis sont matérialisés par deux minuscules points sur l'horizon... Bah, pas de quoi faire le fier, et je ne saurais en tirer une quelconque vanité. Mais je ne saurais non plus cacher le plaisir de voir les silhouettes de nos amis s'estomper derrière nous cependant que le speedomètre du bord affiche onze nœuds comme un gros frimeur. Catafjord, avec son look débonnaire, trompe facilement son monde. On l'imagine pataud alors qu'il est plutôt véloce pour un bateau de croisière... Vivement l'apéro commun qu'on en débatte un peu...

Moramba Bay

Le soleil joue à cache-cache avec les tentacules crispés tenant lieu de branches aux baobabs. Une famille de lémuriens s'obstine à y séjourner au dernier étage, se catapultant de branche en branche, loin des tromblons téléobjectifs, seuls capables d'en saisir les détails à cette distance. Les équipages des quatre canotes français mouillés devant la plage, sont là, au complet, ébahis par la beauté sauvage du décor. La ligne dorée de sable blanc est interrompue par des formations karstiques semblables à celles des alentours de Phuket, sortes de champignons minéraux, bouffés à leur base par l'érosion, et surmontés d'une végétation dense, dominée par le roi baobab. Quel arbre magnifique! Majestueuse bonhomie *végétalisée*. Les malgaches lui prêtent des vertus sacrées et le traitent comme un monument religieux destiné à recevoir offrandes et dévotions, ou à implorer les esprits. A l'instar de l'arbre du voyageur, un coup de machette dans le tronc transforme l'église en une méga-gourde capable d'étancher la soif de tout un régiment de bananes. Olivier et moi devisons sur quelques sujets majeurs ainsi que nous avons coutume de le faire cependant que nos épouses titillent l'Olympus ou le *Lumisque*, afin d'enrichir l'album photos, quand, tout-à-coup, soudainement, telles une paire de Saintes Maries devant les sœurs Bernadette Siamoises, deux avenantes silhouettes féminines émergent du bois, pleines de grâce, en saris vaporeux et chapeaux de brousse de paille sans queue! Olivier balbutie une phrase genre: «Ah, ben! Si j'm'attendais...", et nous faisons connaissance. Brigitte, la propriétaire du domaine que nous foulons aux pieds (le domaine, pas la dame, évidemment), prend le frais en compagnie de sa copine Solange, échappée quelques jours de son appart de Tana pour une immersion provisoire en cambrousse. Brigitte nous entraîne sur un sentier sablonneux jusqu'à ce qu'apparaisse à nos yeux ce tableau de rêve: la mer, en arrière plan, de laquelle émerge une succession d'ilots karstiques, perchés sur leur unique pilotis rocheux, et juste devant nous, une séduisante construction de bambous à toit de palmes, ayant vocation de chambre d'hôtes. C'est sobre, de bon goût, propre à générer un bien-être serein. Quelques dépendances, également construites en bambous, deux ou trois pirogues halées sur le sable, un espace pour se nourrir et un autre pour cuisiner, et la brousse alentour. Tout y est!... ou presque. Brigitte, volontaire et courageuse, a mis tout ça en place, et bien d'autres choses encore (des cultures, en particulier), travaillant sans relâche sur ce projet depuis de nombreuses années, relevant la tête avec opiniâtreté après chaque mauvais coup. Bravo! Le résultat est très avenant.

Solange est bien différente. D'origine malgache, également, mais issue d'un milieu aisé, elle a passé de nombreuses années de sa vie en France et aux USA, et possède un niveau d'études et de culture élevé. Elle nous apprend beaucoup de choses sur les dures réalités de ce pays, qu'elle retrouve après une longue absence. Bruno, le compagnon de Brigitte, était skipper sur des bateaux de charter. Aussi, les sujets de conversation ne manquent-ils pas, lors de l'apéro que nous prenons tous ensemble à bord de Neos. Rendez-vous est pris demain matin, pour un "audit" de la pirogue à voile dont les performances laissent un peu à désirer (normal, elle a été construite différemment de ce que tout le monde pratique ici...). Ce sera l'occasion d'un déjeuner malgache sous le toit de palme du "salon d'extérieur".

Jeudi. Matinée encore une fois consacrée à l'entretien courant: déposer le winch de génois tribord afin de renforcer en carbone/époxy son assise qui a pris une inquiétante souplesse avec le temps. Puis, revient vers onze heures le temps du bonheur avec une suite ininterrompue de moments captivants jusqu'à la conclusion conviviale, apéritive, et rigolarde, dans le cockpit de "Ratepi" cette fois. Solange nous détaille par le menu son ambitieux projet de marina moderne dans cette baie... (Nous, on la préfère telle qu'elle est en ce moment, cette baie). Afin de l'assister efficacement dans ce travail pharaonique, elle s'est adjoint les services d'un spécimen rare d'"homo inventus": Jojo, immédiatement surnommé "Jojo de la jungle". Comment vous le décrire? Essayez d'imaginer le produit du croisement d'un Woody Allen, mais dénué d'humour avec un Benoit Pouleverte, cul pincé, à lunettes... Jojo a un métier peu commun: il se dit "inventeur sur commande"... Pour le moment, aucun de nous n'est encore parvenu à identifier une de ses inventions, mais ça ne veut pas dire qu'il faille stopper les recherches... Gageons, qu'ici, à Mada, vu l'état du pays, notre bipède doit pouvoir pondre un paquet de trucs utiles, si ce n'est nécessaires, et surtout, à la portée de toutes les brousses. Je devrais, logiquement, mettre une miette d'optimisme dans mon océan de pessimisme concernant l'avenir de ce pays fort attachant, maintenant que Jojo a mis sa diabolique machine de cogitation au service de la cause malgache. Mais *j'y arrive pas*!

Depuis deux jours, nous avons repris notre cabotage vers le sud, le long de la côte Malgache. Assez peu d'abris naturels jalonnent notre route, nous obligeant à jongler avec tous les paramètres si nous voulons dormir au calme. Pour autant, c'est de la jolie navigation.

Majunga

Partis dès le lever du jour ce matin, à la faveur du courant de jusant, nous arrivons devant Majunga vers 14h, propulsés à onze nœuds par la brise de mer. Escale stressante en vue. Rien n'est prévu pour accueillir les nomades à voiles, ici, et la ville traîne une réputation sulfureuse. C'est ici que nos amis canadiens, Réjane et Denis, ont été attaqués (à l'arme blanche par des voleurs pas clairs), nuitamment, il y a quelques années de ça... Nous mouillons à proximité du port des boutres, lequel accueille fréquemment quelques Comoriens peu scrupuleux...

Cette escale a un but bien précis: faire nos formalités de sortie officielle de Mada, car nous avons finalement décidé de traverser le canal du Mozambique à partir de Baly Bay, comme la plupart de nos amis. Un diable de clapot complique un peu la mise à l'eau du Newmatic, mais, une fois à terre, tout se passe bien, et vers 16h, les précieux documents sont à bord. Inutile de nous attarder dans ce coupe-gorge. Nous appareillons immédiatement pour Katsépé, berge d'en face, à cinq milles d'ici. L'eau du fleuve est rouge du sang de la terre; on a l'impression de naviguer sur un "bloody Mary". A l'heure ou le lampion céleste disparait derrière le village qui s'anime avec le retour des bateaux aux ventres alourdis de marchandises, Catafjord s'immobilise à distance raisonnable, et son équipage se barricade prudemment à l'intérieur, alarme en service, vaguement inquiet... Mais pas trop… Et encore moins après l'apéro.

Katsépé

Katsépé est un gros village, d'environ deux mille âmes, à l'ambiance nettement africaine. Indolent aux heures chaudes, les matinées et soirées grouillent du va-et-vient des pirogues, boutres, "ferry" et embarcations diverses qui charrient tout le trafic de marchandises et d'humains entre Majunga et le sud de la région. Tout se passe sur la plage, idéalement située et exempte de clapot. Les bateaux y viennent "beacher", et tout est trimballé à dos d'humain, en une procession disparate de bipèdes aux pantalons retroussés. Une rangée de boutiques en bois à toits de palmes dispense nourriture, boissons, et... cartes de téléphones. Ici, comme dans bien des pays pauvres, la première nécessité, après le gite et le couvert, c'est le téléphone portable! L'humain est-il intrinsèquement si stupide, ou bien alors les cadors de la finance et du marketing sont-ils à ce point diaboliquement efficaces? Personnellement, j'aurais mis un tas d'autres trucs en priorité, avant l'acquisition d'un téléphone mais, bon, c'est chacun son goût. Le pauvre n'est pas toujours très perspicace dans le choix de ses investissements…

Appareillage au petit jour, pour cause d'étape longue. Falaises magnifiques, rouges et blanches: la terre semble avoir été croquée par quelque géant vorace dont on croirait deviner la trace du dentier dans la roche. Le vent a décidé de nous empoisonner la vie aujourd'hui. A l'approche de chaque pointe, alors qu'on se réjouit toujours trop tôt à l'idée d'abattre un peu, il refuse[24], encore et encore, tant et si bien que l'essentiel du trajet se fait au plus près... Pour finir, ça fraichit à plus de vingt cinq nœuds (alors que je n'ai aucune envie de prendre un ris...). Les derniers milles sont avalés "tout dessus" à treize nœuds, au bon plein, cette fois. Par chance, un thazar s'inscrit au dîner, et nous retrouvons, avec plaisir, nos "Pirates", mouillés là depuis quelques jours. Leur compagnie est toujours bien agréable.

Baly Bay

Cette escale sera notre dernière sur Mada. Nous enclenchons tous la fonction "traque de la bonne fenêtre météo".

Vendredi 25 Novembre. C'est la règle ces derniers jours: le début de matinée est consacré à l'étude des fichiers météo, dans le but de déterminer le meilleur moment pour appareiller. Deux éléments majeurs sont pris en compte: la rapidité et le confort. C'est le module "routage" de notre logiciel de navigation qui me permet de simuler les navigations à venir, en fonction des prévisions de vent et des capacités

---

[24] Se dit d'un vent qui se rapproche de l'axe d'un navire en venant plus de l'avant.

de vitesse du bateau. Le jeu consiste à éviter le petit temps et les forts vents contraires, relativement fréquents dans la zone (où l'on voit, encore une fois, la supériorité du canote à propulsion mécanique, lequel ne cherchera à éviter que les forts vents contraires, tous les autres cas de figure pouvant très bien convenir).

En attendant la bonne fenêtre, les habituelles occupations de voyage avalent les jours, nous privant d'une quelconque inactivité: visite au village voisin, emplette de quelques babioles pour écouler les derniers "ariarys", balade le long de la côte avec les "Pirates" pour prendre la douze millième photo de lémurien, et les sept mille deux centième photos de flamand rose. Bon, je reconnais que l'envol d'une escadrille de ces volatiles offre un spectacle plein de grâce et de majesté, et aussi de belles couleurs, surtout du rose et du noir, mais avec aussi le bleu du ciel, même que, des fois, sur le soir, il est pas que bleu, il est plein d'orange et de toute cette sorte de couleurs, et donc, c'est beau! Ils me font marrer ces flamands quand ils s'élancent. Leur technique, consistant à courir à grandes enjambées en battant des ailes laborieusement avant de parvenir à décoller, n'est pas d'une rare élégance... Cependant, leurs couleurs, alliées à leurs interminables élancements leur confèrent une touchante délicatesse de jeune ballerine (ou plutôt, de ballerine vierge, tentant d'échapper à la concupiscence du prof de gym que le printemps met en joie... d'où la motivation pour s'envoler... Mais sans doute m'égare-je encore)

Autre avantage appréciable de " Baly Bay ": elle regorge de grosses crevettes, que les pêcheurs locaux nous vendent à vil prix, et dont nous nous régalons presque quotidiennement.

Samedi 26 Octobre. C'est décidé, nous partons demain. Un petit coup de "spontex" en plongée pour améliorer la glisse, quelques ultimes vérifications, un petit dîner entre amis avec nos pirates, et bye bye Mada! Une panne de dernière minute (ventilateur de cale bâbord grillé. En plus, il a fait fondre ses câbles d'alimentation, ce sagouin...), me force à travailler jusqu'au dernier moment.

En mer, dans le canal du Mozambique

Dimanche 27 Octobre, midi; la côte malgache n'est déjà plus qu'un mince filet sur l'horizon. Comme c'est dimanche, nous nous autorisons un petit coup de rosé. Le vent est faible, mais suffisant tout de même pour laisser les moteurs au repos. La mer est calme, et il fait un temps superbe. Voilà comment nous aimons vivre un départ vers le large pour plusieurs jours. Il est fort probable que toute la traversée ne sera pas aussi aimable, mais, profitons de l'instant présent. Le cap Saint André est franchi juste avant la nuit.

Lundi 8h, plus aucune côte en vue. L'horizon est vide, dans un univers de bleus. La chaleur est déjà lourde, et ce ne sont pas les pauvres cinq nœuds de vent qui vont apporter un peu de fraicheur... Catafjord est secoué comme un shaker sur cette mer rugueuse comme un champ de patates, avec ses vagues en pagaille dans tous les sens. Grâce à une exemplaire collaboration entre la voilure dûment établie, et un Yanmar qui s'marre en douce, la moyenne reste acceptable...

Mardi midi. Navigation idéale! Catafjord file ses neuf nœuds sur une mer peu agitée, agréablement chauffée et illuminée par l'astre nucléaire que pas un nuage n'a le culot de tenter d'occulter. C'est vrai que, quand on est le soleil, on ne doit pas tellement avoir envie de se faire occulter..., surtout par un pauvre nuage. Nous recevons quotidiennement des messages Iridium de nos amis, également en mer dans le canal du Mozambique, et c'est très sympa cette "présence humaine", au milieu du désert liquide qui nous enveloppe.

Un avion de surveillance français nous a survolés à basse altitude tout-à-l'heure. C'est assez impressionnant ce genre de rencontre. Le hurlement sauvage des réacteurs qui déchire le délicat chuintement des sillages nous tombe dessus d'une manière incroyablement agressive..., comme un genre de fin du monde. Les quelques mots, échangés ensuite par VHF [25], nous ramènent à l'humanité, durant de brefs instants. La longue houle de sud témoigne des conditions peu clémentes qui règnent un peu plus bas, vers où nous allons, justement...

---

[25] Emetteur récepteur de radio à portée limitée

Mercredi, nous sommes en train de quitter le pays magique au ciel toujours bleu et aux doux zéphyrs... Les nuages ont envahi le plafond. La température ne permet plus de se trimballer à poil toute la journée, et le vent a commencé à montrer une vigueur de jeune marié. Pour autant, les conditions sont encore clémentes, et Catafjord file gaillardement à plus de huit nœuds, dans un confort de vieille mariée... Je veille distraitement, levant de temps en temps le nez de mon bouquin pour un coup d'œil *circumhorizontal*. Sur ma gauche, mais vous n'allez pas me croire: le Mont Saint Michel!!! À environ deux milles, sa masse grise posée sur l'horizon, pas tellement pointue en fin de compte. En cela, je suis bien d'accord avec le regretté Alphonse Allais. Ce n'est pas le rhum, pourtant: pas picolé depuis 3 jours. En mer, c'est discipline ascétique. J'appelle en VHF (au cas où Saint Michel veillerait sur le 16, lui aussi...). Ça répond. En fait, ce n'est pas le Mont Saint Michel, c'est un canote militaire, avec son élégance de fer à repasser géant, hérissé d'antennes comme un pêcheur russe, et qui me signale courtoisement qu'il est interdit de poser le pied sur "Bassas do India", possession française, comme son nom ne le laisse pas supposer, et qui se trouve à quelques milles d'ici, dans la direction que nous suivons. Et donc, nous sommes priés de passer notre chemin. Ça tombe bien, c'était exactement notre intention. N'empêche, constater qu'un pauvre atoll corallien, si bas sur l'eau qu'il n'est même pas visible à deux milles, fait l'objet d'une si étroite surveillance, je dis que ça rassure sur bien des points: d'abord, ça signifie clairement qu'on ne pénètre pas si facilement sur le sol français, et ensuite, le grisbi de nos impôts... on voit bien qu'il est quand même vachement bien employé. En effet, il ne faudrait tout-de même pas que n'importe quel va-nu-pieds puisse s'accaparer une partie des trésors enfouis dans les nombreuses épaves qui jonchent le fond de cet atoll... Et puis, l'efficacité de la surveillance nationale est effective. La preuve: des pirates, par ici, on n'en a pas vu la queue d'un... Alors, qu'est ce qu'on dit ? Cocorico!

Vendredi. Ce mince ruban vert sombre sur son liseré or, qui sépare le solide du liquide: c'est le continent Africain, qui se dévoile dans la pâleur laiteuse du jour naissant. Cinq jours que nous avons quitté Mada. Les dernières 24 heures ont été plutôt toniques, avec ce bref coup de vent d'une trentaine de nœuds qui nous a propulsés à proximité d'Inhambane, pour finalement nous abandonner lâchement à une quinzaine de milles du mouillage convoité... Histoire, sans doute, de laisser encore une fois le dernier mot aux chevaux vapeurs.

MOZAMBIQUE

Linga-Linga

L'endroit est peu fréquenté par les *voileux*. Et, il aura fallu toute la persévérance de Malou pour dénicher sur internet la trace d'un bateau qui est déjà passé par la, et qui nous sert de fil d'Ariane (qu'il faut prendre garde de ne pas empêtrer dans les hélices...).

Blotti au détour d'un virage, un peu en amont de la rivière, Catafjord se relâche et savoure la quiétude de cet abri au sein duquel il attend sereinement la prochaine fenêtre météo favorable.

Samedi, journée fructueuse! Pas tellement en ce qui concerne la découverte du Mozambique et des *Mozambicots*, car nous n'avons toujours pas foulé aux pieds cette contrée aux relents de découverte aventureuse et d'opportunités de s'envoyer en l'air grâce aux nombreuses mines anti personnelles encore tapies sous les buissons de certaines régions (peu fréquentées, heureusement). Bref, en cette journée maussade, pas de tourisme, mais rendez-vous avec le succès sur deux besognes incontournables: dépannage du guindeau, et, du groupe électrogène (rien de bien grave ; juste quelques petites tracasseries ordinaires, et, ce soir, ça marche!). En sus, c'est samedi, et donc, le jour du boujaron de tafia.

Dimanche. Le marchand de vent de sud qui nous a confiné ici n'a pas encore épuisé sa réserve de rafales dans le pif, et, ça ne tombe pas si mal si on considère les quelques besognes indispensables à exécuter avant d'appareiller, et qui figurent toujours sur la liste... Au premier rang de celles-ci, une belle séance de matelotage. Ce n'est pas ma spécialité, hélas, et je le déplore, car je vois parfois certaines réalisations qui me font bronzer de jalousie. Un des récents progrès notoire concernant nos modestes barcasses touche les fibres dites "exotiques". Ainsi, actuellement, nombre de pièces fortement sollicitées ne sont plus réalisées en métal, mais en ... ficelle. Fort de la petite réserve de "dyneema" rapportée de la corderie Lancelin, je m'attaque donc à rénover complètement le *pouliage* d'écoute de grand-voile, dont les manilles ont perdu la moitié de leurs sections par usure, et ont commencé à se briser, par lassitude... Ce qui peut être fort dangereux, car il y a plusieurs tonnes de traction dans cette manœuvre, et la rupture d'une poulie pourrait aisément transformer radicalement le faciès de celui qui se la prendrait dans les gencives.

En ma qualité d'arpette dans cette spécialité, il me faudra toute la journée pour en venir à bout... Et encore, n'ai-je réalisé qu'une version "test".

Lundi. Le baromètre est remonté. Le soleil pointe, et la rivière s'anime de dizaines de barques jouant leurs rôles de "bus de mer", à l'ancienne, en mode "fifty": voile latine et *pigouille*, et, bien entendu, on joue habilement avec courants et contre-courants. Deux *clampins* courent le long de la plage avec des vociférations de gorets qu'on émascule au chalumeau: ils ont loupé leur tram nautique... "No problem": la barcasse, chargée ras-le-liston de sa douzaine de passagers, se déroute, et s'en va *beacher* un peu en amont, de manière à récupérer les deux retardataires... *C'est pas* du service ça? Allez imaginer ça avec la SNCM...

Ainsi qu'il est logique, ces embarcations *Mozambigottes* présentent de nombreuses similitudes avec leurs voisines Malgaches. Pourtant, on remarque aussi quelques bizarreries locales, telles ces curieuses barques monoxyles, si peu effilées que je ne saurais les qualifier de "pirogues", tant elles tiennent fort du sabot breton, avec un zeste de "Panama box". Incroyable! On dirait des modèles réduits de péniches. Les voiles latines, par contre, se ressemblent comme des caleçons, avec, tout de même une différence: ici, le mât, plus court et plus sur l'avant, porte l'antenne toujours du même bord, quelle que soit l'amure[26], ce qui facilite grandement la conduite du bazar.

---

[26] Côté par lequel un navire reçoit le vent

Bien que n'ayant fait aucune formalité, nous nous autorisons une petite ballade à terre, dans la plus complète illégalité (*Mea coule pas...*).

Sans être l'opulence, les gens semblent ici moins démunis qu'à Madagascar. Plus souriants aussi. Côté habillement, le *Mozambigman* semble plus attiré par des vêtements "ordinaires" que par des guenilles... Question de mode peut-être. Egalement, leurs vies sociales nous ont paru plus structurées, et mieux organisées qu'à Mada. Les palmes tombées des cocotiers sont aussitôt ramassées et tressées entre elles pour en faire des panneaux. Le bois est débité et stocké à proximité des zones d'entretien des canotes. Les espaces communs sont propres et bien entretenus.

Inhaca

Jeudi 7 Novembre. Peu de bateaux font escale à Inhaca. Son immense baie offre une belle rade d'attente pour les cargos, mais est nettement moins accueillante pour de petits bateaux. Cependant, la raison majeure de sa désaffectation de la part des vagabonds nautiques est ailleurs. Elle est plutôt liée à la désolante réputation qui provient du comportement de son comité d'accueil <u>*gendarmo-douaniais*</u>. Les pandores maritimes s'y adonnent volontiers à de regrettables opérations de racket, à leur profit exclusif, bien évidemment.

Et c'est exactement le problème qui nous préoccupe en ce matin gris. Nous avons choisi cette escale pour y patienter deux jours, soit le temps nécessaire pour réparer quelques bricoles qui ont merdé pendant la dernière navigation, et pour laisser passer cette vilaine dépression qui nous barre la route de Richard's Bay. Donc, voici que se pointe vers nous une mauvaise barcasse en polyester d'une huitaine de mètres de long, fringante comme une clocharde avinée, et équipée de cinq *mozalambiquets*, rigolards comme des fossoyeurs, et qui se disent représentants de l'état.

Le premier contact est "prometteur". Le fort clapot qui agite le mouillage, allié au peu de dextérité du barreur, agite dangereusement la ferrure *bavante* de rouille qui orne l'étrave de leur bourrier, et vient bientôt heurter la poupe de Catafjord dans un vilain bruit de bois cassé.

Coup de boutoir qui semble annoncer de manière imagée: "Devinez un peu ce qu'on est venu vous faire?"....

Ils veulent des sous ! Ça tombe mal. *On veut pas* leur en donner. Discussions, palabres, argumentations, "Et l'hospitalité offerte au marin en avarie?"... Il semblerait qu'ils s'assoient dessus. "De toute façon, on n'a pas un centime à bord. Seulement une carte bancaire, alors...". Au bout d'une heure, notre fermeté n'ayant pas failli, les receveurs de l'état mollissent et capitulent: "Bon, ben alors, exceptionnellement, on vous fait un cadeau: vous pouvez rester deux jours, sans bouger du bord et sans mettre pied à terre". Voilà qui assouplit bien la situation. "Eh bien, si c'est comme ça, nous aussi on va vous faire un cadeau. Tiens voilà un *cubi* de vin rouge". Ainsi fait, c'est à grands renforts de saluts joviaux que nous prenons congé, comme de vieux amis. Moins une on sortait même les mouchoirs: «Vous nous quittez déjà? Comme c'est triste»...

Samedi. Le soleil n'est pas encore sorti de son lit lorsque l'ancre, elle, quitte le sien pour rejoindre son davier et permettre l'appareillage. Après un délicat moment de rase-cailloux, pour économiser quelques milles, les eaux agitées de l'Indien recommencent à nous chahuter. La brise étant faiblarde, on attaque en mode "fifty", voiles et moteur, le temps, au moins, de s'éloigner un peu de la côte. En fin de matinée, Eole se décide à se mettre au boulot, et nous envoie suffisamment d'air pour mettre la bécane au repos. Par contre, il faudra attendre le milieu de la nuit pour toucher enfin ce fameux courant des aiguilles qui va nous offrir presque deux nœuds de bonus... De quoi échafauder maladroitement des projets d'heure d'arrivée. Aïe, aïe, aïe, exactement ce qu'il ne faut jamais faire.

AFRIQUE DU SUD

Richard's Bay

Quatre heures du matin: les premières lueurs du jour chassent les derniers souffles de ce bon petit vent qui n'a pas failli de toute la nuit, et dévoilent à nos yeux, brouillés du manque de sommeil, un ciel de fin du monde, sombre et tourmenté... Pas grand-chose de bon à venir... Et bien, justement, c'est rapidement la misère. Il revient du vent droit dans le pif, faible au début, puis vingt cinq nœuds, et avec ça, une mer épouvantablement torturée: le raz de Sein à perte de vue. *J'aime pas.* Tous les moyens sont bons pour s'échapper de ce guêpier: grand-voile à trois ris, génois à deux ris, et moteurs à mi-régime. Après trois heures de lessiveuse, nous voici enfin dans l'avant-port de Richard's Bay, et c'est le moment que choisit le moteur tribord pour s'arrêter inopinément. L'ingratitude de ces machines: moi qui lui ait changé ses filtres avant de partir pour lui être agréable. Difficile de venir à quai dans le petit port encombré de "small craft harbour", avec un seul moteur. Nous mouillons, en lisière du chenal des cargos, le temps d'identifier le problème et de le solutionner.

17 heures du soir... Catafjord est amarré au quai d'embarquement des charters, juste en face de la pancarte qui l'interdit... Et devant une enfilade de restaurants à la musique trop forte. Après ces dernières semaines d'isolement relatif, le contraste est agressant. Pour le moment, nous ne pouvons qu'attendre la visite des autorités, sans entreprendre quoi que ce soit. Malou est tout de même partie en vadrouille pour acquérir les ingrédients magiques qui nous permettront bientôt de revenir dans le monde fabuleux des internautes.

Zululand marina, bien que fort accueillante, ne peut héberger Catafjord, car elle est positivement bondée. Aussi, une nouvelle fois, c'est par le truchement de notre brave "Rocna" que nous nous solidarisons avec le continent africain, ce qui n'est pas pour nous déplaire. Par chance, quelques amis, et pas parmi les plus moroses, sont également en escale ici, ce qui conduit à une succession de soirées rigolardes, occupées à babiller sur des sujets majeurs tout en éclusant consciencieusement quelques boujarons de tafia. L'endroit est des plus agréables. Un peu à l'écart des trépidations citadines, nous sommes entourés de verdure, de plages, et d'une intéressante variété d'engins flottants, allant du paddle au Hobie Cat, en passant par les kayaks, et les inévitables jet-ski, qui se comportent ici avec beaucoup de civisme. Par contre, point de boutres ni de pirogues à balancier aux voiles en patchwork de sacs de riz. C'est "retour chez les nantis". Les gens sont avenants et bien "rendant de services", ce qui égaye considérablement notre séjour.

L'Afrique du sud me fait l'effet d'être comme la Bretagne de l'Afrique. Située tout au bout là-bas, les cocotiers se raréfient au fur et à mesure que les passages de dépressions deviennent, eux, plus fréquents et plus têtus. Ça a son charme. Maintenant tout de suite, par exemple, c'est ciel gris et pluie. Mais ce n'est pas comme ça tous les jours. Et puis, il y en a qui aiment.

Sinon, pour faire quelques bricoles sur le canote et remplir les étagères de pièces de rechange, afin de remplacer celles qui ont été consommées lors des différents séjours chez les pauvres, c'est l'idéal... Parce que, *c'est pas* pour critiquer, mais je trouve que le pauvre est, globalement, un peu trop laxiste sur la tenue de son stock de pièces de rechange pour bateaux de passage... et là, je dis: ils font fausse route. Après ça, le pauvre va s'étonner de rester pauvre... Je constate que le pauvre ne réfléchit pas toujours suffisamment aux conséquences de ses actes... Alors qu'il ferait bien pourtant.

Samedi. Notre anniversaire de mariage: trente neuf ans. C'est à bord de Coyote (pensez à prononcer : "Couilloute") que la joyeuse équipe de *siphonneurs* fête avec nous ce moment de franche camaraderie où se mêlent les vociférations de ceux qui ont l'impression de chanter, les gesticulations grotesques de ceux qui ont l'impression de danser, et les exactions regrettables de ceux qui trouvent très amusant de me sauter dessus pour me déculotter ,incapables qu'ils sont de résister à leurs coupables pulsions de gérontophiles compulsifs... Bref, *poilade* et fendage de gueule sont les deux mamelles hypertrophiées de cette soirée, hélas pas tellement arrosée... Mais bon, *c'est pas* le but non plus, et les crêpes de Pascal sont fameuses et juste cuites comme il convient.

Celui qui n'a jamais eu le privilège d'observer le « velvet à couilles bleues », évoluant au sein de son milieu naturel, ignore tout du concept d'élégance testiculaire. Curieux des choses de la vie comme nous sommes, il n'est pas étonnant que nous ayons la chance de pouvoir côtoyer quotidiennement cette intéressante variété de cercopithèque, dont les mâles sont de véritables gros veinards, affublés qu'ils sont de cette délicieuse coloration de claouis. Pour ma part, la contemplation de ces attributs turquoises, rehaussant incontestablement le portait verso de la zone rectale de cette bestiole, a bouleversé ma conception de l'esthétique du génitoire. Je n'hésite pas à affirmer que la possession de *bobolles* de cette couleur me semble, présentement, le pinacle de l'élégance, du bon goût, et du raffinement masculin (non émasculé bien sûr... Il ne viendrait à personne l'idée d'imaginer un eunuque à testicules bleues... Encore moins turquoises...). Hélas, pour qui n'a pas l'heur de posséder naturellement cette ravissante particularité, les moyens de colorer artificiellement le matériel me semblent dramatiquement réduits... En même temps, les occasions d'en faire profiter les amis ne sont pas non plus si fréquentes pour justifier la mise en œuvre de procédés sophistiqués... Au final, il me semble que le mieux, c'est de s'assumer comme on est, et pisse c'est tout. N'empêche, prendre une telle leçon de savoir-vivre et d'élégance de la part d'un pauvre ouistiti, c'est des coups à se les faire bleuir de jalousie.

Hluhluwe

Mardi 10h, Pascal ayant été élu à l'unanimité "chauffeur de l'année" pour les deux jours à venir, c'est à lui que revient l'insigne honneur de risquer son permis, et la caution qu'il a imprudemment laissée à la boite de location de bagnoles, en conduisant notre troupeau *touristiquo*-familial vers le parc Hluhluwe, à bord de notre minibus. Chemin faisant, au gré des vagabondages de mon esprit, j'en viens à me demander qui, des "big five", ou de notre tribu, sera le plus étonné de rencontrer l'autre... Sachant que notre troupeau se compose de trois pirates, trois coyotes, et seulement deux individus absolument normaux, mais moins jeunes (surtout une...).

C'est après trois heures de route (pour quatre vingt kilomètres...), que nous découvrons, émerveillés, le camp de base que les filles ont réservé hier par téléphone. Poussant l'huis de bois qui clôt l'habitation principale, notre joie collective franchit encore quelques degrés supplémentaires lorsque nous apercevons le bar particulièrement bien garni. Mais... si le bar est bien achalandé, c'est sans doute que quelqu'un s'est chargé de cette tâche... et donc, il se pourrait bien que ce "quelqu'un" se soit aussi permis d'envahir nos chambres et nos salles de bains... Eh, bien justement!... Ce qui signifie clairement que *c'est pas* là qu'on habite! Bon, bref, pour finir, nous nous retrouvons au très traditionnel et fréquenté "Hilltop camp", en compagnie d'une foule de *clampins* dans notre genre, tous venus organiser ici leur petit confort perso, avant d'aller surprendre la bébête dans le bush, son habitat naturel, le Nikon bien installé sur la protubérance *abdominable*.

Pour être honnête, je dois reconnaitre que nous y sommes fort bien, dans ce Lodge, et que notre réserve de bonne humeur ne semble pas devoir s'approcher de la cote d'alerte avant "un certain temps".

Hluhluwe Park, est une modeste prairie de 96000 hectares, garnie d'une grande quantité d'animaux qui y vivent plus en liberté que nous, car nous sommes censés ne jamais sortir du camion, et ne pas nous approcher trop près des grosses bestioles. Notre cher Pascal, lui, le règlement, *y se torche* avec. Et donc, *zyva* tout près des girafes, des buffles, des zèbres, et pas bien loin des rhinocéros. Dès qu'on s'arrête, les trois quarts de notre équipe de comiques descendent du *vésicule* afin de faire crépiter les "Pentax"...

A propos de Zèbre, prenons quelques instants de notre précieux temps pour nous remémorer cette histoire vraie, survenue il y a de cela quelques années. Un zèbre, fraichement débarqué d'Afrique, arrive aux Landes, en vue de visiter la ferme à Hubert[27]. Curieux de tout, notre

---

[27] Le beau-frère qui fait du bon calva...

limier rayé mène une enquête minutieuse auprès des résidents en vue d'identifier et comprendre la fonction de chacun dans l'entreprise familiale. Il apprend ainsi à son grand étonnement que le boulot de la poule, c'est de pondre des œufs, et celui de la vache de pondre du lait. Avisant alors le taureau, il pose pour la nième fois sa question: "Et toi, tu fais quoi, ici?". A la quelle l'encorné répond, une lueur de malice au fond de son regard bovin: "Enlève ton pyjama et retourne toi, je vais te montrer tout de suite...".

Mercredi. Le show du pachyderme. Depuis ce matin, nous sillonnons le parc de long en large inspectant minutieusement chaque crotte d'éléphant pour tâcher d'en dater la ponte, détaillant la position de chaque branche cassée, ou trace de pas dans la gadoue, à dessein de déterminer l'emploi du temps récent de quelque bête à trompe que nous brûlons de surprendre en pleine libation, voire pire... Las, chaque point d'eau apporte une nouvelle déception. Les gros mammifères nous boudent manifestement, et ce, sans raison apparente. Les plus pessimistes de nos broussards ont déjà commencé à se faire à l'idée que l'éléphant restera absent de nos souvenirs Lhulhuwesiens... C'est sans compter sur le sens du spectacle et de la facétie de ces charmants animaux de compagnie.

Soudain, un cri *déguenille* le non-silence pesant qui règne à l'intérieur de notre camion, et dont on n'arrive jamais à se départir pour la simple raison qu'il faut tout le temps que quelqu'un(e) ramène sa fraise... "Làaà, à gauche.....". C'est Cyril qui s'exprime, de cette voix enrouée par le rhum de basse qualité et toute cette sorte d'alcool frelatés qu'il affectionne de partager avec nous (comme dit Malou:" celui qui n'a pas d'amis, y connait pas son bonheur..."). Et qu'est-ce qui motive ce magnifique Cyril's song? Un éléphant bien sûr. Parfaitement énorme et majestueux et impressionnant et pas loin de la bagnole. Il ralentit sa progression car nous sommes stoppés à peu près à l'endroit où il aurait bien eu envie de passer, et donc, ce ne serait pas plus mal de bouger un peu avant que d'agacer l'pépère. Par chance, notre super-Pascal-chauffeur man a conservé un minimum de lucidité, et il déplace un peu notre charrette afin de libérer le passage au profit du piéton à quatre pattes plus une trompe. Ainsi, tout va pour le mieux dans le meilleur des bushes. Les appareils photos crépitent comme des façades, et ça fait qu'on va pouvoir rentrer chez nos canotes, car il se fait tard.

Hélas nous n'avons pas vu le lion. Il semblerait que depuis qu'il s'est fait un peu ridiculiser par le ouistiti dans cette regrettable affaire X qui a fait la une des journaux de brousse, il a un peu la honte et il boude. Bah, qu'importe; nous avons tout de même eu notre dose de buffles, rhinocéros, phacochères, pintades et bousiers...

Ah, le bousier!!! Quel talent! Et quel mérite de faire montre d'une telle joie de vivre, d'un tel enthousiasme, malgré ce qu'il faut bien appeler "une vie de merde". C'est là que nous pouvons mesurer avec un triple décamètre à coulisse la chance qui est la nôtre de pouvoir nous émouvoir devant l'opiniâtreté, l'habileté, la poésie même, de ces adorables coléoptères, qui, en couple, allient leurs efforts pour véhiculer, en les poussant pour les faire rouler, des fragments de crottes d'éléphants, qu'ils transforment ainsi en sphères brunes d'environ soixante neuf millimètres de diamètre: "des bouses de pétanque", comme disent les zoulous. Comment se fais-ce qu'aucun poète n'ait pensé à louer cet instant magique où l'on voit pour la première fois s'animer devant nos yeux hagards une bouse grosse comme un ballon de foot, un peu comme si un petit cœur de merde palpitait à l'intérieur? Quelle émotion! Par chance, notre ami Cyril en connait un rayon sur tout ce qui est merdique, et il nous le prouve immédiatement en nous fournissant moult explications sur ce petit être fascinant, ainsi que façonnant et trébuchant. Quelle persévérance! Parfois, lors d'un franchissement de bosse, à deux doigts du succès, le bousier pousseur en pleine extension cependant que son pote (ou sa meuf peut-être...) est au rappel en haut à gauche, la satanée sphère de caca bascule, repartant en arrière avec ses deux verrues noires accrochées fermement dessus comme des morpions sur une boulette turquoise de singe mâle... On a pitié; on voudrait aider même. Mais, bon, ça colle un peu... Alors on prend sur soi, et on poursuit la visite du parc, le cœur serré de notre manque de générosité... Surtout que, pendant ce temps-là, l'heure avance, et celle de l'apéro pointe son museau humide à l'horizon... Alors, "En voiture !". En supplément gratuit, je vous offre ce délicieux proverbe animalier, concernant notre animal fétiche: « Quand la bouse y est, même bousillé, le bousier y est, yé yé.»

Pascal reprend le volant, et ramène tout son monde à Richard's Bay, fredonnant à tue-tête ce refrain de circonstance: "Tiens voilà mon zèbre, zèbre, zèbre...", afin de ne pas entendre son gamin qui réclame qu'on s'arrête pour pisser... ça se croit tout permis les mômes...

Vendredi, l'escale de Richard's Bay nous laissera un riant souvenir.

Mouillés à l'extérieur de la marina, les abords agréables, alternant plages de sable blanc et espaces de verdure, la gentillesse des locaux, et la présence sur zone de quelques bons amis grands partageurs de collations roboratives, nous ont rendu ce séjour bien agréable, en dépit d'une météo souvent ingrate.

Debout dès 3h30, pour un appareillage trois quart d'heures plus tard, le temps de se caler l'estomac avant de sortir. Dès le chenal, la mer nous donne un avant-goût du programme à venir. Evidemment, nous avons bien choisi notre fenêtre météo avant d'appareiller, et donc, ce n'est pas le vent qui nous défrise, mais seulement la mer, toujours fort chaotique après le passage de la dernière dépression. Huit bateaux quittent RB ce matin, direction Durban, tous logés à la même enseigne: route moteur en attendant l'arrivée de la prochaine perturbation qui nous donnera un bon coup de pied aux fesses, cet après-midi, pour une arrivée avant la nuit, dans un nouveau décor, grues et buildings cette fois.

Samedi. Celui qui aime bien son petit alizé peinard, au ciel bleu ennuagé de cumulus sans malice, ses lagons turquoise et toute cette sorte de choses, celui-là n'a aucun avantage à venir traînailler le long des côtes d'Afrique du Sud. Ça ne va pas lui plaire... Et d'ailleurs, le fait est qu'on n'en voit pas des tas par ici. Alors qu'on croise, de temps en temps, la route de vagabonds des vagues qui bouclent leur deuxième tour.

Par ici, si d'aventure vous rencontrez un vent faible, ne croyez pas avoir affaire à du petit temps. Du genre de ce brave petit temps qui désespère les voyageurs à voiles et réjouit les navigateurs à moteurs, à cause de sa *peinarditude*... Que nenni! Il s'agit tout simplement d'une brève accalmie entre deux coups de piaule...

Durban

Catafjord tire comme un bourrin sur ses trente mètres de chaine, les safrans à quelques mètres seulement d'un banc de sable, à l'intérieur même de l'immense port de Durban, mais à l'extérieur de la marina bondée, en compagnie de huit autres bateaux, secoués comme nous par le brave clapot qui agite le plan d'eau.

Pour vous dire, ce midi, nous n'avons pas réussi à monter dans le dinghy pour nous rendre à l'invitation des Coyotes, mouillés seulement à quarante mètres de nous... La tentative de mise à l'eau de la barcasse s'est révélée si acrobatique que nous avons finalement renoncé, alors même que l'ami Pascal avait préparé une bonne petite tambouille, et que je le voyais saliver fébrilement dans son *coquepite* en guettant notre arrivée...

Pourtant, en dépit des rafales dépassant parfois les quarante nœuds, le ciel bleu, associé à un soleil généreux, mettait de la gaité dans le paysage environnant, tout en urbanisme et équipements portuaires... Hélas, à présent, le bleu a viré au gris et la pluie crépite sur les vitres du carré avec le zèle aveugle de ces machines à nettoyer les bagnoles avec leurs longs cheveux ébouriffés...

Dimanche, premier jour du mois de décembre 2013. Le coup de vent de sud-ouest s'est apaisé, et le plan d'eau est redevenu calme. Flanqués de nos « Couyoutes » préférés, nous attaquons timidement la découverte pédestre de la ville, alanguie pour cause dominicale. Quelques habitués nous mettent tout se suite en garde au sujet de l'insécurité qui y règne... Nous avons un peu l'impression qu'elle est identique, à peu de choses près, à celle de toute les grandes métropoles du monde, excepté peut-être Argentré du Plessis. Bref, nous nous rendons direct au supermarché, et tout nous semble identique à n'importe qu'elle ville moderne de taille équivalente: larges avenues, immeubles verticaux, feux rouges qui deviennent verts au bout d'un moment et inversement... Ici et là, de somptueuses bâtisses à l'architecture sophistiquée encadrent un immeuble en ruine... Mais habité tout de même. Bref, il semble que l'argent circule grassement ici, mais en étant assez inégalement réparti, comme en témoigne l'abondance de vigiles et de propriétés ceintes de barbelées et gardées comme des établissements pénitentiaires.

Lundi. Contre toute attente (et par Toutatis...), notre requête pour obtenir une place dans la marina se voit attribuer une réponse positive, alors que nos amis, qui y tiennent bien plus que nous, sont priés de patienter au dehors "un certain temps"... Ainsi, nous nous retrouvons en bout de ponton, bien à l'abri du clapot derrière la jetée, avec deux "Oyster66" pour voisins, ce qui ne constitue pas ce qui se fait de plus poilant comme voisinage, mais, bon...

Le musée maritime, situé à quelques encablures de la marina, propose la visite de deux remorqueurs équipés de machines alternatives à vapeur. Un régal! Tout de même, ça nous fait un peu drôle de constater que ces "antiquités" ont seulement une dizaine d'années de plus que nous... Les cargos sur lesquels j'ai navigué dans ma jeunesse étaient propulsés par des moteurs thermiques, brûlant du "fuel oil", un pétrole peu raffiné, épais comme de la mélasse, et qu'on réchauffait pour pouvoir le pomper. Mais, à ce détail près, les autres équipements étaient assez similaires à ceux des remorqueurs du musée.

Il existe à Durban un service de bus municipaux très pratique et pas cher. Nous en profitons pour faire quelques emplettes chez le "ship", et déambuler dans l'énorme complexe de loisirs "Ushaka marine world", où une belle panoplie de boutiques variées permet de se ruiner à grande vitesse au milieu d'une débauche d'attractions humides... Nous choisissons de nous baguenauder là-dedans, un bon moment, sans même consommer une simple bière, ce qui relève d'une inhumaine résistance à la tentation... Puis c'est le retour, sous la pluie, qui démarre d'abord en crachin breton, et se transforme bientôt en orage méridional...

Tapis dans l'entrée d'une gargote à bouffe, nous nous délectons du spectacle des gens pressés, souvent bien sapés, qui, sous les trombes d'eau, se précipitent aux abris comme vaches qui courent... Chemises ou tailleurs trempés, un dossier à la main, leurs jolis souliers vernis débordant d'eau pas claire... Des gens qui ont un boulot sûrement... Et qui vont être en retard... Nous savourons avec délectation le luxe rare d'avoir tout notre temps.

Jeudi 5 Décembre. La décision du jour....

Attendu que le nom de ce pays commence par "Afrique",

Attendu que les gens de ce pays ont une couleur de peau d'un genre plutôt foncé, tirant parfois sur le noir sombre,

Attendu que ces gens sont prompts à sourire à l'étranger,

Attendu qu'ils font montre d'une gentillesse supérieure à celle de l'anglo-saxon moyen,

Je ne m'explique pas du tout comment se fait-ce qu'il pleuve aussi souvent ici et qu'on s'y caille pareillement, alors même que, soi-disant, c'est l'été.

En conséquence, notre décision est prise: on ne va pas tarder à se casser! Disons, samedi prochain.

Un petit tour au "supermarket" pour remplir placards et frigos, un autre petit tour à la douane pour remplir...des papiers, et un ultime petit tour au bureau de la marina, pour vider le portefeuille; et nous voilà parés pour profiter pleinement de la fenêtre météo qui semble se confirmer pour la fin de la semaine.

Ce qui me donne l'opportunité de vous entretenir d'une réflexion de la plus haute portée scientifique. Il me semble que le *Sudaf* foule volontiers aux pieds certaines lois élémentaires de la physique, et je dis que ça ne saurait lui porter chance. *Faut pas* exagérer. Ainsi en est-il de la loi d'Ohm, que tout le monde connaît... Et qui lie, par une relation simple, la tension et le courant.

Démonstration: Le quidam qui voudrait passer avec son canote de l'océan Indien à l'océan Atlantique, et qui, à seule fin de punir les vilains somaliens cupides qui piratent les gentils *tourdumondisses* qui passent à leur portée, le ferait en passant par le sud du continent Africain, ce quidam là subirait d'une manière systématique, un fort courant portant au sud-ouest et répondant à l'inquiétant vocable de "courant des aiguilles". Hors, il se trouve que la région baignée par ce diabolique courant, et située entre "Richard's Bay" et "Capetown", est fréquemment balayée (baignée, balayée... voilà une région qui ne doit pas manquer de propreté....) par des coups de vent, tout ce qu'il y a de plus alternatif, puisqu'un jour ça souffle du sud-ouest, et le lendemain c'est du nord-est. Ainsi qu'il est bien aisé de le comprendre, ces coups de vent alternatifs induisent volontiers chez notre quidam que je vous cause, une tension qui est maximum quand c'est du vent dans le pif et nettement moins maximum lorsque c'est du portant... Nous sommes donc bien en présence de ce qu'il est convenu de dénommer une "tension alternative". Ainsi, voilà qu'un courant continu se trouve lié à une tension alternative par, donc, je ne sais quelle loi d'Ohm bidon, bricolée à l'Africaine, avec "la mite et la bachette... " Incroyable, non? Alors, comment s'étonner, à présent, de voir ce qu'on voit, et d'entendre ce qu'on entend?

East London

Lundi, ville dénuée de charme... Pourtant, en cette fin de journée bien remplie, nous savourons la bonne idée que c'était de mettre le clignotant à droite, pour y venir, quand tout nous poussait à poursuivre vers le sud-ouest...

Retour en arrière: Nous quittons Durban ce samedi matin vers 9 heures, dans une atmosphère moite. La dernière dépression vient de s'essouffler, laissant derrière elle une mer chaotique, un vent souffreteux et un ciel chargé comme une haleine de bousier, qui nous lâche de temps en temps quelques bouffées de brumisateur intempestif comme pour bien nous rabâcher: "Ici, *c'est pas* les tropiques"... (Comme si on ne s'en était pas aperçu...). La fenêtre météo que nous tentons de cueillir, semble si large que c'en est quasiment une véranda. Aucun coup de vent d'ouest prévu avant au moins 6 jours!!! Exceptionnel. Aussi, les candidats à la migration sont-ils nombreux, et, pour la plupart, bien décidés à filer au maximum vers l'ouest. De notre côté, rien n'est encore décidé. Nous sommes au début de l'été austral, et donc, inutile de se précipiter. Des fenêtres, il y en aura d'autres. Route moteur, donc, puisque le vent est trop faiblard pour avancer raisonnablement. Après quelques heures, nous chopons enfin le fameux courant des aiguilles, et la vitesse croit sensiblement, en dépit de l'absence de brise. Après une nuit complète sous propulsion mécanique, le vent se lève au petit jour, et Catafjord retrouve sa condition de voilier, grand-voile haute et génois tangonné au vent. Neuf nœuds de vitesse, dont deux et demi dus au courant... La fatigue de la nuit ayant ses effets habituels, il ne nous faudra pas longtemps pour décider de faire escale à East London, que nous atteignons vers 17h. Aucun des canotes partis en même temps que nous n'est encore arrivé. Hélas, c'est au moment de franchir les jetées que le moteur tribord décide inopportunément de s'arrêter, et refuse tout service... Je suis certain qu'il s'agit d'un problème d'alimentation. Pourtant, j'ai remplacé les filtres il n'y a pas un mois. Nous atteignons le fond du port avec le seul moteur disponible, pour mouiller l'ancre à proximité du petit yacht club, et non loin du pont qui barre la rivière... Repos.

Il me faudra toute la journée de lundi pour venir à bout du problème d'alimentation du moteur tribord, dû à des boues mises en suspension dans le gas-oil par la lessiveuse du courant des aiguilles, et qui ont colmaté le pré-filtre, malgré la présence d'un gros décanteur en amont. Et, donc, ce soir, non seulement le problème est résolu sans autre dommage qu'un remplacement de cartouche filtrante, mais, en plus, nous trouvons le temps de passer un agréable moment en compagnie de l'équipage australien du *cata* "Gabriel", venu, lui aussi, se reposer ici avant de poursuivre vers Port Elizabeth.

Mardi. Pluie toute la journée! Nous nous rendons en ville en bottes et cirés, comme au bon vieux temps de nos navigations hivernales en Bretagne, afin d'y quérir une petite réserve de filtres... Pour l'avenir. De retour vers midi, c'est derrière les carreaux d'un restaurant vide, que nous savourons un des meilleur beef-burger que nous ayons jamais dégusté (mais il faut reconnaitre que nous en mangeons rarement). Nos potes de "Gabriel" sont partis vers Port Elizabeth. "Pi-é"[28], comme ils disent...ça fait bizarre comme expression: "nous allons à « Pi-é » en bateau"... Ben, faudrait savoir. Ce n'est pas pareil tout de même... "Et qu'est-ce que vous mettez comme chaussures pour aller à « Pi-é » en bateau?"...

Port Elizabeth

Il n'y a pas douze heures que nous sommes arrivés, et déjà j'aime ce port. Nous y sommes entrés la nuit dernière, vers 23 heures, au terme d'une étape de 130 milles parcourue intégralement avec l'aide des deux moteurs, qui ne se sont autorisés aucune facétie, cette fois. Vitesse de croisière: 7,2 nœuds. Précisément la vitesse prévue pour

---

[28] Pi-é, ça veut dire PE dans leur jargon ; soit Port Elizabeth

notre prochain canote à moteurs…Une journée initiatique en quelque sorte. Avec, pourtant deux heures à plus de treize nœuds, grâce à un tout petit peu de vent et surtout à presque cinq nœuds de courant. Bref, le temps de nous repérer de nuit dans ce grand port de commerce trop éclairé (ça éblouit...), de sélectionner un petit bout de quai disponible, de nous y amarrer, de discuter avec les matelots d'un bateau de pêche local, de quitter ce bout de quai pour un autre situé un peu plus loin, et où nous risquons moins de déranger, et de nous y amarrer enfin, il est minuit passé, et nous tombons de fatigue...

    C'est donc, ce jeudi matin que commencent à s'accumuler les éléments qui nous rendent cet endroit sympathique. J'ai toujours aimé les ports actifs. Depuis ma petite enfance, à Saint Pierre, où le port s'emplissait à l'approche de l'hiver, de dizaines de chalutiers, confinés aux abris par le mauvais temps et la glace, jusqu'à mes débuts d'adulte où mon apprentissage de marine marchande m'amenait dans tous les grands ports d'Atlantique, des Caraïbes et de Mer du Nord. Ces lieux de vie effervescents ont ancré en moi une affection particulière pour les gens de mer et leur environnement. Aujourd'hui, avec Catafjord amarré au milieu des bateaux de pêche sud-africains, aux équipages gouailleurs, enjoués, spontanés, timides, bienveillants pour la plupart, et respectueux du voyageur qui arrive de derrière l'horizon, je me sens chez moi. Sortant du carré, un sac poubelle à la main, en quête d'une benne, je n'ai pas le temps de gravir le quai qu'un matelot me fait signe de lui confier cette poubelle, qu'il va déposer illico, en échange de rien. Juste pour manifester sa sympathie, comme ça, spontanément. Exactement comme les deux qui nous ont aidés à accoster la nuit dernière. J'ose à peine imaginer la même scène à La Turballe ou au Guilvinec, par exemple. Un catamaran de vingt mètres battant pavillon d'Afrique du sud, arrive et accoste au milieu des canotes locaux avec son équipage de papy/mamy. Combien de minutes s'écouleraient avant l'éjection avec pertes et fracas sous un feu nourris de quolibets acides? Bien sûr, ces quais ne sont pas exempts de quelques immondices professionnels, comme des traces de sel, ou de produits gras par ci par là, mais cependant, je préfère cent fois la compagnie de ces gars affairés à débarquer leur pêche, réparer les bobos de la dernière campagne, et réapprovisionner en vivres frais et en glace pour le prochain appareillage, à celle de ces nababs hautins et pédants, briquant mollement l'inox de leur ferrure d'étrave qui ne s'use jamais car on ne s'en sert point, naviguant seulement de marina en marina, comme un gros bourgeois déplumé, confit dans son aisance.

    Malou est parfaite dans son rôle de tour-operator, car elle n'opère pas à torts et à travers. Elle compulse moult documents et sites internet, à dessein de nous concocter quelques excursions toujours pleines d'attraits. Le sujet du moment s'appelle "Adoo elephant park". Une réserve qui, commencée il y a seulement quelques années avec six quadrupèdes, en compte à ce jour plus de cinq cents ! À tel point qu'il est devenu urgent de réguler... Et donc, quelqu'un a émis l'intéressante idée d'avoir recours à la contraception pour freiner un peu la prolifération pachydermique trépidante. Je me marre, bêtement, en imaginant la débrouillardise africaine au service de la régulation des naissances en milieu éléphantesque. J'imagine bien une méga capote, taillée dans une chambre à air de camion, avec un nœud au bout... Et qui c'est qui va le mettre en place, cet élastique?... Pourquoi pas un ex-inséminateur, réduit au chomdu par ces nouvelles dispositions. Et, au fait, comment procédait-il cet inséminateur, du temps ou il procréait? J'imagine que son bras ne devait pas suffire... C'est bien plus gros qu'une vache, un éléphant. Peut-être rentrait-il tout entier dans la caverne vaginale, vêtu d'un genre de combinaison de plongée, en poussant devant lui un jerrican de foutre en forme d'obus... Ouah le stress! Et si tout à coup l'éléphante est prise d'un orgasme dévastateur... Le type se transforme immédiatement en homme-canon à l'envers, dégoulinant comme un beignet... Quelle horreur... Mais où diverge-je encore?...

    Le minibus, réservé hier par Malou, est bien là, à l'heure dite. Nous sommes ses seuls clients. On ne va donc pas être à l'étroit? Direction les townships, d'où notre guide est lui-même issu, ce qui lui permet de bien maitriser son sujet. Bien sûr, l'endroit n'est pas très festif, surtout que nous démarrons la visite par un quartier assez ancien. Exprès, de manière à nous émouvoir au maximum. Pourtant, malgré le manque flagrant de confort et de modernité, ce dénuement est encore bien éloigné de celui de la grande majorité des malgaches. Curieuse coïncidence, c'est aujourd'hui le début des obsèques d'un personnage exceptionnel, qui a fait beaucoup évoluer les choses pour tous ces gens, Nelson Mandela, surnommé ici "Madiba".

Port Elizabeth compte un million et demi d'habitants, dont soixante pour cent sont au chômage. Les townships, dont les plus récents sont assez décents, abritent cinq cent mille personnes! Constitués d'habitations toutes identiques, alignées comme des soldats, les plus merdiques n'ont pas d'électricité, et l'eau n'y est disponible qu'à des robinets publics placés ici et là, cependant que les chiottes, publiques et communes, sont vidangées une fois par semaine, car il n'y a pas de réseau... L'accès à une maison est gratuit, et ceux qui n'ont pas de boulot perçoivent une allocation qui leur permet de se nourrir. Chaque maison abrite une famille entière, de trois générations souvent, dans une trentaine de mètres-carrés. Les habitations récentes possèdent l'eau courante et l'électricité (qu'il faut payer, bien sûr), ainsi que le tout-à-l'égout. Les choses évoluent, donc. Mais lentement, et beaucoup logent encore dans ces espèces de taudis organisés qui constituent les townships d'ancienne génération.

De nombreuses usines font travailler une partie de ces gens, principalement dans le secteur automobile. Le tourisme a, également une part importante dans l'économie.

Après ce tour d'horizon de l'habitat populaire sud-africain, notre chauffeur nous amène au parc des éléphants, dont au sujet duquel, je me demande si je ne me suis pas un peu éloigné tout à l'heure... Mais ça, c'est mon côté "poète". Alors qu'y faire...?

Comme c'était prévisible, dans ce parc, des éléphants, il y en a plein partout. Ce qui est très bien. Sauf, que c'est beaucoup trop encombrant pour faire un animal de compagnie acceptable.

Nous connaîtrons la chance, cette fois, de voir un lion... Pas de tout près, mais, disons à cent mètres. Il est là, à l'ombre d'un bosquet, allongé dans la position du sphinx, supervisant son territoire dans une royale indolence. Fameux comédien, (mais peut-être est-ce un lion professionnel, payé par le comité des fêtes, pour faire son show quotidien...), au bout d'un moment, il se dresse sur ses quatre pattes, parcourt une distance que j'évalue approximativement à 2 mètres et vingt centimètres, se pose sur son séant pendant une période d'environ quarante deux secondes, puis se recouche. Epuisé! Celui qui possède un bon téléobjectif, celui-là est heureux, car il a pu faire de belles images... Les autres auront de jolis souvenirs dans la tête, et c'est déjà beaucoup.

Le lendemain, c'est à pied que nous nous rendons au marché artisanal, le long du front de mer, deux ou trois kilomètres vers l'ouest. De nombreux objets, faits main, sont exposés à même le sol, mais peu sont fabriqués ici en Afrique du sud. Ils viennent plutôt du Kenya, de Namibie, ou même du Sénégal. Cependant, un style local s'est développé sous la dénomination de "township' art", essentiellement conçu à base d'objets et de matériaux de récupération, et qui illustre de belle manière toute l'inventivité débrouillarde de ces peuples, habitués à se dépatouiller de tout avec pas grand-chose.

L'après-midi nous voit parcourir en tous sens le musée "bay world" qui présente de remarquables reconstitutions d'animaux préhistoriques, tout un pavillon sur les grands mammifères marins, et un sympathique spectacle de phoques, sans grande prétention, sauf que la dresseuse est joliment tournée, et ça met les phoques en valeur... Si, si.

Le « gannet du cap »

Après avoir côtoyé nombre de gars pas net, dans le monde entier, voici qu'il nous est donné de rencontrer le "gannet du cap", qui n'est pas un drôle d'oiseau, mais, au contraire, un admirable volatile, en noir et blanc, dont les colonies défilent aux nues autour de Catafjord en un gracieux collier céleste, ondulant comme la queue d'un cerf-volant à plumes. Cette journée en mer n'est que paix et félicité. Ciel immaculé. Une écharpe de coton habille la bande littorale, et la mer, à peine moutonnée par une honnête brise de sud, fait son numéro de charme. Vautré, peinard sur le siège de barre, je veille avec indolence, en digérant le délicieux repas de Malou, accompagné par Maud Fontenoy... en livre (Le sel de la vie; Arthaud poche). Bien que la température ne soit pas tropicale (du tout...), voilà tout de même des conditions de navigation de rêve. Aussi, c'est sans regret que nous nous éloignons de Port Elizabeth pour filer vers Mossel Bay, à la faveur de cette fenêtre météo que nous guettions depuis quelques jours.

Mis à part, la fraîcheur, la nuit s'annonce magique. Madame la lune, au regard bienveillant et réconfortant, est au rendez-vous. Sa lumière blafarde humanise le désert nocturne. Celui-là même qui semble nous engloutir en son sein lorsqu'elle ne luit point, nous abandonnant alors dans l'univers oppressant de *sombritude* et de pesante noirceur que sont certaines nuits en mer. La brise elle-même est idéale: dix huit nœuds de vent arrière... Bon, j'idéalise un petit peu, car, la voile, c'est toujours la voile... Faut juste aimer prendre un ris à une heure du matin, entre deux quarts, car le vent est monté, et on ne voudrait pas casser *quèquechose*... Et puis, on dort mieux quand on est prudent. A sept petits nœuds, Catafjord glisse mollement sur l'onde aimable dans un confort oléopneumatique... Naviguant à une distance de la côte finement calculée (je ne dis pas ça pour moi, mais bon, faut reconnaitre...), nous ne sommes pas gênés par les autres bateaux qui croient que la mer est à eux. Les cargos sont plus au large, et les quelques péchoux occupés à taquiner le céphalopode sont à la côte... Nous, au milieu, sommes bien peinard, et ce n'est que justice! Je ne saurais expliquer pourquoi. Je le sens, c'est tout.

Mossel Bay

Nous sommes accueillis par un phoque, cet insouciant pinnipède qui est, à présent, l'objet de nos regards aux yeux ronds. Dans la posture dite "de la bouée cardinale", seul émerge son appendice caudal, qui bat l'air nonchalamment, à la manière d'un improbable éventail marron. Nous ayant enfin aperçus, sa sympathique frimousse pointue à moustaches nous jette un regard curieux avant qu'il ne disparaisse en un gracieux plongeon. Je suis toujours ébahi de constater comme ces bestioles, à l'instar des dauphins, semblent "rentrer" dans la mer, comme en un mystérieux tunnel, invisible pour nous, en ne créant aucune éclaboussure et aucun remous. Par exemple, vous verrez rarement un éléphant procéder de la sorte...

A propos de "gars pas net", la zone portuaire de Mossel Bay possède une particularité originale et rarissime. Les préposés chargés d'en contrôler les accès sont équipés de détecteurs de mec bourré! Ainsi, avant de franchir un des nombreux tourniquets de passage, donnant accès aux quais, chaque postulant doit souffler dans un petit boitier que le fonctionnaire lui colle sous le nez, et qui indique son supposé état de sobriété... Incroyable, non? Mossel Bay, le seul port au monde où on traque le marin pété... Renseignement pris, cette mesure ne vise pas à interdire au pochetron de rentrer cuver sur son navire, mais, au contraire, à l'accompagner pour lui éviter de se foutre à l'eau durant le trajet ! Si *c'est pas* du « social », ça...

Dimanche. Mossel Bay étant un agréable lieu de vacances, dont la population double chaque année à cette période pendant environ un mois, de nombreux endroits sont aménagés pour se balader et flâner tout en se culturant. Et c'est ce que nous faisons en empruntant le sympathique chemin côtier qui mène au phare. En contrebas, le spectacle est omniprésent et varié. Le gros *swell*[29] qui enfle à l'approche des hauts-fonds génère de majestueux rouleaux qui transportent les surfeurs... de joie. Un peu plus loin, les roches déchiquetées par l'assaut des vagues ont formé de multiples piscines naturelles dans lesquelles s'ébattent par centaines des gens qui aiment l'eau pas trop chaude. Parfois, l'écume submerge la barrière rocheuse, et tout le monde patauge alors dans une monstrueuse bassine de chantilly au poivre (pollution...). Le chemin se prolonge en grimpette et donne accès au phare, méga sucre d'orge hexagonal rouge et blanc, fièrement perché sur son promontoire. Sur le côté, des cavernes, avec un écriteau qui explique que l'humanité a débuté ici. C'est prouvé par des études sur l'ADN de restes humains. Aussi est-il poli de susurrer "bonjour pépé" en passant devant.

Lundi. Jour présumé de la sortie de l'eau de Catafjord pour cause de carénage. Malgré les dimensions respectables du *slipway*, le décamètre a lâché son verdict, "ça passera, mais juste-juste"... Mais, bon, le "Harbour master" a donné son feu vert après quelques palabres et négociations avec Malou, et voici venu le moment de positionner Catafjord sur le chariot. Pas moins de six employés du port s'occupent à tirer sur différentes ficelles pour tenter de centrer parfaitement le canote sur les tins de bois. Cette fine équipe parvient à un résultat que je qualifierais d'approximatif... Pour être gentil. Le puissant treuil hâle cependant son lourd fardeau qui s'extirpe lentement des flots. J'embarque promptement sur leur barcasse afin de surveiller de tout

---

[29] Ondulations de la houle

près la sortie de bains... Soudain, un craquement sec. Du genre comme quand on casse une branche sur le genou pour le *barbeuc*, sauf que la saucisse, c'est Catafjord. « STOOOPPP! » Que je dis fort, très fort. Et dans un très bon anglais avec un accent d'Oxford quartier nord-ouest, au bout à gauche. Je communique au "slip master" (bonjour le métier: le patron du slip!) mon idée que, si on arrête tout et qu'on fait marche arrière, ça ferait comme un meilleur joyeux Noël pour tout le monde. Il opine du chef (normal pour un slip master...). Retour à la case départ, avec la satisfaction d'"avoir essayé". Pas de carénage. Mais pas de bobo non plus. La belle vie, quoi!

La fin d'après-midi nous réserve une agréable surprise. Notre voisine de quai, une belle goélette en alu de vingt mètres du nom de "Lady Amber" est commandée depuis de nombreuses années par son barbu de capitaine: Peter Flanagan. Peter nous a aidés à amarrer Catafjord lors de notre arrivée, ponctuant son action d'un jovial "Venez prendre une bière à bord à l'occasion". Poli, je ne saurais bouder une telle invitation, et, donc, c'est maintenant. Peter s'avère être un personnage intéressant. Redoutable bouffeur de milles, il a bouclé rien moins que six tours du monde, enchaînant principalement des missions scientifiques de plusieurs mois, consacrées à l'acquisition et à l'exploitation de données relatives à l'écologie. Il collabore, en particulier, à un programme international d'éducation scientifique qui regroupe 57000 enseignants et 24000 écoles à travers le monde, et qui s'appelle : "Globe".

Avec sa goélette, il a immergé des dizaines de balises d'acquisition de données, lesquelles arrosent quotidiennement la communauté scientifiques en informations fiables et en temps réel. En particulier, température et salinité de l'eau entre 0 et 2000 mètres de fond (il y en a 3300 réparties dans toutes les mers du monde).

Noël

Décidemment, Mossel Bay est une escale riche en rencontres sympathiques. Nous sommes invités à passer la journée dans une ferme, en compagnie de notre pote, Schalk, et de sa famille. Voilà encore un gars qui possède une particularité pas très répandue. Il a eu un pied détruit dans un accident de moto, et il a fallu l'amputer... Peu gaspilleur, notre gars a trouvé sur eBay, un pied en carbone d'occasion qui lui va comme un gant et qu'il a acquis pour seulement cent euros... Pas cher! Schalk est très fier de cette acquisition, qu'il n'hésite pas à « débrancher » pour vous la coller sous le nez.

Je m'en veux un peu de n'avoir pas pensé à me chercher une prothèse de hanche sur eBay... J'ai sans doute été un peu dispendieux sur ce coup-là. En même temps, aurais-je trouvé ma taille? Et puis, je n'aurais pas eu le choix de la couleur... En même temps, si je me souviens bien, je ne l'ai pas eu, non plus... En tous cas, c'est fait c'est fait. Je ne vais pas changer maintenant. Le plus poilant, c'est de songer que nombre de gars ne parviennent pas à trouver chaussure à leur pied, alors que lui, il a trouvé pied à sa chaussure!!! Très fort!!!

31 Décembre. Quelle chance, encore une fois... Catafjord file gentiment ses huit nœuds en direction du redouté Cap des Aiguilles. Le ciel est limpide. La mer, langoureuse, nous berce sans heurt, nous offrant sur un plateau d'argent, côté ouest, une infinité d'étincelles d'espoir pour la nouvelle année, que nous avalons avec gourmandise pour fêter le double évènement attendu pour cette nuit: changement d'année et d'océan en même temps !

21 heures. Fidèle à sa réputation de fâcheux, l'Indien a tenu à prélever sa dîme avant de nous laisser filer: poulie d'écoute de grand-voile cassée... Je n'ai aucun courage pour réparer maintenant... Grand-voile affalée, nous poursuivons sous génois seul, un peu plus lentement... Mais tellement peinard.

Le Cap des aiguilles

1er Janvier 3 heures. Malou vient me réveiller. C'est mon quart. Elle est contente de m'apporter la bonne nouvelle: le cap Agulhas est doublé; nous sommes en Atlantique! C'est, à la fois, émouvant et plaisant. La brise mollit avec le jour naissant, et je me décide à réparer le palan de grand-voile, afin de pouvoir la renvoyer... D'autant qu'un *pauv* monocoque se pointe derrière nous, avec l'envie manifeste de nous rattraper.

9h15. Un "pchouttt" magistral, comme dix mille pochetrons ouvrant leur cannette de bière en même temps sous notre nez... C'est une baleine rorqual. Une "Bryde's whale" précisément, qui vient à nous pour cheminer de conserve. Elle émerge à quelques mètres seulement, puis décide de changer de bord en passant par dessous, ce qui nous arrange bien, avant de rester sur une route parallèle pendant un bon quart d'heure. La brave bête nous accompagne, comme un genre de gros toutou de quinze tonnes qui se baladerait avec ses maîtres.

Approchant du cap « Danger Point », au nom si enthousiasmant, la mer regorge de vie animale. Les phoques, en très grand nombre bondissent hors de l'eau à la manière des dauphins, tout en étant, cependant, plus craintifs et moins joueurs. Les cormorans, semblent "piqués" dans la mer comme des jeunes pousses dans la mangrove, leurs longs cous noirs émergeant de toutes parts de la surface liquide. C'est étonnant comme la nature engendre souvent d'improbables mimétismes entre le monde animal et le monde végétal. C'est aussi le cas avec le kelp, ces gigantesques algues sous-marine formant de véritables forêts, et dont l'extrémité, parfois aérienne, rappelle un museau de phoque, ou une tête de cormoran. Il y en a des quantités par ici, dont une qui se prend dans un de nos safrans. Incident sans gravité.

Gansbaai

Comme toujours, l'arrivée au port, est accueillie avec joie par la promesse de repos qu'elle recèle. Pourtant, Gansbaai n'est pas un havre pour vagabond à voiles (ni même à vapeur...). C'est un port de pêche uniquement. Par chance, un des quais n'est pas entièrement occupé, et nous y amarrons le canote. Quelques pêcheurs à la ligne nous font la causette, proposant gentiment de nous conduire en ville avec leurs bagnoles. L'un d'eux nous rapporte même une bouteille de vin! Cadeau! Juste pour faire plaisir. Sympa l'accueil!

Un phoque vient chasser à l'ombre de la nacelle-plateforme de Catafjord. Malou, tapie en embuscade dans la jupe arrière tribord, bombarde l'animal de son objectif.

Jeudi 9 heures. Toute la nuit, Catafjord a labouré ses pare-battages contre les énormes pneus suspendus au quai, jouant au yoyo avec ses amarres, sous l'impulsion d'un vigoureux ressac. Au sortir de l'opération "vaisselle du ptit déj", un type nous interpelle depuis le quai, pas spécialement enjoué. C'est le maitre de port. Il nous informe illico et en une seule phrase, qu'il n'y a aucune place pour nous ici, et, donc, on doit dégager vite-fait! "Pas possible" rétorque-je, car du mauvais temps est attendu dans quelques jours, et on n'a nulle part où aller, les deux marinas situées dans le secteur nous ayant signifié par e-mail qu'ils n'ont pas de place pour un canote si grand...

Notre génie bienfaiteur se pointe sous les traits d'un type en short, bourru et trapu comme un brave péchou, qui se met à discuter avec notre bonhomme, afin de sortir, non pas de la passe, car je viens de vous dire qu'on reste ici, mais de l'impasse... Il propose que nous amarrions notre modeste barcasse à couple d'un gros barlu de pêche qui ne sortira pas avant deux semaines, car il n'a pas sa licence. Super! Nous profitons du vent faible en ce moment pour déménager sans attendre et prendre place contre ce merveilleux méga-ponton, rien que pour nous. On n'imagine pas comme ce type de navire est particulièrement bien adapté à servir de catway à un voilier en escale, dès lors qu'il est inhabité. Son énorme masse garantie une grande inertie pour s'opposer au ressac. Sa paroi verticale rassurante accueille nos pare-battage avec douceur, et on trouve, à son bord, quantité de points costauds où frapper moult amarres et autres gardes. Un vrai régal! Sauf pour embarquer et débarquer où là, c'est un peu le parcours du combattant. Mais, bon, on ne peut pas tout avoir.

Nous avons échafaudé le projet de nous rendre bientôt dans certaines grottes voisines, à l'intérêt majeur, nous dit-on. Aussi nous en profitons pour nous *culturer* un peu en lisant des trucs sur ce sujet. Figurez-vous que de nombreux indices archéologiques attestent de la présence d'individus de type humanoïdes dans le quartier depuis des temps abominablement reculés puisqu'il y est question de quelques millions d'années... Soit le commencement de l'humanité. Et donc, il se pourrait que nous descendions tous d'un genre de grand-père très lointain, fort bronzé, et poilu plus encore. Personnellement, cette vision de notre ascendance me réjouirait plutôt... Hélas, il nous a été donné de rencontrer récemment, certains autochtones, à l'accent guttural, qui ne m'ont pas semblé partager mon enthousiasme. Je le déplore, et ceci constitue une grande déception. Il nous est, en effet, fort désagréable d'entendre tels bipèdes pâlichons se lamenter en manifestant leur nostalgie à l'égard de ce bon vieux temps de l'apartheid. Nous gardons cependant espoir qu'ils ne représentent qu'un très faible pourcentage de la population, et que leur espèce soit en voie de ramollissement.

Klipgat, les grottes

Un temps magnifique pour faire notre excursion, à pieds, vers les fameuses grottes "Klipgat". Le chemin côtier est bien agréable, rappelant en de nombreux points ceux que l'on pratique en Bretagne. La roche, inlassablement attaquée par une houle quasi-permanente, est éclatée en une infinité de miettes, parfois organisées en criques envahies de kelp. La végétation est courte et dense au gré des flots (oui, je sais, c'est un peu stupide comme phrase. Mais c'est de la poésie avec jeu de mot intégré... Un nouveau genre que je pourrais envisager de lancer si la demande s'avérait significative...).

Un peu en arrière du littoral, les hauteurs de la colline sont entièrement garnies de belles demeures, alignées comme en un township de luxe... Un "Hiltonship", comme qui dirait.

Une escale délicieuse, et à ne pas manquer en cours de route, c'est le "coffee on the rocks". Nous y déjeunons de délicieuses salades originales accompagnées de pain pita fait maison, et d'un petit coup de blanc local qu'est ma foi "ben gouleyant". La terrasse surplombe la mer, et constitue, en saison, un excellent point d'observation pour les baleines (mais, nous, on s'en bat les couettes, on en voit tout le temps des baleines...).

Ayant cheminé en flânant copieusement, le retour se fait à un rythme un peu plus soutenu, histoire d'arriver chez nous, disons, avant la nuit, quoi. La raisonnable collation apéritive est bien méritée, que j'dis, car nous avons tout de même parcouru quinze kilomètres, et il est donc grandement temps de se réhydrater.

Lundi. Où les travaux photographiques de Malou m'apportent une solution à un petit désagrément survenu à Richard's Bay. Souvenez-vous, les singes à couilles bleues... Hors, il se trouve, que pas plus tard qu'hier, Madame était à la chasse aux images de phoques sous la nacelle de Catafjord. C'est là que le déclic se produit, dans mon esprit embrumé, simultanément à celui de son obturateur, qui, fort heureusement ne l'est pas, lui, embrumé, sinon la photo eût été floue, et on sait bien qu'une photo floue tout le monde s'en fout. Mais c'est bien sûr! Elle est là ma solution: tout devient limpide comme cette eau qui porte notre phoque. Il suffirait que je m'immerge, quelques instants en compagnie de notre svelte pinnipède, et, à cette température, question couilles bleues, je n'aurais rapidement plus rien à envier aux petits cercopithèques frimeurs! Après mûre réflexion, il est probable, hélas, que différentes autres parties de ma carcasse virent également au bleu assez rapidement… Alors, si c'est pour faire schtroumpf... Nettement moins distingué déjà. Et puis, l'eau froide, je n'aime pas du tout ça... En définitive, je crois que je ne vais rien changer.

La semaine s'étire, bien peu trépidante. Les journées de sale temps, où le froid et la pluie nous ont séquestrés à l'intérieur de Catafjord, nous auront permis de nous mettre à jour de quelques menues besognes ménagères et d'écriture. C'est avec bonheur que nous retrouvons des journées un peu plus ensoleillées, même si les températures restent basses. Une fenêtre s'annonce, et nous sommes bien décidés à la saisir pour nous échapper d'ici. Après une escale de neuf jours, il commence à être nécessaire de bouger.

Vendredi 5 heures. Les premières lueurs du jour ont à peine commencé à soulever le sombre voile nocturne; et c'est dans la pénombre que préparons notre appareillage. Malou s'affaire à rentrer les pare-battages, dont plusieurs sont devenus raplapla après les sollicitations énergiques de ces derniers jours. De mon côté, je largue une à une les nombreuses gardes que nous avions installées lors des coups de vent qui nous ont rivés ici. Un peu de rangement avant de larguer les dernières amarres, et, c'est parti. Sans transition, le mode "shaker" est enclenché sitôt virée la jetée. Dehors, peu de vent, mais la mer est restée celle des derniers excès d'Eole, sans avoir eu le temps de s'apaiser un peu. Les deux braves Yanmar sont donc encore de service, avec leurs filtres dûment nettoyés et vérifiés...

Bonne Espérance

À 8h45, nous apercevons "Good Hope Cape", et le vent est toujours trop faible pour faire voile. Plusieurs groupes de deux ou trois phoques glandouillent en famille à la surface des flots, allongés ventres en l'air, leurs queues, leurs nageoires et leurs moustaches émergeant en glauques bouquets détrempés.

13h, l'instant à la fois attendu et redouté, est arrivé: CAP de BONNE ESPERANCE par le travers! SUPER!!! Sur fond de ciel d'azur agrémenté d'inoffensifs cumulus d'accompagnement, il est tout simplement magnifique! Nous le passons au moteur car le vent est toujours insuffisant pour avancer à la voile. Par contre, la mer est loin d'être calme, et laisse deviner l'allure qu'elle doit prendre lorsque le vent souffle violemment comme il le fait souvent par ici. En dépit des conditions particulièrement clémentes dont nous bénéficions, nous sommes très émus de passer dans ces lieux où les souffrances humaines accumulées dans le passé ont imprégné l'atmosphère d'une sorte de lourdeur presque palpable.

La longue péninsule montagneuse qui se plante dans la mer en une explosion de roches dégarnies par les assauts inlassablement répétés de la mer, est couverte en grande partie d'une végétation rase qui lui donne un vague aspect de moquette à poils courts, séparée du bleu de l'Atlantique par un ruban doré de sable blanc. Le tableau est fantastique. Côté bâbord, c'est moins réjouissant. De lourds nuages d'étain assombrissent le ciel comme pour nous dire: "Je vous ai à l'œil. C'est pas les tropiques ici.". Cependant, tout va bien...

Capetown

Ce début d'escale est un véritable enchantement. Depuis le passage du Cap, tout se déroule pour nous comme dans un rêve. Que du bonheur! La remontée, le long de la côte a continué comme elle avait commencé: un ravissement, avec, en plus, deux heures de vent portant, histoire de faire un peu de voile et d'économiser quelques litres de carburant. Et puis, nous sommes enfin parvenus en baie du Cap. L'arrivée, avec ces impressionnants massifs montagneux en arrière plan, et la montagne de la table, posée là au milieu, comme une monstrueuse chope de bière à la mousse dégoulinant en cascades sous le vent, a constitué un moment très fort de notre voyage. Un retour de quarante ans en arrière, pour moi. Je naviguais alors à bord d'un supertanker de la compagnie Esso. Une barcasse de trois cent mille tonnes, avec 25 mètres de tirant d'eau, sur le pont duquel on se déplaçait à vélo... Très différent...

Par contre, notre entrée dans le port du Cap a été l'occasion d'une petite surchauffe passagère. Lorsque nous nous sommes retrouvés avec 25 nœuds de vent, ne sachant où nous amarrer, le soleil en plein dans les yeux, en travers de la route de la dizaine de bateaux de day-charter qui sortaient leurs troupeaux humains pour la chasse au "Sunset". Catafjord au milieu de ce bazar, effectuant lentement son demi-tour... *J'ai pas* trouvé ça trop poilant du tout, sur le moment... Par bonheur, un grand *cata* à moteurs, délaissé quelques heures par son équipage et dûment amarré à proximité nous a servi de ponton d'accueil, et comme par enchantement, nous avons pu continuer à nous vautrer dans le bon temps et la félicité. Un honnête apéro pour fêter le passage du Cap, suivi d'une reposante nuit de sommeil: bienvenue à Capetown.

Sitôt expédié le petit déjeuner, nous partons à la rencontre des responsables de la marina pour connaitre les conditions d'hébergement qui pourraient être les nôtres désormais. Fermé, le bureau! C'est le week-end, on ne verra personne avant lundi! Vu qu'on n'a pas l'air de déranger, nous resterons amarrés à notre cata/ponton jusqu'à nouvel ordre. L'endroit est excessivement touristique, mais très beau, et plutôt sympa. "Wait and see".

Le port de Capetown présente une particularité que j'apprécie énormément, et qu'on ne trouve pas, hélas, dans notre belle Gaule (comme disait la jeune mariée...). La grande famille des gens concernés par la mer et les activités à caractère maritimes n'y est pas segmentée, et mise dans des cases différentes comme c'est le cas dans nos ports. Ici, les genres sont *mélangeables*, dans une apparente cordialité. Ainsi, nous autres vagabonds, sommes amarrés au milieu des bateaux de charter, avec Pilotes et remorqueurs pour voisins immédiats. Un peu plus loin, dans le quartier des péchous, agglutinés par paquets de quatre ou cinq, rien n'empêche d'aller s'amarrer à un bout de quai laissé vacant. Ici la règle semble être: "S'il y a quelque part un bout de quai qui puisse vous convenir, amarrez-vous. On se débrouillera bien ensuite...". C'est un peu comme si, ayant quitté Le Grau du Roi, vous arrivez à Marseille, et venez vous amarrer au vieux Port... Et personne ne vous fout dehors ! Une fiction, un rêve… La réalité d'ailleurs.

Et, donc, ce samedi matin, c'est le cœur léger que nous partons à pieds découvrir un peu cette ville du Cap. Evidemment, c'est très calme. Pour cause de week-end. Comme dans la plupart des grandes villes, les buildings hauts et modernes confèrent aux cités qui les hébergent un caractère un peu oppressant. Cependant, les rues étant ici, larges et aérées, clairsemées de belles bâtisses à l'architecture classique, de nombreux endroits de la ville sont charmants et il est agréable d'y déambuler nonchalamment, sans oublier tout de même les précautions de base qui se justifient malheureusement dans toutes les grandes villes.

La montagne de la table

Dimanche. La météo y étant tout-à-fait favorable, nous partons en visite à "Table Montain". Un détour par la station de bus afin d'acquérir notre carte d'abonné, (seul moyen d'entrer dans un bus), et nous voici partis vers la station d'en bas du téléphérique. Le bus ne va pas jusqu'à cette station, et donc, il nous faut parcourir environ deux kilomètres en montant le long de la route, ce qui constitue une bonne mise en jambe. Puis, en compagnie d'une soixantaine d'autres montagnards tableurs comme nous, nous nous entassons dans la nacelle vitrée qui s'élève lentement vers le sommet. Le spectacle est évidemment grandiose, rehaussé encore par un temps radieux. Celui qui est sujet au vertige, a les mains bien moites là-dedans. C'est un peu impressionnant tout de même. Une fois là-haut, la féérie se prolonge, mais dans la fraicheur. Tout est chouette ici; et surtout, on peut commencer la promenade avec une petite bière, savourée derrière les carreaux de la cafète, sans se cailler les miches. Ça c'est bien, super bien, même. Mais par contre, je suis obligé de mentionner un petit sujet de déception tout de même: quand on est en bas, pis qu'on regarde cette "Table Mountain", qu'est ce qu'on voit? Comme son nom l'indique, une table…un truc plat, quoi. Alors on se dit, "je vais peut-être apporter mes rollers ; ça pourrait être sympa de faire un peu de roller à mille mètres d'altitude...". La boulette ! Arrivé ici, en haut, c'est n'importe quoi. Que des cailloux! *On peut* pas faire du roller, c'est un monde de cailloux... Encore, ils ont mis un peu de ciment entre pour faire un genre de chemin pour que les gens ne se perdent pas, mais pour le roller, c'est naze. Clairement nul. On ne peut pas faire de roller sur la Table Mountain, et ça c'est vachement ballot. Voilà, c'est juste mon avis. Sinon, c'est beau, c'est très beau... Et frais. Mais question roller, zéro... Je devais le signaler.

Tellement beau, que nous z'aut avec la Miloude, on se fait presque deux heures de marche pour aller carrément à l'autre bout, voir le panorama superbe qu'est très beau aussi, mais, bon, c'est beau partout, alors celui qui veut pas se fatiguer, y peut rester au début et prendre une autre bière. C'est chacun son goût.

Au bout d'un moment quand même, faut penser à se retirer (comme disait le jeune marié), et voilà qu'une autre fournée de 5,2 tonnes de *clampins* s'agglutine dans la cafetière suspendue pour retrouver qui son auto, qui son bus. Le préposé au bouton "come back", il ne compte pas les passagers, il regarde son peson! Et quand les 5200 kilos de guignols sont *Tatin*, y braille stooopppp!!! Plus personne ne rentre. Même, il en débarque deux ou trois, pour être pile poil au maximum motorisé. Y ferme l'huis, lui-même, et, descente... Un petit haut-le-cœur au démarrage, puis, retour à bord, cramoisis de soleil, les yeux encore éblouis de toutes ces merveilles.

15 heures: Catafjord a bougé sans nous! Le gros *cata* qui faisait ponton n'a plus voulu le faire, et il s'est esbigné, après nous avoir amarrés à sa place. C'est un peu bizarre, comme sensation... Mais bon, y a pas de souci. Nous en profitons pour lessiver le bordé tribord qui était repoussant car maculé de traces de pneus choppées dans les ports de pêche. Demain, entrevue avec les autorités... Que nous réservent ces gens?

18h: fin du rêve éveillé. Le skipper du gros cata-ponton se pointe, nous expliquer que faudrait penser à se retirer comme disait l'autre casse-burne, et, donc, alors que l'apéro est tout juste servi, mais point encore assimilé, il nous faut transférer le canote, vers un quai haut comme le Mont Saint-Michel, et garni de pneus gros comme les seins à Michèle, le brésilien transgénique amer.

Pour couronner le tout, voilà que le vent de sud-est redouble de vigueur et ça couine du pare-battage, réjouissant enfin ceux qui trouvent qu'on a vraiment trop de chance.

Water front marina

Lundi. Changement d'ambiance. Renseignements pris, il n'est pas question de squatter dans le port de commerce... C'est marina obligatoire. Malou négocie ferme. Les deux jours déjà passés seront "offerts", mais à partir de maintenant tout de suite, c'est cinquante euros par jour. Supportable, donc; surtout pour un endroit aussi plaisant.

Capetown est une ville vraiment agréable à vivre. On y ressent un bien-être que l'on trouve rarement dans une aussi grande cité, en tous cas, pour de piètres citadins comme nous.

Aussi, une mention particulière mérite d'être évoquée au sujet du système de bus urbains. N'ayant pas, loin s'en faut, fréquenté toutes les grandes métropoles du monde, mon analyse ne saurait prétendre au plus petit début de commencement d'exhaustivité. Cependant, nous n'avons jamais encore utilisé un système de transport aussi agréable et efficace que celui-ci. Champion du monde! L'infrastructure en a été mise en place au moment de la coupe du monde de football 2010. Les nombreuses routes et autoroutes alentours étaient alors fréquemment engorgés par les bagnoles jouant à se chatouiller les pare-chocs en polluant l'atmosphère... Vous voyez le genre... La fièvre footballistique apaisée, une entreprise privée a été chargée d'exploiter cet outil de déplacement initialement financé par l'état, au profit des Capiers... (Les habitants du Cap sont des Capiers. C'est ici qu'a été conçu le célèbre produit de maintenance plantaire inventé par les Deschiens au siècle dernier, et judicieusement nommé « Décapieds »... Remember). Ainsi, les bus actuels, qui bénéficient d'un réseau routier spécifique, et d'un système de contrôle d'accès par cartes électroniques dernier cri, permettent de se déplacer rapidement, confortablement, et pour pas cher. Cependant que le réseau routier "respire" un peu moins mal. Bravo les *Sudafs*!

Notre séjour à Waterfront marina aurait dû être une suite ininterrompue de journées indolentes, partagées entre les balades tranquilles en ville, les visites de musées, aquarium, jardin public et autres bar à vins... Au lieu que de ça, un ami dont je tairai le nom par amitié pour Michou... a trouvé très malin de réactiver tout-à-coup, un endormi projet commun de bazar secret destiné à permettre aux catamarans de croisière de se traîner un peu moins au vent arrière. Et, donc, nous voici, Malou et moi, transformés en business couple afin d'approvisionner ceci et cela, le truc et le machin, et toute cette sorte de joyeusetés nécessaires à la réalisation du prototype de Speejonk, la voile que j'ai inventée!

Un spectacle inusable dont nous bénéficions chaque jour quotidiennement dans cette belle marina sise en pleine ville urbaine, c'est celui des nombreux phoques, nos voisins de palier comme qui dirait, puisqu'aussi bien, eux aussi habitent ici. Une colonie de plusieurs dizaines d'individus moustachus comme des sapeurs, croissent et se multiplient dans l'enceinte même de la marina. Affectionnant, semble-t-il, la chaleur, ces nounours aquatiques et ruisselants ne se privent pas de squatter les pontons les moins fréquentés. Ils s'y rassemblent volontiers pour quelques siestes entrecoupées de pugilats bruyants... Vous savez comme sont les mâles. Toujours enclins à bousculer leurs concitoyens à dessein de déterminer qui c'est qui pisse le plus jaune... Au moins, ça permet à Malou de faire de jolies photos.

Samedi. L'imposante masse de la "Table Mountain" n'est plus, à présent, qu'une ombre délicate sur l'horizon diaphane, loin derrière nos poupes. Nous avons mis fin ce matin à notre inoubliable escale du Cap, après trois quarts d'heures de *poireautage* dans le bassin de la marina, à attendre que le préposé se décide enfin à manœuvrer son pont basculant.

Il fait une température hivernale. J'ai ressorti mon bonnet de laine, qui n'avait plus connu que le fonds de son tiroir depuis la Bretagne... Après trois heures de navigation au moteur, le vent s'est levé, et il atteint maintenant 22 nœuds, poussant Catafjord à bonne vitesse vers Saldanha, une soixantaine de milles au nord.

Nous côtoyons des troupeaux de phoques, bondissant par centaines à la poursuite de leurs proies, à la manière des dauphins, surplombés par leur nuage d'oiseaux de mer qui profitent, eux aussi, du buffet gratuit.

Saldanha

18 heures. Des rafales d'une trentaine de nœuds rendent notre arrivée un peu tonique. Puis la Rocna descend sagement cramponner le fond de la baie pour nous assurer une nuit tranquille.

Dimanche. Une petite visite préalable au chantier "Yacht port" qui doit sortir Catafjord de l'eau demain, nous permet d'en rencontrer, un peu fortuitement, le responsable technique, un dénommé Glenn. Personnage à l'amabilité mesurée, il nous annonce avec un sourire mi-amusé, mi-moqueur, mi-narquois, qu'il n'est pas dans ses intentions de procéder à cette manutention, pour diverses raisons plus ou moins recevables, dont une: il y aura trop de vent. Lequel, hélas, soufflera travers à la darse, et, donc, la manœuvre sera trop délicate à son goût. Il nous conseille donc d'attendre des conditions meilleures... Vers la fin de la semaine peut-être...

Bien qu'étant pourvu d'une patience peu commune, solide et inaltérable comme ma prothèse de hanche en titane chromé, il n'est pas dans mes stratégies favorites de surmonter les difficultés en procédant par attente, et pas seulement de camping. Aussi, convenons nous quand même d'un rendez-vous demain matin, de bonne heure et de bonne humeur.

Ainsi qu'elle le fait volontiers avec qui sait l'écouter, la nuit m'apporte son conseil.

Lundi, 8 heures. C'est donc muni d'une idée qu'il serait malhonnête de qualifier autrement que de "géniale", que nous pointons nos étraves au catway d'accueil de la mini-marina qui jouxte la darse du travlift. Neuf mètres cinquante de capacité en largeur, pour recevoir les neuf mètres vingt de notre modeste barcasse... "Ouahhh! Trente centimètres!" comme s'exclamait la jeune mariée...

Notre gaillard, bien évidemment, réitère ses conseils timorés, auxquels je réponds avec un sourire parfaitement naturel, et même jovial: "T'inquiètes pas pépère. Fais rouler ton *zboube*, on sera devant dans un quart d'heure". Et nous convenons qu'il nous "prête" un de ses gars pour nous aider à bord, pendant la manœuvre.

La ruse, c'est de frapper une amarre longue en bout de ponton, laquelle, judicieusement réglée à bord, maintient le bateau travers au vent. En la mollissant progressivement, Catafjord arrive, en douceur, exactement en face du travlift, et peut alors facilement être "tracté" à l'intérieur par deux amarres, hâlées par le petit personnel du chantier. Simple et efficace. Hélas, super Glènmuche n'a pas été inspiré par quelque conseil nocturne venu de l'au-delà, et son bazar est infranchissable, car les sangles, trop courtes, barrent notre route en buttant sur les safrans... Heureusement que ma trouvaille est efficace, car la manip de positionnement durera deux bonnes heures, durant lesquelles le petit personnel sue sang et eaux pour décrocher les sangles, les faire descendre au fond, puis les remettre en place après franchissement des appendices.

11heures. Catafjord, dûment positionné et calé au sec sur le terre-plein, tout s'enchaine sans grande surprise, si ce n'est celle de constater que l'ancien antifouling de deux ans et deux mois d'âge est encore efficace et très peu sale (mais il n'en reste presque plus, et on voit au travers...).

Considérable dépense d'énergie, tout de même, jusqu'au jeudi matin, où pépère nous remet à l'eau après avoir affirmé que: "Non, demain, y peut pas...". Si l'on met à part ce brave homme un peu bourru, on peut dire que le chantier Yacht port SA, à Saldanha, est une très bonne adresse, je l'affirme sans sourciller.

Depuis notre passage, Glen explique à ses clients, que la manœuvre d'arrivée se fait en frappant une amarre à terre, travers au vent... Et une photo de Catafjord sur le terre-plein du chantier figure en bonne place dans leur site web.

Jeudi. Quelle joie de se retrouver au mouillage avec les carènes bien propres, et tout le bazar dûment vérifié avant de continuer notre route vers l'ouest.

Et, puis, ce soir, c'est soirée "bœuf Strogonof" au yacht club. Alors, ça va être cool. Forcément.

En définitive, cette escale de Saldanha, bien que moyennement exotique à cause de la proximité de quelques installations industrielles, se révèle des plus agréables, car la baie est bien abritée, le mouillage confortable et sûr et le yacht club particulièrement convivial.

Dimanche. Notre Toyota de location roule depuis bientôt une heure, et voici enfin que le paysage s'anime un peu. Finies les longues routes parfaitement rectilignes, bordées d'une végétation austère, où même les buissons rouillent tellement la terre est ferrugineuse... Tout est plus ou moins rouge terreux depuis notre départ de Saldanha. Place maintenant aux vallons couverts de vignes et aux villages couverts de villageoises et largement typés de *hollandisme* des Pays-Bas (à ne pas confondre avec celui de notre Gaule dont au sujet duquel je ne dirai pas un mot, sauf peut-être: «eh bé!!!"): coquet, propret, bien rangé, pas trop de fantaisie surtout.

Le but de notre incursion dans cet univers bien peu nautique est de visiter quelques domaines viticoles, et d'y procéder à diverses dégustations, à dessein, pourquoi pas, de nous constituer peut-être un petit début de cave à vin... Car nous sommes ici au cœur de la région productrice de picrate d'Afrique du sud. N'oublions pas qu'il y a ici des quidams qui produisent du jus de raisin de père en fils depuis pas loin de 400 ans! Aussi, à moins d'imaginer que ces gens-là ne soient qu'un ramassis de benêts, il semble fort probable qu'ils aient acquis comme un genre de savoir-faire dans ce domaine.[30]

Parmi les nombreuses espèces d'oiseaux de mer qu'on peut observer dans ce bout du monde Africain, il en est une qui, par son élégance et son bon goût vestimentaire, me séduit particulièrement. Son corps, noir comme l'âme d'un barbu intégriste, met en valeur cet élancé bec carmin assorti à ses pattes graciles, c'est l'huitrier. Huitrier, dont le cri d'amour bien connu est, dois-je le rappeler, "huitrrr, huitrrr, huitrrr", et la devise, véritable profession de foi: "Quand l'huître y est, l'huitrier y est, yé, yé". Bel oiseau en tous cas!

Mercredi. C'est dans un brouillard à couper à la machine à commande numérique que nous appareillons à 8h30, mettant un terme à notre séjour en Afrique du Sud. Pour le moment, Eole nous boude, et

---

[30] C'est le cas.

la sortie de la baie de Saldanha s'effectue au moteur, avec moins de cent mètres de visibilité. Quelle belle invention que le radar!

Puis, le début d'après-midi apporte une jolie brise qui nettoie l'horizon et stoppe le moteur pour laisser place à la voilure.

C'est parti: Catafjord, avec ses carènes propres, glisse comme une luge sur les collines liquides et scintillantes de l'Atlantique.

Jeudi 19h30. Depuis quelques mois déjà, Malou a instauré en navigation une nouvelle tradition que je trouve du meilleur goût: chaque fin de journée, au moment où le soleil s'approche de l'horizon, à dessein de se planquer derrière pendant quelques heures, elle-même s'esquive quelques minutes à la cuisine avant de réapparaitre, apportant un verre de vin et deux ou trois *délicieusetés* propres à caler la dent creuse. Je trouve que voilà une manière raisonnablement délicate de se préparer à passer une nuit en mer dans la bonne humeur. Cependant que, grand-voile arisée et génois tangonné au vent, Catafjord file gaillardement sans effort apparent, et sans heurt. On a tout de même des bons moments dans cette vie.

Nous ressentons un grand plaisir à naviguer de nouveau en Atlantique. Une espèce d'impression de "chez nous". Bon, bien sûr, il a fallu qu'il nous fasse son petit numéro, la nuit dernière: deux ris partout à deux heures du matin. C'est la voile, ça. Mais pour autant, ces premières heures de navigation au large, après une longue période de cabotage, nous offrent une satisfaction, une plénitude même .presque inattendue.

Vendredi au petit jour. La nuit a été belle. Mais notre jolie brise s'évanouit avec le jour naissant, et le moteur bâbord prend la relève des voiles, qui s'escamotent.

Hélas, le vilain bruit louche (une sorte de grondement intermittent) qui affectait la ligne d'arbre bâbord avant le passage en cale sèche réapparait bientôt. Je n'ai pas trouvé clairement son origine, mais j'ai dans l'idée que les pales de l'hélice repliable ont pris un peu de jeu.

10h. Une équipe de baleines, deux ou trois sans doute, croise notre route. Afin de ne pas les perturber, je ralentis à 2,5 nœuds pour qu'elles passent tranquillement devant nous. Mais voilà qu'au lieu de piger que je les ai bien vues, elles ralentissent, elles aussi, et se mettent à nous accompagner pendant de longues minutes, surgissant dans un "pchouttt" « kolossal » à quelques mètres de notre canote qui me parait tout-à-coup bien vulnérable (ça peut quand même déplacer jusqu'à trente tonnes ces petits animaux de compagnie).

"C'est assez", pense-je. Par chance, la curiosité des cétacés s'est tassée aussi, et les voilà partis s'entasser sans tousser, ailleurs....à Sète? C'est assez loin…

NAMIBIE

Début d'après-midi. La côte Namibienne apparait, pâlotte dans la tiédeur brumeuse, laissant à peine deviner ses contours arides et légèrement vallonnés.

A l'approche de la nuit, alors qu'il reste encore plus de quarante milles à parcourir avant Lüderitz, nous décidons d'aller mouiller dans "Prince of Wales Bay". Grand bien nous prend, car nous y passons une nuit bien tranquille, doucement ballotés par le reste de houle qui a traversé la barrière rocheuse en s'atténuant fortement. L'air est glacial, par contre. Dommage.

Le jour naissant apporte avec lui une *brisette* de douze nœuds qui nous permet de terminer le trajet sous grand-voile haute et génois tangonné (avec toujours ce bon vieux bambou dix fois réparé, modifié, renforcé, et qui semble bien à l'aise dans son rôle à présent...)

Notre approche progressive confirme largement les impressions d'hier. Nous arrivons dans un territoire très aride, au relief peu prononcé, et singulièrement ratiboisé: court devant, ras derrière.

14h. Virage à droite afin d'entrer dans la baie qui abrite la petite ville de Lüderitz. L'empannage nécessaire se passe bien, et les roches de Halifax Island sont bientôt parées. L'arrivée est proche, et le goût suave du havre de paix qui nous attend commence à titiller nos papilles, quand, soudainement, le vent monte à plus de trente nœuds en quelques minutes, blanchissant la mer de moutons et levant un rude clapot, alors que nous portons toute la toile! Affaler la « grande » demandera de longues minutes d'efforts. Lüderitz nous a réservé un accueil pour le moins "tonique".

Je décide de mouiller un peu loin, derrière tout le monde, afin d'éviter d'aller slalomer entre les bateaux avec ce vent puissant.

Ce n'est pas tout-à-fait du goût de la jolie "Harbour Mistress", qui précise, lors de notre visite, que nous devrons nous rapprocher avant lundi, et le retour du grand chef, qui ne va sûrement pas aimer ça... Malou a convenu par VHF d'un rendez-vous avec les autorités de douane et d'immigration pour quinze heures. Donc, pas question de nous y soustraire malgré la vigueur du clapot.

La mise à l'eau du Newmatic s'avère carrément rock'n roll, et les cirés sont indispensables pour nous rendre à la jetée d'accueil.

Le premier contact est agréable. Les gens sont aimables et souriants, et semblent plus "cool" qu'en Afrique du sud. Les formalités se passent comme un imèle sans la poste... Avec juste une petite taxe de quelques euros pour cause d'"overtime".

Première petite marche de découverte, dans la cité déserte. Tout est fermé le samedi après-midi. La ville de Lüderitz, comme son nom l'indique, possède, certes des origines africaines, mais pas que... Ses rues bien droites, bien propres, bien larges, ses bâtisses très géométriques aux bétons bien plats et soigneusement peints de couleurs pas vives du tout, sont empreints d'un charme et d'une poésie délicieusement germaniques.

Nous passons le reste de l'après-midi au Yacht club, qui est un endroit bien convivial et propice à faire quelques connaissances.

Dimanche. L'impression se confirme. C'est clair : Lüderitz, ça décoiffe!!! Ça ébouriffe même; et il n'en faudrait pas beaucoup plus pour que ça rase! Heureusement, nous avons profité de la brève accalmie du début de journée pour déplacer le canote et avancer plus prés de l'appontement du Yacht club. Nous serons ainsi un peu moins arrosés lors des allées et venues en dinghy.

Par contre, ça ne suffira pas à satisfaire le chef, qui nous demande par VHF de déplacer encore une fois notre modeste barcasse...

Notre merveilleuse ancre Rocna remplit parfaitement son office en maintenant Catafjord parfaitement en place dans les trente-cinq nœuds de vent, et ce, avec une très raisonnable longueur de chaine, car il n'y a pas beaucoup de place.

Par contre, l'avantage, c'est que l'éolienne et les panneaux solaires produisent à fond, et donc nous pouvons fabriquer autant d'eau douce qu'on veut, et même la réchauffer pour la vaisselle avec le surplus d'énergie.

Lundi. Rencontre sympa: Charlie et Isa du Lagoon 42 "Ushuaia", battant pavillon canadien. Ils mouillent à proximité, accompagnés de leur équipage, Mickey et Marie. Premier apéro, pour faire connaissance, après leurs formalités d'entrée. Ils ont cassé un safran en route... ça nous fait un sujet de conversation...

Nous avons bien entamé le chargement de vivres pour la prochaine traversée, profitant de la proximité des deux épiceries. Mais, le vent, qui souffle tous les après-midi à trente nœuds et plus, et les températures, qui descendent à dix degrés toutes les nuits nous conduisent à écourter notre séjour, et nous avons décidé de partir demain pour Walvis Bay, deux cent vingt milles plus au Nord, afin de trouver des conditions climatiques un peu plus sympas pour préparer notre départ d'Afrique. Non sans avoir, au préalable, donné à mon nouvel ami Charly quelques directives pour solutionner son problème de safran. *C'est pas* un inquiet, mon Charly... Suivra-t-il mes préconisations à la lettre ? L'avenir nous le dira...

Samedi. L'ancre vient de faire connaissance avec le fond vaseux de Walvis Bay, au terme d'une des navigations les plus lentes que nous ayons connues avec ce bateau. Presque deux jours pour parcourir 240 milles... Eole a boudé, et nous a rarement gratifiés de plus de onze nœuds de vent, en plein de l'arrière.

Je vais devoir rapidement procéder, à la vidange des réservoirs de gas-oil, qui cultivent encore quelques bactéries sournoises, sans doute capturées à Madagascar. Lesquelles, sous forme d'une gadoue noirâtre, colmatent les filtres en quelques heures seulement. C'est ce qui explique le peu d'heures de moteur entre Lüderitz et Walvis Bay. Par contre, quel confort! Et quel bien-être en mer! Se traîner vent arrière à quatre nœuds, dans un endroit peu fréquenté et sur une mer calme, c'est vraiment on ne peut plus peinard.

Arrivant en fin de nuit, nous décidons de mouiller à l'écart de la zone portuaire, près de l'entrée de la baie, à un jet de chique du phare qui balise cette immense lagune, territoire privilégié d'une impressionnante colonie d'otaries (tout le monde parle de phoque, alors que ce sont, en fait, des otaries à fourrure. Dixit Malou), dont nous entendons clairement les hurlements rauques.

Au matin, une flottille de catamarans de day-charter charriant leurs troupeaux de touristes avides de culture et de photos numériques, s'approche du rivage. Des histoires circulent, affirmant que ce sont les mêmes bestioles qui sont, de jour l'objet de jolies photos de vacances, et, de nuit, la proie de trafiquants de fourrure qui les tuent sauvagement pour leur piquer leur blouson… Mais que fait donc B.B.? De retour à leur base, nos amateurs de pinnipèdes pourront même approcher de tous près certains spécimens quasiment apprivoisés qui n'hésitent pas à monter sur les jupes arrière des catas pour recevoir leur récompense poissonnière, partagée avec quelques pélicans de leurs amis.

Dimanche, voilà que je suis parvenu à me motiver pour vidanger entièrement le réservoir de gas-oil tribord qui m'a pourri la vie plus d'une fois avec ses 3 litres de vomi de *goniol* dans le fond. Quatre vingt cinq litres de gas-oil pollué à extraire et à épurer! Une bonne partie de la journée y passe. Mais, à l'issue de cette délicieuse séance de pataugeage, nous repartons sur une situation saine avant d'attaquer notre prochaine traversée de l'Atlantique. Ce sera ma douzième.

Lundi. Opération *appro* de filtres à gas-oil. Nous désirons en acquérir six; trois de chaque sorte, et le marchand n'en possède qu'un seul en stock. "Prenez-le" dit-il et je vous commande les cinq autres pour demain matin. Et il refuse qu'on le lui paye immédiatement, malgré mon insistance, argumentant: "Ainsi, j'ai plus de chance que vous reveniez"... Très fort! En France, on aurait payé le filtre plus un acompte pour les cinq autres... Le résultat final est le même, mais il y a la manière.

Mardi. Balade en *cacate* Land-Rover en compagnie du copain, Ben. Nous le cueillons à son bord en passant. Sa chatte « Trinquette », fait un peu la gueule en nous voyant partir. Les animaux de compagnie, c'est dingue ! Ça se croit autorisé à faire la gueule pour un oui ou pour un non comme un humain.

Ramon, notre chauffeur est un vrai "pro". Avec assurance et humour, il explique, commente, et répond à nos questions tout en menant sa charrette de main d'un mètre... Première halte, à proximité du phare, après une douzaine de kilomètres avalés sur le sable plat et mou de l'interminable lagune. Le long du littoral, des milliers de *phoctaries* (phoque ou otarie? je n'arrive pas à me décider...), lézardent au soleil timide de ce matin brumeux. J'en profite pour questionner

Ramon sur le bien-fondé des vilains bruits qui galopent sur leur massacre...

La population locale de ces mammifères compte environ 160000 individus! C'est beaucoup plus que la normale. La raison en est géographique. La fraicheur apportée par le courant froid du Benguela éloigne de ces eaux leurs principaux prédateurs, les requins et les cachalots. Les femelles ne sont capables d'élever qu'un petit à la fois, et donc, ne renouvellent l'opération que tous les trois ans, le temps de leur apprendre à nager et à chasser. Par je ne sais quel cheminement tortueux de leur processus de réflexion, ces dames profitent de la situation pour batifoler plus souvent, et se retrouvent avec un deuxième polichinelle dans la soute avant d'en avoir terminé avec le premier, qu'elles abandonnent donc prématurément (le syndrome de Tanguy n'existe pas chez ces bestioles) alors même qu'ils ne sont pas finis et incapables de se débrouiller... Il en meurt donc une quantité épouvantable, et leurs cadavres sont loin d'être éliminés par les quelques couples de chacals qui rôdent alentours. Des maladies se développent à la base de cette barbaque faisandée, qui déciment ensuite les parents. Où l'on voit que la nature fait bien son boulot, qui attaque d'elle-même cette population au développement anarchique. Bref, pour toutes ces raisons, l'état rémunère à présent des chasseurs chargés d'éliminer les jeunes individus sans parents, faciles à repérer car ce sont ceux qui restent à la traîne lorsque le troupeau s'enfuie faire trempette à l'approche d'un humain.

Voilà l'affaire... Puisse cette version être mieux fondée que celle du trafic illicite de peaux. Mais il n'est pas impossible qu'elles cohabitent...

Avant de repartir à la découverte du désert Namibien, nous embarquons trois autres passagers: un couple d'Italiens hors d'âge qui ne parlent que l'italien, et leur guide. Ramon a un peu envie de nous faire frissonner avec son *cacate*. Alors il route vite, au pied des dunes, avec une bonne gite et les vagues de la mer qui viennent lécher les roues de la guimbarde. C'est toujours poilant ce genre de truc, sauf quand on est assis du côté des vagues... comme moi. Après trois quart d'heures de shaker à roulettes, l'escale de Sandwich Harbour est appréciée. Le franchissement de la dune, à pieds, pour faire des photos splendides, se mérite. Les ritals restent dans le *cacate*. En bas, le lagon apporte un peu de variété dans cet univers de sable. La végétation n'en est pas totalement absente, toutefois. Quelques bancs de salicorne offrent de larges tâches pastel. Des buissons d'épineux, forment des étangs de verdure où paissent des familles de springbok, ces gazelles élégantes et gracieuses. Et d'ailleurs, ça me rend bien perplexe qu'une célèbre équipe de coureurs de ballon ovale aient adopté cette appellation, quand il est si évident que "rhinocéros" ou "buffle" les eût incomparablement mieux définis.

Puis Ramon nous gratifie une nouvelle fois d'une séance de palpitations en faisant rugir sa machine pour gravir à grand fracas les collines ocres, et laisser ensuite l'engin "glisser" en douceur le long de la pente vertigineuse, tel un skate-car pataud...

Le déjeuner, entre mer et dunes, sur une table de camping, avec des tas de trucs très bons, marque une pause agréable. La dame italienne tente une amorce de communication, cependant que son fossile reste clos comme les huitres qu'il vient de gober. Puis c'est reparti pour un rodéo sur sable. Le désert offre des paysages époustouflants de beauté et de majesté, qui effacent carrément de ma tête l'image puérile que je m'en faisais : des gros tas de sable tous pareils, comparables à ceux que l'on rencontre à côté d'un immeuble en construction...

En définitive, cette Namibie vaut largement le détour, et je ne peux m'empêcher de penser qu'il eût été bien sot de nous priver de désert…

Retour par les immenses marais salants, en tous points comparables aux salines du midi. Ramon qui ne rate pas un trait d'humour pointe du doigt les montagnes de sel d'une blancheur immaculée, en commentant: "c'est de la coke"... Quel fendeur de gueule *çui-là*!

L'envol d'un groupe de flamands, tout de grâce et d'élégance décuple la poésie de l'instant... Drôle de bestioles n'empêche. Perchées à un mètre de haut sur une seule patte! On dirait un pompon de pom-pom girl fiché sur le scion d'une canne à pêche en carbone. Impressionnant!

Mercredi. Nous avons fixé le départ à demain. Pour cette raison, il est souhaitable de consacrer la journée à achever la préparation de cette nouvelle traversée, avec travaux et *appros* de dernière minute.

Diner au yacht club, en compagnie de Benoit, histoire d'écouler nos derniers dollars.

Malou a fait le plein d'objets artisanaux après une négociation africaine en règle. Photo souvenir auprès d'une femme Himba venue livrer la production de colliers de son village. Ce sera, hélas le seul contact avec ce peuple dont l'ami Jean-Luc nous avait pourtant chaudement recommandé la visite (mais ils sont super loin, dans le nord du pays)

Jeudi. Un petit coup de main à Ben pour inspecter son gréement, et nous quittons le mouillage direction le port de commerce afin d'y charger six cents litres de gas-oil. Dernier détour par les bureaux d'immigration et de douane, et c'est parti. Il est treize heures.

Les conditions météos sont idéales: dix nœuds de vent de travers, mer plate. Une merveille! Un groupe de dauphins vient bientôt jouer avec nos étraves comme pour nous souhaiter la bienvenue dans leur univers.

ENCORE UNE TRANSAT

Première nuit plutôt tranquille, illuminée par la chaleureuse présence de la lune. Au matin, l'alizé de sud-est se manifeste, nous secouant un peu et nous faisant prendre un ris partout en contrepartie de son aide propulsive appréciable.

Quatrième jour de mer. Comme d'habitude, nos organismes ont besoin de trois jours pour s'amariner. Maintenant que c'est fait, que nous sommes passés en mode "mer", la vie va pouvoir reprendre son cours. Nous renouons avec les petites joies de l'existence: le p'tit coup de rosé du dimanche midi, écrire, jouer de la musique, nettoyer le bateau, tremper une ligne de pêche, prendre une douche, déambuler nus... bref, toutes sortes d'activités autres que manger, dormir et faire la veille qui sont le lot des premières heures en mer.

Et puis, nous avons retrouvé cette ambiance tropicale qui nous ravit. Les phoques ont laissé la place aux poissons volants, le bleu a remplacé le gris, les journées de mer peuvent maintenant s'égrener les unes derrière les autres. Curieusement, depuis ce matin, nous observons partout autour du canote, des bonites d'une cinquantaine de centimètres qui jaillissent de la surface à notre passage comme des animaux de cirque, dressés à faire des cabrioles. Si elles se figurent que je vais leur fournir leur casse-croûte, elles se fourrent lourdement la nageoire dans l'ouïe... Au contraire, c'est à cause d'elles que j'ai mis la ligne de pêche à l'eau; mais, pour le moment, elles boudent. Même pas un petit poiscaille de politesse. Rien!

Mardi. Il fait gris ce matin. Même le bleu de la mer s'est alourdi de plomb, ou d'étain plutôt. Le ciel n'offre même pas un tout petit échantillon de ce bleu qui ravit les yeux et réveille l'espoir. Quelques gouttes de pluie ont même parsemé de perles de verre les plexis de la timonerie. Légèrement, sans conviction, juste pour être dans le ton...

mais pas dans le thon... car, question pêche: c'est toujours aussi *minâp*! Catafjord traîne avec lenteur les trois lignes que j'ai préparées tout à l'heure dans un étonnant élan d'optimisme prédateur. Malou dort. Dans ce décor monochrome, la vie n'est pas morose. Même, on est bien. En harmonie avec ce qui nous entoure. Moments privilégiés, propres à laver nos âmes.

Une denrée, rare dans nos sociétés modernes, dont nous bénéficions à foison, nous autres, vagabonds, lors de nos lentes traversées en bateaux, c'est le temps. On ne peut pas toujours en profiter pleinement, car, parfois, les conditions de vie et de confort y sont peu propices. Mais, dans le petit temps, et bien amarinés, le moment est parfait pour s'attarder à lire, écrire, cuisiner, méditer, et plus si affinités... Loin du brouhaha et de l'agitation d'une vie professionnelle et citadine, l'esprit réorganise plus judicieusement l'échelle de valeurs des choses de la vie, éloignant sûrement nombre de futilités qui encombrent l'univers du terrien.

Je crois que je n'aime pas la pêche. Sauf, bien sûr, le fruit du pêcher.

Autant, agiter mes neurones pour trouver des façons de rendre un bateau plus rapide, plus beau, plus économe, plus facile à fabriquer, à entretenir, peut m'occuper l'esprit des heures durant, me procurant parfois grande satisfaction, autant une démarche analogue concernant la pêche, me lasse rapidement. Pardon grand-père. Je suis pourtant issu d'une lignée d'ancêtres marins-pêcheurs, mais, pour ma part, je ne pratique cette activité qu'à dessein de me nourrir, et, peut-être aussi, inconsciemment, pour conserver une parcelle de cet instinct prédateur bien utile à la survie de notre espèce. Bien sûr, remonter un beau poisson à bord procure une indéniable satisfaction, mais j'en attribue l'origine plus au côté "récompense d'un effort préalable" qu'au côté "victoire" sur un adversaire. Ce qui est, pour moi, grande source de satisfaction, dans la pêche en mer, c'est, juste après une belle prise, de remiser le matériel en pensant: "Je serai tranquille avec ça pour plusieurs jours, maintenant!". C'est la libération provisoire de cette espèce de "devoir de pêche" qui me réjouit le plus. Il me revient en mémoire une conversation avec un pote polynésien à Huahine au sujet des moyens de pêche que j'utilise. Lorsque je lui avais exhibé un de mes leurres, il s'était esclaffé lourdement: "Ouafff, ouafff, avec ça, tu ne peux attraper qu'un poisson complètement abruti!". Possible. Cependant, où est le problème? Je n'ai aucune ambition de capturer des poissons intelligents. Pour ce que nous en faisons, n'importe quel crétin fait parfaitement l'affaire.

La matinée s'avance, et le soleil n'a toujours pas sorti son premier rayon. Pourtant, je sais qu'il œuvre en catimini, dans l'arrière-boutique du ciel. Et le résultat de son action, c'est que subrepticement, les tâches sombres deviennent plus claires, et les zones moins sombres s'illuminent. Tant et si bien que, progressivement de petites parcelles de bleu se devinent, qui vont bientôt envahir méthodiquement le dôme jusqu'à une totale uniformité. Alors la mer revêtira, comme hier, comme souvent, toute sa splendeur et son éclat, et sa suave féminité. Féminine, bien sûr, la mer. Cette grâce, ce charme, et également cette capacité à faire de hideuses grimaces et à montrer un faciès si inquiétant, quand elle le décide. Cette douceur lascive. Cette manie de nous hypnotiser pour bientôt nous gifler comme un gamin malpoli, sans qu'on sache bien pourquoi. Cette capacité à susciter amour, passion, aussi bien que haine et rejet, à se rendre indispensable, autant que redoutable. Source à la fois d'espoir et de désespoir, de vie et de mort, de satisfaction et d'amertume. Si proche et tellement étrangère. L'affubler d'un vocable de genre masculin eût été une rude sottise.

Jeudi. Depuis hier le vent s'est affermi et Catafjord a renoué avec des vitesses qui lui conviennent mieux que les quatre ou cinq nœuds de ces derniers jours. Nous sommes à présent à 120 milles de Sainte Hélène, et si tout va bien, nous devrions l'atteindre demain matin. Toutes mes tentatives de pêche se sont avérées infructueuses. Pourtant, chaque soir, au moment de remonter la ligne pour la nuit, ramener à bord mon leurre intact me cause un petit bonheur à deux balles... Je sais, c'est un peu futile, car ça veut peut-être dire que ce leurre n'intéresse aucun poisson... J'ai du mal à m'y résoudre. Et si c'était que la mer est vide de poisson dans ce coin? Je questionnerai les autres bateaux à l'escale...

SAINTE HELENE

Vendredi 8 heures. Sainte Hélène est là, devant nous, bien anglaise dans son style. Falaises sombres et escarpées, semblant une forteresse en cours de ruine, nimbée de brume, sur fond de ciel gris et vent forcissant à son approche. C'est monumental, austère, presque inquiétant, sous son capuchon de coton blanc sale.

Mais les gens d'Albion sont un peuple de marins, nous devons le reconnaitre. Et tout ce qui touche à l'aspect maritime de l'escale est plus ou moins un modèle du genre. De solides corps-morts attendent le visiteur qui ne tarde pas, une fois dûment amarré, à recevoir, à bord, la visite des autorités douanières. Se rendre à terre nécessite d'avoir recours à la barcasse prévue à cet effet, laquelle fait la navette aux heures rondes. Au quai de débarquement, un solide ressac demande un peu d'habileté pour devenir terrien. Là, si t'es pas alerte, t'es rien... et, en plus, tu vas te vautrer! La barque monte et descend le long du quai comme un Mickey de manège. Un coup, on est juste à la bonne hauteur, et trois secondes après, on est un mètre en dessous, et un mètre éloigné. Le jeu consiste à se cramponner dare-dare à la corde à nœuds dès qu'on est à bonne hauteur, et à ne plus la lâcher avant d'avoir retrouvé son équilibre sur la terre ferme. Assez « rocky » comme exercice !

Nous voici au cœur de cette petite cité coquette qui connût une des plus illustres maisons de retraite impériale de l'humanité, et nous sommes très fiers que ce soit un pays à nous qui en soit à l'origine... Alors, vous me direz, avec le sang corse qui lui coulait dans les veines, pas étonnant qu'il se fût préoccupé de villégiature... et d'armes à feu... Je ne répondrai rien, parce que je ne veux pas d'ennuis, surtout.

Sainte Hélène, samedi midi. Le temps maussade, et les diverses activités plus ou moins obligatoires, nous ont séquestrés à bord toute cette matinée. Cependant que nous déjeunons, une silhouette se précise sur l'horizon, arrivant par l'Ouest... La morue percée. Rappelez-vous, les Maldives. Ce bourrier équipé d'un couple d'Anglais, malpolis et sans-gêne, qui avaient eu l'indélicatesse de nous invectiver d'un invraisemblable "fucking frenchies", alors même que la seule vue d'un pauvre suppositoire nous intimide au delà du raisonnable... c'est vous dire. La madame s'était permis, en sus, de me proposer ses conseils sur la manière de mouiller Catafjord. Ces bouffons ont quitté Walvis Bay quelques heures avant nous (c'est la douanière qui me l'a dit), et ils arrivent seulement maintenant... Trente heures de plus! Et nous ne disposons que de la voilure de base; pas de spi, pas de gennak. Mais alors, ne serait-il pas de bon ton que je leur propose, à mon tour, quelques conseils de navigation…

Un joli monocoque de 52', du nom de "e-one", vient s'amarrer à un des coffres proche du n°13, qui retient Catafjord. C'est un Dufour 525, équipé par deux italiens, Aldo et sa belle-sœur Alfonsina, surnommée Alfo. Nous les avons souvent croisés en Afrique du Sud, mais sans avoir jamais rencontré l'occasion de lier connaissance. Grâce à la complicité de l'équipage d'Ushuaïa, arrivé hier soir, et qui les ont un peu côtoyés, la connexion s'établit rapidement. Dans l'enthousiasme du moment, Aldo propose alors de partager l'espadon de cinquante kilos qu'il a ramené à bord hier. Malou conclut en invitant tout le monde à l'apéro à bord de Catafjord.

C'est ainsi que notre joyeuse équipe, motivée par un commun élan apéritif, échafaude le projet de visiter l'île tous ensemble, à bord d'un minibus que nous affréterons pour l'occasion. Tout confort, guide multilingue, traduction simultanée, minibar, musique d'ambiance, animations diverses et "tutti quanti"…la Klass!

Mardi. Jour de l'excursion cinq étoiles!!!

Ah ça, question ambiance, rien à dire. Y en a de l'ambiance. Par contre, côté confort, on pourrait déjà causer un peu... Et alors, pour ce qui est des cinq étoiles... Comment dire?... étoile d'araignée, peut-être...

Action: Il est 8h30. Notre sympathique et volubile groupe Napoléophile attend le véhicule sus-décrit, en piétonnant sagement, face au fils du tourisme. Isa s'est occupée de tout. La sérénité habite nos cœurs confiants. Mais, la voici justement qui sort du bureau, la mine un peu contrite. Comment se fait-ce? À l'aube d'une si belle journée... Ah... ça se présente mal, semble-t-il.

Incompréhensible! Impensable, inenvisageable! Isa, que ses parents destinaient à une magistrale carrière de tour-*opérateuse*, Isa en qui chacun de nous avait mis une confiance malvoyante, Isa qui a manqué d'un rien son doctorat en tourisme international option Bonaparte manchot (pour l'hiver), cette Isa là ne peut nous abandonner, comme ça, nous laissant patauger dans notre ignorance crasse de la vie intime de l'empereur à l'approche de sa mort... (L'empereur, pas Isa).

Cependant que nous devisons avec véhémence de notre provisoire infortune, une bétaillère cahotante vient à se garer, sous le feu nourri de nos plaisanteries désinvoltes, à l'emplacement précis où eut dû se trouver le fameux minibus... N'insistons pas.

"Si ça se trouve, on va se retrouver dans une benne comme ça", prophétie l'un des nôtres, en désignant le véhicule déglingué. Eh, bien, qu'on le canonise tout de suite; c'est exactement le cas!

Le papy qui en sort nous aborde avec gentillesse et enthousiasme, accompagné d'un solide accent indéfinissable, et facilement incompréhensible.

Dans le clan touristique, c'est la consternation. Durant une minute, pas plus, car le marin se doit de rebondir sur le dos de la vague scélérate qui lui a transformé son minibus en transport de troupes.

Et donc, hop, tout le monde dans la benne, à l'exception des deux petits veinards qui vont pouvoir se *culturer* dans le poste avant en compagnie de pépé.

Pas de mauvaise surprise. Mais pas de bonne non plus. Disons qu'avec une condition physique *corrèque*, ça passe. Bon, question confort... y aurait à redire: monter-descendre de la benne toutes les cinq minutes, y cheminer plié en deux jusqu'à sa place, puis se laisser tomber sur la banquette en bois d'arbre, les lombaires virilement caressées par les ridelles en ferrailles, un genou contre chaque oreille; dans un cahotement de chemin vicinal et la chariote repart jusqu'au nouvel arrêt. Là, tout le monde descend. Les plus rouillés mettent deux minutes et demie à se déplier, cependant que notre original guide livre moult anecdotes concernant la curiosité locale... que nous ne verrons pas, car, hélas, c'est fermé en ce moment!

Mon taux de compréhension du baratin de notre guide-chauffeur ne dépasse pas les 15%... Cependant que, mon copain Aldo, avec son air de celui qui a tout capté, (ces ritals, quel frimeurs!) avouera bientôt ne pas dépasser les 50% (ce qui est déjà mieux que moi...). Bah! Qu'importe, nous avons en poche le petit fascicule qui explique tout ça en détail et en bon français. Concentrons nous plutôt sur le côté esthétique de la promenade. Là, pas de déception. Cette île est fort jolie. Bien sûr, s'agissant d'une facétie volcanique surgie du fond des abysses, certains paysages versent dans une austérité lunaire, mais il y a également quantité de collines verdoyantes et de vallons arborés, souvent mis en valeur par un arrière-plan "first class": la mer.

Et puis, les dernières nouvelles de notre patrimoine *Bonapartien* sont plutôt bonnes: les sites de visites sont maintenus dans un état de propreté exemplaire, l'herbe est coupée ras, pas de poussière sous les meubles, ni de toiles d'araignées au plafond. Juste une petite fausse note: la tombe est en dérangement... On ne pas la voir, elle non plus, mais, bon. Elle est vide si j'ai bien compris, alors... Avec la photo, ça devrait suffire.

Bilan: une très bonne journée. Et nos nouveaux amis ritals se sont révélés de bien agréables compagnons d'excursion.

Alors, disons que Sainte Hélène justifie amplement le détour. Surtout que la gentillesse de ses habitants ajoute encore un peu à l'agrément du séjour.

18h, voilà que l'ami Benoît vient apporter sa touche de joie simple en arrivant au mouillage à la tombée de la nuit, juste à temps pour partager notre dîner, et sans omettre, de distribuer à tous un morceau du thazar qu'il a remonté en arrivant.

Le programme est moins festif ce matin. Il s'agit de donner un coup de main à l'équipage d'Ushuaïa, lourdement empêtré dans les suites fâcheuses de leur avarie de safran. Disons que la réparation de fortune, opérée dans la plus grande décontraction à Lüderitz, n'a pas tenu bien longtemps, avec un alourdissement consécutif non négligeable de l'ambiance à bord. Quelques coups de scie sauteuse, caresses de lapidaire et chatouilles abrasives, accommodées d'une bolée de verre-époxy, et rehaussée d'un clin-d'oeil de carbone/kevlar (juste pour la beauté du geste), et voilà le travail! La matinée est pliée avant que d'avoir compris. Ils devront maintenant attendre demain, pour procéder au remontage, afin que la résine soit bien polymérisée.

De notre côté, l'appareillage de Catafjord pour sa traversée vers le Brésil est fixé à cet après-midi. A 16h, le temps est magnifique, et nous partons avec joie pour 1800 milles de traversée.

"E-one" nous suit, quelques heures plus tard.

Suite de la traversée

En nous éloignant de Ste Hélène sous le soleil, celle-ci nous apparait incomparablement plus avenante et guillerette que lorsqu'on approche ses abruptes falaises, déplumées et torturées comme un lendemain d'Hiroshima.

Nous en apercevrons encore les lueurs une bonne partie de la nuit, avant que le grand large ne nous happe dans son univers clos, pour une poignée de jours.

Sixième journée en mer. Pas de doute, les dieux se sont entendus entre eux; et leur conspiration vise à me faire passer l'envie de navigations motorisées. Ah, je vois d'ici les trognes réjouies de quelques potes, *voileux* intégristes, se fendre d'une oreille à l'autre avec la satisfaction dérisoire que donne le sentiment d'avoir raison.

Ce début de traversée se trouve être une suite ininterrompue de moments de grâce. On croirait naviguer sur les eaux aimables d'un lagon sans motu, dont la barrière annulaire serait située au delà de l'horizon. Tout est beau! L'ensemble des acteurs de la scène semblent animés d'un élan de bienveillance à notre égard.

Par contre, nous avançons à la vitesse de lambis [31] en convalescence. Mais quelle importance?

Dans de si agréables conditions, nous sommes bien peu motivés à "économiser" un ou deux jours en mer. Au contraire même. Catafjord, aves ses carènes propres, glisse gentiment, sans sillage, poussé par cet alizé timide qui s'énerve parfois jusqu'à... quinze nœuds, provisoirement, sous un nuage.

---

[31] Coquillage comestible répandu dans les eaux chaudes des tropiques

Dans ce contexte, les vagabondages de l'esprit s'orientent volontiers sur le vaste sujet de la propulsion vélique. Et c'est là que l'on peut voir mes vieilles voiles de planche reprendre du service, se prenant momentanément pour des volets hypersustentateurs. Et mes carnets se garnir de croquis, illustrations de plein d'idées toutes plus géniales que les autres, mais qui ne seront sans doute jamais rien d'autre que gribouillages stériles.

A Ste Hélène, nos amis italiens de "e-one", ainsi que notre Benoit volant (c'est un as du kit-surf), ont bien œuvré, à assoupir, pour un temps encore, les velléités de pêche à la traîne que j'avais un peu réactivées en équipant correctement quatre lignes (sans compter celle que Charly m'a offerte en remerciement des trois coups de disséqueuses que j'ai mis sur son safran africain, à incidence variable malgré lui...). Bref, fort de ce que les freezers sont déjà remplis de thazar et de marlin, les lignes de pêche resteront encore au placard pour un certain temps, et c'est très bien ainsi.

Je dois vous entretenir de la complicité qui s'est établie entre l'équipage de Catafjord et son passager clandestin, Gégé, probablement embarqué en Afrique.

Bien qu'issu d'une terre à la population majoritairement noire, Gégé est pale comme un pensionnaire d'hospice. Limite transparent même. Malou affirme l'avoir vu changer de couleur en fonction du support qui le porte, à la manière d'un caméléon. Je n'ai rien observé de tel. Le dictionnaire m'apprend qu'il serait bruyant... pas remarqué non plus. Lors de ses premières apparitions, Gégé semblait se cantonner aux seuls quartiers adjacents à la timonerie. Cependant, depuis, il a été vu du côté de la cuisine, et même dans notre cabine, où il s'est permis la délirante familiarité de sauter sur l'épaule de Malou (qui s'était approchée inconsidérément en tentant d'établir le contact au cri de "petit, petit, petit...").

Bref, Gégé le gecko n'est pas un compagnon envahissant, et nous lui souhaitons une agréable traversée.

Dixième jour. La croisière vermeille se poursuit, toujours sous les mêmes auspices.

Parfois, une grappe de nuages s'assemble, en une association de malfaiteurs célestes, accouchant d'une inquiétante masse sombre, qui ne tarde pas à déverser son eau, en grain, poussant devant elle un surcroit de brise éphémère, tel un monstrueux pet du ciel, mouillé, mais heureusement inodore.

Catafjord progresse en dodelinant doucement sur les vagues, comme bercé par les bras bienveillants de sa *mer*. Tant de félicité durable, dans cet univers tout de bleu semble un peu irréel. Quel contraste par rapport à la navigation le long des côtes d'Afrique du sud! Ici, la nuit tombe sans que nul étau ne vienne prendre les cœurs humains entre ses froides mâchoires d'acier comme pour signifier: "Caisse tu fous-là, toi?, t'a' are ta gueule".

Il arrive parfois, la nuit bien sûr, toujours la nuit, qu'un lourd nuage, tapi dans les ténèbres, vienne jouer à l'épouvantail en soufflant sa vile survente et en déversant son humeur fielleuse sur nos groins ensommeillés. Cependant, même dans ces moments, aucune méchanceté n'est palpable, et l'on ne ressent alors qu'un aimable rappel des règles élémentaires, un peu à la manière d'un grand père tirant l'oreille de son petit-fils qu'à pas dit bonjour à la dame.

Pensée philosophique du jour: On serait tenté de penser que, nourrir son enfant au sein, ce n'est pas la mère à boire... et pourtant, il est bien évident que si.

Depuis un moment il nous survole, décrivant inlassablement des "huit" en coupant le sillage de Catafjord. C'est étonnant cette manie qu'ont certains oiseaux de mer d'accompagner les bateaux de rencontre. Le fou de bassan est un volatile magnifique, fin, élégant, racé, efficace, il semble ne jamais se fatiguer, alternant les périodes de battements d'ailes réguliers, et les moments en mode planeur. Soudain, cette merveilleuse harmonie se rompt. L'animal opère simultanément, un quart de tour rapide, et un repli de voilure, adoptant instantanément la fonction "piqué". Les ailes repliées en un mortel "W", il fond sur la proie que son regard perçant de prédateur vient de repérer, et plonge chercher son casse-croûte aussi simplement qu'un sale gosse rentre au Maqueudo. Epoustouflant! (le fou, pas le gosse...).

Le vent a bien molli, et il nous a fallu avoir recours au diesel pour assurer une arrivée avant la nuit. En définitive, nous les avons peu sollicités, les Yanmar, durant cette lente traversée entièrement placée sous le signe du petit-temps, et nous rentrerons à Jacaré avec plus de 500 litres de carburant dans les réservoirs... Un peu couillon, peut-être.

Dans une poignée de minutes, Catafjord va recouper son sillage de 2008, signant ainsi le bouclage du tour du monde.

Une page se tourne...

Notre quotidien n'en sera pas affecté avant encore quelques semaines, puisque notre premier projet est de rejoindre la Guadeloupe, où il semblerait que nous soyons attendus.

Ensuite, nous tâcherons bientôt de trouver, pour Catafjord, un nouveau propriétaire qui soit digne de lui.

BRESIL

Jacaré

Les chiures de mouches, apparues sur l'horizon vers midi, se sont métamorphosées en immeubles bien anguleux et bien laids: Joao Pessoa. C'est curieux comme les interventions humaines sur la nature ont plus vite fait de la saloper que d'en augmenter l'attrait. Nous sommes à moins de 10 milles de l'entrée de la rivière. Le moteur tribord ronronne régulièrement, tout comme le groupe électrogène qui a permis à Malou de faire ses premières lessives brésiliennes. Le linge sèche aux filières. La chaleur est écrasante, et la grand' voile, seule encore à poste, sert surtout d'ombrelle, apportant seulement quelques dixièmes de nœuds à notre progression.

Pour ma part, s'achève là ma douzième transat; c'est la onzième pour Malou et la cinquième pour Catafjord.

Cette traversée aura été particulièrement clémente, et, pour tout dire, ravissante. Un modèle du genre, digne d'une croisière en paquebot. La mer et le vent nous ont soignés. Tout s'est passé comme dans un rêve. No stress, no damage, comme disent les brésiliens qui ont fait anglais en première langue.

Pour autant, les petites merdouilles diverses et variées, laissées en plan avant le départ, ne se sont pas raccommodées toutes seules non plus. *Faut pas* exagérer; Jacaré, c'est pas Lourdes (comme ont dit chez les mollusques).

Vendredi, soirée spectacle au bar de la marina. "Julio", le taulier, a fait venir une école de capoeira, pour faire une petite exhibition. Histoire d'éduquer le touriste, tout en le divertissant. Ambitieux programme.

Arrive bientôt une colonie de gamins/gamines, allant de quatre ans à *poilu*, accompagnés par un adulte: le prof, et charriant avec eux les instruments de musique traditionnels nécessaires pour créer l'ambiance et le rythme.

Petite séance d'échauffement et de concentration en suivant l'exemple du maître. Puis, une partie des jeunes se met aux instruments et démarre, en donnant également de la voie, une musique cadencée dans laquelle les percussions ont la part belle. Tout est en place... C'est parti!, pour plus d'une heure. Les corps semblent habités de ressorts et les membres d'élastiques. Deux par deux, les intervenants se saluent, avant de démarrer un combat simulé, mené comme une danse, alternant passages lents et rapides, postures de défense, puis d'agression, aérien ou au sol, virevoltant en cadence sous l'impulsion des musiciens. C'est très physique, rapide, précis. Après une séquence tonique, corps luisant et respiration haletante, chacun passe, à tour de rôle, de la danse à la musique, afin de se reposer un peu, pour tenir la distance. Leur admirable complicité est palpable. Visible et lisible par tout un chacun, grâce, en particulier, au respect d'un rituel de saluts et de marques de respect, un peu comme dans les arts martiaux.

Le public, essentiellement composé de vagabonds des eaux, est carrément subjugué. Il faut dire que la dimension sociale de cette activité est tout-à-fait intéressante, et que le résultat fait plaisir à voir, tant les prestations sont de qualité. Nous avons devant nous de jeunes acrobates. Hier, délinquants potentiels ou avérés, aujourd'hui artistes en herbe grâce à l'école de Capoeira. Chapeau Monsieur le professeur, et merci pour le show!

Notre pote Philippe est un type assez surprenant. Sous des dehors un peu austères (si, si, Philip, je te le dis tout net: une certaine austérité t'habite), il cache une facette épicurienne indéniable, doublée d'un tempérament festoyeur qu'il n'affiche pas ostensiblement.

Nous voici réunis, ce samedi midi, dans le carré de Catafjord, autour d'une bouteille de ce délicieux vin blanc d'Afrique du sud dont le défaut majeur et unique en même temps est d'être atrocement sujet à évaporation... Ce qui a pour effet négatif de vider la bouteille bien plus rapidement que nous ne la buvons... C'est, heureusement, sans conséquence, car ce vin est fort léger, et accompagne à merveille les lambeaux d'espadon (cadeau des ritals) agrémentés d'une petite sauce soja/wasabi sortie de la cuisine à Malou, et qui détartre juste comme il faut.

Philippe brûle de nous faire découvrir certains attraits peu touristiques de la grande ville voisine. Et c'est parti!

Joao Pessoa n'est pas une belle ville. Cependant, on peut y admirer tout de même de jolies bâtisses colorées, à façades sophistiquées datant d'une époque peu lointaine, fastueuse pour certains... Et moins pour d'autres.

Au cœur de la cité, endormie par l'effet "week-end", est une place où le bon peuple est invité à se lâcher, dès le samedi midi. Une scène y reçoit des formations musicales qui régalent le public citadin. On consomme de la bière et de la caïpirinha, issus directement des glacières apportées pour la circonstance par des dizaines de bistrotiers amateurs, sans doute non patentés, mais qui savent cependant nous tenter, si tant est qu'on avait encore besoin de ça Et qui proposent également brochettes et nourritures terrestres diverses. De tout ce que je viens de décrire, nous n'avons rien vu. L'après-midi étant bien trop avancée au moment de notre arrivée en ville. Peu importe. Car la soirée se prolonge d'une manière largement aussi captivante, animée par plusieurs formations sauvages, improvisée à même le trottoir, à la manière des fêtes de la musique, instaurées en France lors du passage dans les hautes sphères de l'état d'un socialiste à la langue artistique et musicale… souvenez vous.

Le brésilien a le sens de la fête, et la brésilienne pas moins. Au son des rythmes de samba, Anna, la charmante compagne de Philippe ondule en cadence comme un jouet électrique qu'aurait eu une pile neuve ce matin. Une bonne partie de l'assistance fait de même, et ainsi, au bout d'un moment, on ne peut plus s'empêcher de les imiter.

Pendant la dernière traversée, Malou a révisé ses cours de *Brasileiro*. Mais pas moi. Pourtant, deux ou trois *caïpirinha* plus tard, il est manifeste que ce breuvage vaut largement son pesant *d'assimil* pour faciliter la discussion avec son voisin ou sa voisine de comptoir. Le brésilien ayant une saine approche de la fête, chacun se trémousse à sa manière sans que nulle agressivité ne se développe à la faveur d'un surcroit d'audace puisé au fond d'un verre. Au contraire, tout ici est prétexte à fraterniser aux abords du zinc. Celui de la *Cachaceria* où Philippe nous a guidés ne fait pas exception. L'établissement est centenaire! Un modèle du genre. On y sirote presque exclusivement la bibine "maison", issue de l'alambic familial, sis dans l'arrière boutique et déclinée en une trentaine de versions. Les bocaux de verre, dûment étiquetés, occupent le mur du fond. Aussi, même avec un mauvais accent, même avec une diction pâteuse, même avec un balbutiement de goitreux, simplement en tendant son doigt vers le récipient et en lisant l'étiquette, il est quasiment toujours possible de passer commande... Il est courant d'accompagner son dé à coudre de *caïpi* d'un autre verre contenant la "sopa de fejaon", qui, comme son nom l'indique est une épaisse soupe de haricots avec des vrais morceaux de lard entiers dedans. Une gorgée de *sopa*, une gorgée de tord-boyau. Rien de tel pour placer parfaitement l'accent tonique. Ici, aucune ségrégation: les jeunes, les vieux, les blancs, les foncés, les filles, les homos. Même les estropiés sont égaux, c'est vous dire. Le temps passe trop vite, et voici que nous avons déjà une heure de retard à l'invitation à dîner à bord d'Ushuaia. Il est grandement temps d'attaquer un repli stratégique et énergique. Las, les divinités qui président aux destinées apéritives ont décidé de faire capoter notre soirée « Ushu » en plaçant sournoisement en travers de notre chemin pas moins de deux mariages de notables locaux. Impossible, alors, de passer sans s'arrêter devant cette église superbe, inondant de mille feux le décor végétal fastueux érigé en l'honneur des deux qui s'apprêtent à... mais ceci ne nous regarde pas. Quand à la cathédrale, qui reçoit, elle aussi un couple aux parents fortunés, si le décor est plus sobre, c'est que les sensibilités artistiques ont orienté la monnaie différemment, car une formation de musique de chambre au complet s'exprime religieusement au pied de l'autel... Et c'est beau.

Bref, à notre arrivée à bord d'Ushuaia, point de reproche pour ce retard, excessif et malpoli, car point d'équipage, non plus! *Y se* sont juste barrés! Gonflés ces canadiens! Y *z'invitent* des gens... *Y sont* pas là! D'accord, deux heures de retard... Mais, bon, pour finir, on est là, nous... Bon, on est des gentils. *On se fâche pas...* Mais y aurait matière.

Un nouveau petit groupe d'aventuriers intrépides s'est constitué à la faveur de la dernière pause/*caïpi*, et c'est ainsi que nous embarquons, à une petite dizaine, à bord d'une de ces longues barques à fond plat propulsées par un "long-tail" directement issu de la culture asiatique.

Les bancs bien durs, l'ergonomie froidement ignorée, les pétarades du bousin bien à hauteur des oreilles, ont tôt fait de transformer cet insipide trajet interminable en une simili-corvée, heureusement ponctuée par la visite de villages traditionnels où l'on peut observer de près la vie quotidienne du bon peuple brésilien de campagne. Le frugal casse-croûte emmailloté dans son préservatif à usage multiple (il est tout fripé...), ne relève certes pas le niveau de cette excursion mal fagotée. Dommage. N'en parlons plus.

La balade du jour est nettement moins touristique, puisqu'il s'agit de se plier aux traditionnelles formalités de sortie du pays. Peut-être un peu moins lourdingue qu'il y a cinq ans, l'opération reste encore bien fastidieuse et la lourdeur des démarches bien réelle. Le Brésil semble s'être modernisé sur bien des points. Mais, à côté des endroits touchés par la grâce de la fée "modernité" et les dollars afférents, demeurent encore quantités d'autres lieux au fonctionnement sévèrement moyenâgeux.

Demain matin, à la faveur du jusant, Catafjord quittera Jacaré, pour une traversée de presque deux mille milles, en direction de La Barbade.

DERNIERE ETAPE

Jeudi 20 Mars, 8h. Le guindeau vient d'avaler son petit-déjeuner de chaine de 12, et les deux Yanmars ronronnent en chœur pour faire pivoter Catafjord devant la marina. Sur le ponton, nos copains allemands agitent les bras en "aux-revoir" fraternels. L'escale Brésilienne s'achève. Nous descendons la rivière à bonne allure, portés par le courant de jusant. Malou range l'intérieur et envoie ses derniers mails avant de perdre la connexion avec le relais téléphonique. Avec cette brise légère, j'envoie la grand' voile dès maintenant, histoire d'économiser quelques centilitres de carburant... A l'approche de la petite cité de Cabedello, une âcre odeur d'isolant brulé vient perturber *mochement* les senteurs campagnardes du petit matin humide. Bah, me dis-je en moi-même, sûrement un ferrailleur local qui brûle des machines électriques" tombées du camion" pour en récupérer le cuivre. Cependant, minute après minute, la persistance de cette nuisance olfactive parvient enfin à m'alarmer, et je me décide à opérer quelques vérifications de base. Cent mille bousiers: l'horreur! Le voltmètre de la batterie "guindeau" affiche zéro: un court-circuit!!! J'isole immédiatement cette batterie et je coupe l'alimentation du guindeau avant de courir à l'avant à la vitesse d'une gazelle en chaleur à l'appel du mâle en pleine possession de ses moyens, mais bref. Une fumée dense, et sombre comme une conscience d'intégriste, s'échappe de la baille à mouillage, et se transforme en généreuses volutes dès l'ouverture du capot. Serais-ce le génie de la lampe d'Aladin venu exhausser mes vœux... Genre: "Génie, faites que notre guindeau ne soit pas ruiné ". Hélas, de génie, pas la queue d'un. Quand au guindeau, il est vachement pas frais. Des lambeaux de plastique fondu pendouillent de l'appareil en misérables stalactites de déchetterie. Cependant, nous sommes parvenus en mer à présent, et je ne ressens aucune envie de faire demi-tour. Pas besoin de guindeau pour naviguer. Hors c'est plus de 2000 milles qui se présentent devant nous avant la prochaine escale. Nous décidons de filer direct sur la Martinique en supprimant l'escale de La Barbade, pour nous donner le temps de réparer correctement avant de cueillir nos prochains invités, Alain et Bleuenn.

La *brisette* du départ évolue rapidement en un vent suffisamment soutenu pour assurer quasiment neuf nœuds de moyenne. Première prise de ris vers 20 heures, puis la nuit se passe tranquillement, sans mauvaise surprise. Nous commençons à habituer nos carcasses *désamarinées* aux mouvements du canote et au rythme des quarts.

Vendredi 18h. La nuit s'apprête à nous envelopper dans son univers sans couleur. Toute la journée, le vent a été soutenu, sans toutefois se montrer hargneux dans les grains. J'hésite à prendre un deuxième ris "préventif". Pourtant, le ciel est lourd et sombre, embrasé par moments de puissants flashs qui témoignent d'une certaine activité orageuse dans le plafond... Vers 21h, le festival débute: des éclairs aveuglants nous percent les yeux toutes les trente secondes, cependant que le groupe de percussions spécialisé "djembé" qui habite là-haut se déchaine en un concert tonitruant. Les dieux se sont mis au "gwo ka" et font la fête ce soir. Le premier grain du "pot-au-noir" nous envoie ses trente nœuds de vent, accompagnés de trois volumes d'eau comme dans le pastis... Manquerait plus qu'il tombe des glaçons... Nous en profitons pour crocher le deuxième ris dans la grand' voile et l'artimon. Merci Saint Christophe pour l'impulsion: la bourrasque suivante, toujours sous un déluge, agrémentée de flash lights hollywoodiens, dépasse allégrement les quarante nœuds. Là dedans, Catafjord, fermement barré par son pilote auto glisse sans heurt jusqu'à quinze nœuds sur une mer presque plate. On serait tenté de dire sans effort. Pourtant, je sais bien que, n'ayant pas la capacité de "saluer" la survente par un coup de gite, à la manière des barques qui traînent du plomb, le gréement et la structure encaissent tout. Par bonheur, ça tient.

Vers une heure du mat', le plus mauvais est derrière nous. Le ciel est toujours zébré d'éclairs et les grains se succèderont toute la nuit, mais avec une violence moindre.

Samedi. Le ciel s'est bien assaini, et, sans être parfaitement dégagé, aucune masse nébuleuse assassine n'est tapie en embuscade à l'horizon. Le vent est passé nordet, signe que le pot-au-noir est probablement derrière nous. Nous avons renvoyé la toile, petit à petit, prudemment, et dormi aussi, à tour de rôle, une bonne partie de la journée. Le soleil vient de débaucher. Que nous prépare cette troisième nuit? Vivement le trawler...

Dimanche. Pourrie! qu'elle a été la troisième nuit! Ni "de Chine", ni câline, ni d'amour, non. De merde! Il n'est pas dans mes façons d'user de mots gras, mais là, je ne trouve pas mieux. Moins pire, tout de même, que celle d'avant, mais bien merdique quand même. Pléthore d'averses, et le vent qui change tout le temps, en force et en direction.

Mais, bon, là, maintenant, au matin, c'est mieux. Sauf que le ciel est encore bien gris. Seulement, c'est un gentil gris uniforme, pas menaçant, et le vent est devenu régulier. Une douzaine de nœuds par le travers. Ça va. Tout de même, vivement un vrai alizé, avec ses moutons et son ciel bleu.

Mercredi. Ça fait maintenant quelques dizaines d'heures que Catafjord s'ébroue joyeusement, jouant à saute-mouton (la distraction préférée du berger...) avec les buttes liquides jetées sur son chemin par un brave alizé de nord-est, clément et régulier. Nous avalons nos deux cent milles quotidiens dans un confort assez relatif, malgré tout, mais sans solliciter abusivement le matériel.

Un petit message, reçu de Claire manifestant son impatience à nous retrouver, nous pousse à prendre la décision de nous dérouter, direction Pointe-à-Pitre direct. Cent milles de plus avant les vacances... Au point où nous en sommes, ça ne nous demande pas un effort colossal. C'est d'accord. On fait comme ça.

Samedi, jour de poisse. C'était un peu trop beau aussi, cette traversée rapide et sans emmerde, où les journées de plus de deux cent vingt milles s'enchaînent comme les verres d'apéro dans les fêtes de famille. Nous nous acheminions doucement vers une traversée particulièrement rapide pour un couple de papys en croisière... Las, encore eût-il fallu conserver le bec bien clos. Ne pas en parler surtout. C'est ça l'erreur. En parler, c'est presque considérer que c'est fait... Et ça... ça attire immanquablement le mauvais œil. Attention, moi, je n'y crois pas, bien sûr, à tous ces trucs. Le mauvais œil... Pensez donc.

Mais ça ne suffit pas de ne pas y croire. Encore faut-il que le mauvais œil lui non plus ne croit pas à nous... Sinon, c'est râpé! Le rififi, rapplique direct ! Et donc, une prévision d'arrivée *vachtement* optimiste, on doit se la garder uniquement pour soi, et c'est tout. Ne rien dire à personne, sinon...

Nouvelle nuit de merdasse *grâve*... Le vent qui emmerde le marin de toute ses forces, des grains à trente nœuds et plus, et on se retrouve au matin avec le chariot de têtière de grand' voile arraché, coincé dans la gorge du mât, en train de se dandiner mollement sur une mer désordonnée, repoussés en arrière par deux nœuds de courant contraire!!! Et, là, paf l'E.T.A. (Estimated Time Arrival).

Y a pas à dire, pour s'empoisonner la vie à déplacer sa cabane avec des voiles, faut être beaucoup motivé... Quand tout serait si simple avec un bon trawler... Et justement, en attendant, c'est encore une fois les moteurs qui sauvent le coup en ronronnant doucement en direction de la Guadeloupe jusqu'au retour d'un vent *corrèque*.

Dimanche. La Barbade par le travers. Ça fait maintenant une vingtaine d'heures que l'alizé est revenu à de meilleurs sentiments à notre égard. Malgré la grand' voile, vissée à son deuxième ris, que je n'ai pas affalée en dépit de son absence de têtière (ça fait un peu la gueule, là-haut, mais, ça propulse quand même), malgré le courant contraire qui a atteint trois nœuds à son paroxysme... Malgré des vagues courtes et hargneuses qui nous ont malmenés plusieurs heures durant, nous ne sommes plus qu'à deux cent onze milles de Pointe à Pitre, et j'ai dans la tête une heure d'arrivée hypothétique dont au sujet de laquelle je ne dirai rien de rien, et pis c'est tout!

Lundi au matin. L'arrivée dans les eaux caribéennes est un véritable ravissement. Déjà, la nuit a été jolie, calme et sereine, sympa quoi. Pas rapide, avec cette malheureuse grand' voile rivée à deux ris, mais, agréable; avec la présence rassurante de la Martinique, une vingtaine de milles sous notre vent, dont le phare nous fait un clin d'œil complice toutes les vingt secondes. Puis, c'est au tour de la Dominique de faire le fond d'écran; nettement moins lumineuse, la Dominique... On sent bien que le budget alloué à l'éclairage du firmament est nettement plus étriqué que chez les voisins français. Le pauvre est volontiers pingre sur les éclairages publics, j'ai remarqué.

Onze heures du matin. Marie-Galante, la douce Marie-Galante, patrie incontestable et internationale du bon rhum agricole, défile sur notre droite, cependant que le féerique archipel des Saintes occupe l'horizon opposé. Droit devant, au loin, les sommets de la Basse-Terre roulent indéfiniment leurs balles de coton qu'elles projettent au ciel comme des ballons d'enfants, éphémères et dérisoires. La brise est légère, la mer scintillante, et la ligne de pêche vierge de toute proie... Pour le moment... Ainsi, la vie est belle pour tout le monde. Malou s'active, infatigable fourmi nettoyeuse, pour accueillir dignement nos Guadeloupéens chéris à bord, dans quelques heures seulement.

Onze heure trente. Dernier déjeuner de la traversée. Malou ouvre une boite de saucisses aux Antilles, que nous dégustons avec gourmandise... Et c'est pile poil le moment que choisit une jolie bonite pour s'inviter dans le freezer. À une demi-heure près, elle coupait l'herbe sous le pied aux saucisses. On est peu de chose tout de même.

Voilà. Dans quelques heures, le rideau va se baisser, après cette traversée mouvementée, sur la scène "Voyagedenzo", pour se relever sur une nouvelle tranche de vie.

Catafjord est mis en vente. Son immense capacité à parcourir des milles rapidement et dans le confort réjouira bientôt un autre équipage, cependant que nous tâcherons de lui trouver un successeur de taille un peu plus modeste, et sans mât. Le début d'une nouvelle tranche de vie.

Au cas où vous vous poseriez encore la question, je vous le dis tout net : faire le tour du monde, c'est absolument SUPER !

FIN

Remerciements

L'auteur tient à formuler ses sincères remerciements aux nombreuses personnes qui ont tenu un rôle dans ce récit, ainsi qu'à tous ceux qui ont, de près ou de loin, participé à son élaboration.

Merci à Malou qui n'a pas ménagé sa peine, et qui parvient toujours à me supporter

Merci à Claire et Jérôme qui ont consacré plusieurs mois de leur jeunesse à réhabiliter Catafjord avant le départ, et qui nous ont procuré tant de moments de félicité lors de nos navigations communes.

Merci à Thérèse, Anne-Yvonne, Jean-Gaby, Olivier, Pascaline, Pascale, Charly, Isa, Pierrette, André, Claire, Danielle, Josselin, Stéph, Nath, Franckie, Martine, Jacques, Karine, Guy, Jean-Yves, Mireille, Michel, Hervé, Anne-Marie, Daniel, Xavier, Laurence, Jean-Luc.et Nicole dont les conseils avisés ont permis d'améliorer la version originale de ce récit.

Un grand merci également à tous ceux qui nous ont gentiment reçus lors de nos escales en métropole.

Vous avez aimé ce livre, faites le savoir.

Vos commentaires sont précieux.

Ecrivez votre avis sur le site de vente qui vous a fourni cet ouvrage, vous rendrez à l'auteur un grand service.

Le site de Domi : https://domi.voyagedenzo.com